Spannungsverhältnisse

AF209653

Waxmann Verlag GmbH
Steinfurter Straße 555, 48159 Münster
info@waxmann.com

Paul Mecheril, İnci Dirim, Mechtild Gomolla,
Sabine Hornberg, Krassimir Stojanov (Hrsg.)

Spannungsverhältnisse

Assimilationsdiskurse und
interkulturell-pädagogische Forschung

Waxmann 2010
Münster / New York / München / Berlin

Bibliografische Informationen der Deutschen Nationalbibliothek
Die Deutsche Nationalbibliothek verzeichnet diese Publikation in
der Deutschen Nationalbibliografie; detaillierte bibliografische
Daten sind im Internet über http://dnb.d-nb.de abrufbar.

ISBN 978-3-8309-2130-1

© Waxmann Verlag GmbH, 2010
Postfach 8603, 48046 Münster

www.waxmann.com
info@waxmann.com

Umschlaggestaltung: Christian Averbeck, Münster
Satz: Stoddart Satz- und Layoutservice, Münster

Gedruckt auf alterungsbeständigem Papier,
säurefrei gemäß ISO 9706

Inhalt

Migrationsgesellschaftliche Bildungsräume

Paul Mecheril, İnci Dirim, Mechtild Gomolla,
Sabine Hornberg, Krassimir Stojanov

Spannungsverhältnisse. Assimilationsdiskurse und interkulturell-pädagogische Forschung

Obwohl Migrationsphänomene immer schon von grundlegender Bedeutung gewesen sind, wird Migrationsforschung im deutschsprachigen Raum systematisch erst seit etwa zwanzig Jahren betrieben. Dies gilt auch für die wissenschaftliche Untersuchung des Zusammenhangs von Migration und Bildung. Bis zum Ende des 20. Jahrhunderts dominieren Ansätze, die in eher pragmatischer und kurzfristiger Einstellung an der Lösung praktischer Probleme interessiert sind. Nicht zuletzt auf Grund der Entwicklung der *Interkulturelle Pädagogik* genannten erziehungswissenschaftlichen Subdisziplin ab Mitte der 1990er Jahre hat sich der pädagogisch-erziehungswissenschaftliche Bezug auf das Themenfeld ‚Migration und Bildung' verschoben. In Überwindung einer pragmatistisch verkürzten Orientierung hat sich ein breites und facettenreiches Forschungsfeld ausdifferenziert, in dem die Strukturen und Prozesse von Erziehung und Bildung unter Bedingungen migrationsgesellschaftlicher Differenzverhältnisse stärker aus unterschiedlichen grundlagentheoretischen Perspektiven untersucht werden.

Wie es in der Wissenschaft – verstanden als einer sozial organisierten Tätigkeit – immer der Fall ist, unterliegen dabei auch im Forschungsfeld von Migration und Bildung die vorherrschenden Gegenstände, Methoden und theoretischen Orientierungen erkenntnispolitischen Konjunkturen. Insbesondere die öffentliche Diskussion der Ergebnisse der international vergleichenden Schulstudien in den letzten Jahren, die das Faktum der Benachteiligung von Schülerinnen und Schülern mit Migrationshintergrund im bundesdeutschen Bildungssystem dokumentiert und nachgewiesen haben, sind hier erwähnenswert. So kann im Zuge der öffentlichen und (forschungsförderungs-) politischen Aufmerksamkeit, die diese Studien erfahren haben, von einem seit einigen Jahren geltenden Übergewicht der Forschung zu ‚Sprache' (zumeist verstanden als Sprachvermögen in der in Deutschland vorherrschenden Sprache, dem Deutschen) und ‚Schulleistungen' gesprochen werden. Beachtenswert ist hierbei, dass in der Migrationssoziologie wie in Zweigen erziehungswissenschaftlicher Forschung, die sich mit Phänomenen der Migration beschäftigen, wieder offensiv argumentiert wird, dass *assimilative Integrati-*

on von Migranten und Migrantinnen alternativlos sei, da soziale Statuspositionen und nationalgesellschaftliche Teilhabewege an ökonomisch-strukturelle, sozial-kulturelle und auch identitätsbezogene Angleichungsleistungen von Migrantinnen und Migranten geknüpft seien. „Es gibt", so etwa Hartmut Esser vor dem Hintergrund empirischer Daten, die die Teilhabemöglichkeiten an gesellschaftlich relevanten Dimensionen in der Migrationsgesellschaft beleuchten, „(mindestens) zur strukturellen Assimilation der Migranten, speziell im Bildungsbereich und auf den primären Arbeitsmärkten keine sinnvolle Alternative" (Esser 2004, S. 44f.).

In der wieder erstarkenden assimilationistischen (und darin mindestens implizit Defizite einer Zielgruppe fokussierenden, mithin ‚ausländerpädagogisch' zu nennenden) Orientierung gilt vor allem die Vermittlung von Kompetenzen in der deutschen Sprache als Schlüssel zur Integration (vgl. KMK 2002, 2006). So unbestritten die Bedeutung des Deutschen als Verkehrssprache in der Bundesrepublik Deutschland und so unbestritten insofern die Bedeutung ist, die der angemessenen Vermittlung der deutschen Sprache als Unterrichtsmedium und als Bildungsziel zukommt, so problematisch stellt sich allerdings die Einseitigkeit dar, in der zuweilen „Deutsch-Lernen" als quasi alleiniger Weg der Herstellung einer Chancengleichheit im Bildungssystem vorgebracht wird. Die Entwicklung (bzw. Rückkehr) der Diskussion im deutschsprachigen Raum hin zu stärker assimilationistischen Positionen tritt deutlich hervor, wenn man etwa die Empfehlung der Kultusministerkonferenz ‚Interkulturelle Bildung und Erziehung in der Schule' aus dem Jahr 1996 (KMK 1996) zum Vergleich heranzieht. Hier wurde erstmals die Tatsache einer kulturell und sprachlich pluralen Gesellschaft als Ausgangspunkt gesetzt und der Fokus auf ‚ausländische Kinder' als Zielgruppe weitgehend fallengelassen. Interkulturelle Bildung wurde als allgemeiner Erziehungsauftrag definiert, der als Spezial- und Querschnittsaufgabe in der Schule behandelt werden soll. Im Vordergrund dieser an sich weitreichenden politischen Empfehlung standen die Identitätsentwicklung, das soziale Lernen und die demokratische Bildung der Schülerinnen und Schüler. Die auch damals schon hinlänglich bekannten Probleme des Schulmisserfolgs vieler Kinder und Jugendlicher mit Migrationshintergrund und deren institutionelle Ursachen wurden jedoch nur indirekt thematisiert.

Anstelle eines Rückfalls in assimilationistische Orientierungen wären nunmehr aber differenzierte Konzepte, die auf die sich permanent ändernden und oft widersprüchlichen Bedeutungen gesellschaftlicher Differenzverhältnisse und Identitätspositionierungen beziehen, aber auch Rassismen in der subjektiven Erfahrungswelt der Adressatinnen und Adressaten pädagogischer Arbeit wie in der Wahrnehmung der Fachkräfte selbst thematisieren, in die weitgehend mit Fragen des Deutschspracherwerbs von „Menschen mit Migrationshintergrund" beschäftigten Debatte einzubringen.

Die Spannungsverhältnisse zwischen eher einseitig Angleichungserfordernisse thematisierenden, assimilationistischen Positionen und interkulturell-pädagogischer Forschung bildeten den Ausgangs- und Bezugspunkt einer Tagung der Sektion für International und Interkulturell Vergleichende Erziehungswissenschaft (SIIVE) in der Deutschen Gesellschaft für Erziehungswissenschaft (DGfE) und für die hier versammelten Beiträge. Mit ihnen werden folgende übergeordnete Fragestellungen, implizit und explizit, bearbeitet:

* Wie stellt sich aus der Sicht interkulturell-pädagogischer Forschung die neuerlich formulierte These dar, dass es keine Alternative zur Assimilation gebe?
* Welche Konsequenzen für die Frage der Verbesserung von Chancengleichheit im und durch das Bildungssystem ergeben sich aus den Ergebnissen von Untersuchungen zu Mehrsprachigkeit, Diskriminierung in institutionellen und informellen Bildungskontexten und Zugehörigkeitserfahrungen in der Migrationsgesellschaft?
* Welche wissenschaftstheoretischen und methodologischen Grundverständnisse sind bei der Analyse pädagogisch relevanter Verhältnisse der Migrationsgesellschaft angemessen?
* Welche Konzeptionen reflexiver interkulturell-pädagogischer Forschung liegen als Alternativen zu gesellschaftliche Verhältnisse bloß konstatierenden und darin potenziell Machtverhältnisse affirmierenden Ansätzen vor? Wo liegen ihre Stärken, wo ihre Schwächen?

Die Beiträge dieses Bandes fragen im ersten Teil nach den Implikationen und Konsequenzen von Integrationsdiskursen, Sprachförderdiskursen, Medien- und Alltagsdiskursen in der von Kämpfen um Zugehörigkeit und Kämpfen um die Frage, ob das gesellschaftliche „Wir" eher einem ethno-nationalen oder republikanischen Verständnis folgt (vgl. Gerdes & Faist 2008), geprägten Migrationsgesellschaft. Als wichtiges Erkenntnisinteresse der Beiträge kann hierbei die kritische Analyse der Reproduktion von an nationale Semantiken anschließenden Argumentationsfiguren und Wissensbeständen sowie die diskursive Herstellung Anderer wie auch ihr Ausschluss verstanden werden.

Im zweiten Teil des Bandes finden sich Studien zu migrationsgesellschaftlichen Bildungsräumen. Die empirischen Studien kommentieren und befragen das Verhältnis zwischen den Bildungszusammenhängen, die sich mit der Heterogenität der Adressat/inn/en eher schwer tun, und den Differenz und Vielfalt in die Institutionen einbringenden Bildungssubjekten.

Literatur

Esser, H. (2004). Welche Alternativen zur „Assimilation" gibt es eigentlich? In: Bade, K. & Bommes, M. (Hrsg.): Migration – Integration – Bildung. Grundfragen und Problembereiche. Osnabrück, S. 41–59.

Gerdes, J. & Faist, Th. (2008). Citizenship und Partizipation. Von ethno-kultureller zu republikanischer Integration. http://www.migration-boell.de/web/integration/47-1838.asp. (Recherchedatum: 4. Januar 2010)

Kritik der
Integrationsdiskurse

Thomas Geisen

Vergesellschaftung statt Integration.
Zur Kritik des Integrations-Paradigmas

Integration hat sich in den vergangenen Jahren zu einem neuen leitenden Paradigma moderner Gesellschaften entwickelt. Dies gilt nicht nur für die so genannten klassischen Einwanderungsländer, etwa die USA, Kanada und Australien, für die die Einwanderung von Migrant/inn/en zur sozialen und politischen Normalität gehört, sondern auch für westeuropäische National-staaten, wie Deutschland, Frankreich, die Niederlande, Großbritannien und andere. Diese haben sehr unterschiedliche Perspektiven auf Einwanderung und Migration eingenommen. Sie reichen von einer dezidiert multikultura-listischen Praxis bis hin zur sozialen und politischen Negation dauerhafter Einwanderung und der Weigerung, sich als Einwanderungs- resp. Migrati-onsgesellschaft zu verstehen.[1]

Im Kontext von Einwanderung wird unter Integration ein Zustand oder Prozess verstanden, in dem Newcomer zu einem integralen Bestandteil der Gesellschaft werden. Darüber, wie das geschieht und was das bedeutet – und zwar sowohl für die Newcomer als auch für die aufnehmende Gesellschaft – gibt es unterschiedliche Auffassungen. Integration wird hierbei einerseits als ein dauerhafter Zustand bezeichnet, in dem Unterschiede zu den Einheimi-schen resp. Etablierten weiterhin bestehen bleiben, aber ein bestimmtes Maß an sozialer und politischer Beteiligung erreicht wird. Für eine solche be-grenzte Integration treten unterschiedliche Multikulturalismus-Konzepte ein (vgl. Rex 1999; Radtke 1999; Schulte 2000). Andererseits wird Integration aber auch als ein vorübergehender Zustand angesehen, der übergeht in einen Zustand der Assimilation[2]. Die Differenz zwischen Einheimischen und New-

---

1 Im Kontext von Integration wird in der Regel von Einwanderungsgesellschaften bzw. Ein-wanderungsprozessen gesprochen. Dabei bleibt die Tatsache unberücksichtigt, dass diese Gesellschaften nicht nur Einwanderung erfahren, sondern auch Auswanderung und Remi-gration stattfindet. Im Gegensatz zum Begriff der Einwanderungsgesellschaft bezieht sich der Begriff der Migrationsgesellschaft umfassend auf die in einer Gesellschaft stattfinden-den Migrationsprozesse. Zur Bedeutung des Zusammenhangs von Einwanderung und Aus-wanderung in Bezug auf Arbeitsmigration (vgl. Geisen 2005).

2 Integration und Assimilation werden in der Regel als zwei voneinander differierende Kon-zepte behandelt. Während für die Integration kulturelle Selbstbestimmung, weitgehend be-schränkt auf den privaten Bereich, ein zentrales Merkmal darstellt, so wird unter Assimila-tion die umfassende und vollständige Anpassung an die Aufnahmegesellschaft verstanden. Der Unterschied hier ist jedoch in der Regel nur ein gradueller, da auch bei der Integrati-on vielfach davon ausgegangen wird, dass in der Generationenfolge eine vollständige, das heißt eine bis zur Ununterscheidbarkeit gehende, Annäherung an die Kultur des Aufnahme-landes erfolgt. In der Realität erweist sich die kulturelle Selbstbestimmung jedoch bereits

comern wird dabei verstanden als weitgehend minimiert, oder gar vollständig verschwunden und es sind neu gemeinsam geteilte, sozio-kulturelle und politischen Auffassungen entstanden (vgl. Esser 1980 und 2004). Ob es sich bei diesem Prozess der Assimilation vor allem um einen Anpassungsprozess an die bestehende Gesellschaft handelt, oder ob es zu einem gegenseitigen Prozess der Annäherung und Angleichung kommt bzw. kommen sollte, ist jedoch strittig (vgl. Riegel 2004; Esser 2006).

Vor dem Hintergrund dieser beiden Positionen im Integrations-Diskurs, beschäftigt sich der vorliegende Beitrag mit der Frage, ob das Integrations-Konzept als analytische Kategorie für den sozialwissenschaftlichen Diskurs tauglich ist. Hierzu erfolgt zunächst eine Auseinandersetzung darüber, warum das Integrations-Paradigma aktuell in den sozialen und politischen Diskursen an Bedeutung gewonnen hat. Im Anschluss daran werden wichtige Facetten des wissenschaftlichen Verständnisses von Integration aufgezeigt und diskutiert.[3] Ziel dieser Auseinandersetzung ist es, die Schwächen des Integrations-Paradigma herauszuarbeiten. Vor diesem Hintergrund wird ein Verständnis von „Migration als Vergesellschaftungsprozess" (vgl. Geisen 2005) skizziert. Bei einem solchen Ansatz geht es nicht mehr darum, Beiträge zur Integration oder Neo-Assimilation zu leisten. Vielmehr sollen im Migrationskontext bestehende Prozesse von Ausgrenzung und Außenseiterproduktion identifiziert und analysiert sowie Möglichkeiten ihrer Überwindung entwickelt werden.

1. Integration als wissenschaftliches und politisches Leitmotiv

In den aktuellen politischen und wissenschaftlichen Debatten werden Fragen zur gesellschaftlichen (Des-)Integration von Migrant/inn/en derzeit neu gestellt. So werden beispielsweise für die schulischen Leistungsunterschiede, wie sie bei männlichen Jugendlichen mit Migrationshintergrund im Rahmen der PISA Studie festgestellt wurden (vgl. OECD 2006), vor allem Segregations- und Abschottungstendenzen der Migrant/inn/en gegenüber der modernen (Einwanderungs-)Gesellschaft verantwortlich gemacht (vgl. Fertig

---

vielfach als problematisch für die Betroffenen: „In kultureller Hinsicht wird den Ausländern offiziell zwar eine ‚Integration unter Wahrung der kulturellen Identität' in der Regel zugestanden, die Möglichkeiten einer Entfaltung dieser Identität aber auf den individuellen bzw. privaten Bereich beschränkt." (Schulte 2000, S. 19) Dies gilt nicht nur für Ausländer/innen, sondern ebenso für die neuen Minderheiten oder generell für diejenigen, die gesellschaftlich als ‚Ausländer' identifiziert werden, und zwar unabhängig von ihrem rechtlichen Status.

3   Die Auseinandersetzung in diesem Beitrag bezieht sich bewusst auf einige wenige Ausschnitte aus der theoretischen und empirischen Debatte um ‚Integration', da hier das Ziel verfolgt wird, die Problematik des Begriffs und Alternativen aufzuzeigen.

2004). Die Verantwortung, etwa für soziale Auffälligkeiten, Sprachdefizite oder verminderte schulische Leistungen der nachwachsenden Generationen von Jugendlichen mit Migrationshintergrund werden auf diese Weise sowohl den Jugendlichen selbst, aber vor allem auch ihrem sozialen Umfeld zuge-schrieben, zuallererst den familialen und ethnischen Gemeinschaften. Bei einer genaueren Betrachtung des Diskurses um Integration zeigt sich, dass Integration/Desintegration sich zwar nicht immer und nicht ausschließlich auf Migrant/inn/en bezieht, dass diese soziale Gruppe jedoch nahtlos einge-reiht wird in spezifische soziale Problemkontexte, wie Rechtsextremismus, Gewalt- und Kriminalität, soziale Ungleichheit oder Benachteiligung (vgl. Heitmeyer & Imbusch 2005). Die neue Relevanz, die Integration sowohl in den populären und/oder den öffentlich-politischen, als auch in den wissen-schaftlichen Diskursen erhalten hat, verweist daher gleichermaßen auf die Wahrnehmung resp. Diagnose, dass der Zusammenhalt in modernen Gesell-schaften prekär geworden ist.

Integration als graduelles Konzept

In der wissenschaftlichen Debatte wird Integration als umfassender theore-tischer Ansatz verstanden. Für Peter Imbusch und Dieter Rucht handelt es sich um ein „graduelles Konzept", das „immer mehr oder weniger realisiert" sei (Imbusch & Rucht 2005, S. 15). „Desintegration" könne demzufolge in ihrem Ausmaß „erst in der Retrospektive, und dann oft ohne die Chance auf eine Trendumkehr" in vollem Umfang sichtbar werden (ebd.). Mit Integrati-on verhalte es sich daher wie mit der Gesundheit: „Ihr Wert wird erst deut-lich, wenn man sie zu verlieren droht oder sie bereits verloren hat. Dann kümmert man sich um desintegrative Faktoren wie um Krankheitsursachen, sucht analog zu den der Gesundheit abträglichen Einflüssen nach den desin-tegrativen Mechanismen." (ebd.) „Desintegrative Mechanismen" wurden für den Migrationskontext vor allem im Zusammenhang mit „islamischer Fun-damentalismus" und „Parallelgesellschaft(en)" diagnostiziert (vgl. Heitmeyer et al. 1997).

Der Begriff „Integration" bezieht sich „zunächst auf die Eingliederung der zugewanderten Personen(-gruppen) und das Zusammenleben von einhei-mischer Mehrheit und den Einwanderungsminderheiten." (Schulte 2000, S. 230). Axel Schulte versteht darunter sowohl einen Prozess als auch einen an-gestrebten Zustand, der sich auf einer strukturellen und auf einer kulturellen Ebene vollzieht bzw. erreicht wird (ebd.). Franz Hamburger spricht in diesem Zusammenhang – in Anlehnung an Habermas „Theorie des Kommunikativen Handelns" (1988) – präziser von Sozial- und Systemintegration, also der In-

tegration in die „Lebenswelt der unmittelbaren Beziehungen" einerseits und
der Integration in funktionale Teilsysteme, etwa das Bildungssystem oder
das Berufssystem, andererseits (Hamburger 2005, S. 13). Für Hamburger ermöglicht „die gelingende Balance von Sozialintegration und Systemintegration (...) die ‚Integrität' des Erwachsenen, die sich darin zeigt, dass er eine
selbständige Lebensführungskompetenz erworben hat, seine Zugehörigkeiten
reflektieren und akzeptieren kann und sich aufgrund dieser Zugehörigkeiten für das Gemeinwesen einsetzt." (ebd., S. 14) Integration wird damit von
Hamburger auf verschiedene Teilbereiche der Gesellschaft bezogen und normativ sowohl am Erwerb von Autonomie in der Lebensführungskompetenz
als auch in den Beziehungen zum Gemeinwesen konkretisiert.

In der Praxis herrscht weitgehend Uneinigkeit darüber, inwieweit diese
normativen Postulate als erfüllt gelten können und ob statt Integration nicht
vielmehr Desintegration vorherrsche und politisches Handeln erforderlich
sei, um diesem gegen zu steuern. Dabei hat sich in den letzten Jahren der
Tonfall, in dem über Integrations(an)forderungen gesprochen wird, verschärft
– auch als eine Folge der Ereignisse nach dem 11. September 2001. Sanktionen und Strafen werden dort angedroht, wo ein Bemühen um Integration
nicht sichtbar und Erfolg versprechend verfolgt wird. So wird nicht nur gefordert, dass eine Einbürgerung aufgrund einer unzureichenden Integration
abgelehnt werden soll, sondern auch, dass eine erfolgte Einbürgerung wieder
rückgängig gemacht werden sollte, wenn sich zeige, dass keine ausreichende
Integration stattgefunden habe.

Integration als Anpassungs- und Leistungsprozess

Auffallend in diesen neuen Debatten um Integration ist, dass diese nicht mehr
positiv bestimmt wird, etwa im Sinne verbesserter Partizipationsmöglichkei-
ten, individueller und kollektiver Schutzrechte, sowie von politischen Betei-
ligungsrechten, und damit gesellschaftliche Veränderungen als Zielpunkt gesetzt werden. Integration wird vielmehr vorwiegend negativ bestimmt, indem
den Individuen eine Art Bringschuld auferlegt wird. Beispielsweise müssen
sie ihren Integrationswillen und ihre Integrationsbereitschaft aktiv darstellen
und belegen. Dieser Anspruch wird auch dort erhoben, wo die Integrations-
anforderungen nicht konkretisiert werden und unspezifisch bleiben. Integration erhält dadurch einen repressiven Charakter und eine neue ordnungspo-
litische Funktion. Sabine Mannitz verweist auf die damit verbundene, strukturelle Ungleichheits-Problematik: „Die Integrations*leistungen* bewertende
Perspektive [neigt] dazu, doppelte Standards anzulegen, durch die Immigranten und ihre Nachkommen sozusagen ‚beobachtungsstrukturell' diskriminiert

werden: Kein Mitglied der angestammten deutschen ‚Mehrheitsgesellschaft‘ hat je zu befürchten, auf Grund mangelnden Optimismus, wegen selektiver Teilnahme an kulturellen Veranstaltungen oder einer Beschränkung der Freizeitkontakte auf den eigenen Familienkreis unter den Verdacht unzureichender Integration gestellt zu werden. Im Blick auf Immigranten und von ihnen konstituierte soziale Milieus sind solche Schlussfolgerungen jedoch eingeführte Deutungsroutinen." (Mannitz 2006, S. 9)

Der repressive Ton in den gesellschaftlichen und politischen Debatten schlägt sich auch konkret in der Ausgestaltung der Prozesse sozialer und politischer Integration nieder. Dabei zeigt sich ein durchaus widersprüchliches Bild. Einerseits wurden in Deutschland über die Neuregelung des Staatsbürgerschaftsrechts (seit dem 1. Januar 2000 in Kraft), das neue Zuwanderungsgesetz (das das Ausländerrecht von 1990 abgelöst hat und seit dem 1. Januar 2005 in Kraft ist) und das Allgemeine Gleichbehandlungsgesetz (seit dem 18. August 2006 in Kraft) wichtige Maßnahmen zur Verbesserung der rechtlichen Situation von in Deutschland lebenden Migrant/inn/en und Angehörigen von Minderheiten erreicht. Andererseits wurden im Zuge der Ausgestaltung dieser Maßnahmen neue Integrationshürden etabliert bzw. bestehende Hindernisse fortgeführt. Dies gilt etwa für das weiterhin bestehende grundsätzliche Verbot der doppelten Staatsbürgerschaft, die nur in Ausnahmefällen zugelassen ist; die nur auf neu einwandernde Migrant/inn/en beschränkte Zulassung zu den im Zuwanderungsgesetz vorgesehenen Integrationskursen oder den für eine Einbürgerung erforderlichen Nachweis ausreichender Sprachkenntnisse. In dem skizzierten staatlichen Rahmen stellen die gesetzlich verankerten Formen der Integration einerseits Rechtssicherheit und Rechtsschutz für die betroffenen Personen her, zugleich wird der Kreis derjenigen Personen, die integriert werden sollen und können aber auch begrenzt. Diese Widersprüchlichkeit macht deutlich, dass Integration immer an bestimmte Bedingungen und Kontexte geknüpft ist und daher einer jeweils spezifischen Konkretisierung bedarf.

Im Kontext des Zuwanderungs- und Einbürgerungsrechtes hat Albert Scherr zufolge ein „gesellschaftspolitischer Paradigmenwechsel" stattgefunden. Die „Tatsache Einwanderungsgesellschaft" werde politisch nicht mehr länger als „zu bestreitendes oder zu ignorierendes Faktum betrachtet" (Scherr 2008, S. 135). Dies gehe einher mit der Anerkennung eines „integrationspolitischen Gestaltungsbedarfs sowie einer Aufwertung des Politikfeldes Einwanderungs- und Migrationspolitik". Die Verwendung von Integration als „politischer Leitformel" sei jedoch „keineswegs unproblematisch", so Scherr weiter. Denn moderne Gesellschaften seien vielmehr „in verschiedenen Hinsichten ‚differenzierte Einheiten‘ (...) Folglich lässt sich kein singulärer und einheitlicher Bezugspunkt oder Zusammenhang angeben, auf den bezogen von der Integration oder Nicht-Integration eines Individuums in ‚die Gesellschaft' gesprochen werden kann." (alle Zitate ebd.) Unklar bleibt daher auch, wie Integration gesamthaft zu beurteilen wäre, wenn für die verschiedenen Bereiche auf die Integration nun bezogen wird, heterogene Befunde vorliegen.

Doch nicht nur die Verwendung von Integration als „politischer Leitformel" ist problematisch, dies gilt ebenso für die Verwendung von Integration als sozialwissenschaftlichem Ansatz, also bei seiner Verwendung als zentraler Analysekategorie moderner Gesellschaften (vgl. etwa Heitmeyer & Imbusch 2005). Denn die von Schulte (2000) und Hamburger (2005) vorgeschlagene Pluralisierung der Bezugspunkte durch die Kennzeichnung verschiedener Integrationsbereiche, stellt für das von Scherr aufgezeigte Dilemma nur bedingt eine Lösung dar, da es letztlich nicht von der Notwendigkeit einer Gesamtbeurteilung des Zusammenhangs der verschiedenen Teilbereiche enthebt. Denn das Verhältnis von Individuum zu Gesellschaft muss auch hier gesamthaft beurteilt werden, und zwar indem trotz widersprüchlicher Befunde eine Antwort auf die Frage gegeben werden muss, ob eine spezifische Person gesellschaftlich integriert ist. Bezogen auf die konkrete Unterscheidung von Sozial- und Systemintegration (Hamburger 2005, S. 14) stellt sich die Frage, wie eine widersprüchliche Integration, etwa eine erfolgreiche Sozialintegration und eine gescheiterte Systemintegration, zu beurteilen ist und welche sozialen und politischen Konsequenzen hieraus zu ziehen wären.

Offenbar wird an diesem Punkt das allgemeine Problem von Begriff und Konzept von Integration besonders deutlich: Aufgrund der im Integrations-Konzept strukturell zum Tragen kommenden normativen Ansprüche an Person und Persönlichkeit, mit der diese zu einer bestehenden Gesellschaft in Beziehung gesetzt wird, besteht hier die Gefahr eines repressiven Umgangs mit Differenz(en). Dies zeigt sich auch dort, wo aus gesellschaftlicher Perspektive offenbar Integration erreicht wurde, sich die Betroffenen aber selbst nicht als integriert ansehen. Barbara Schramkowski (2007) hat diesen Zusammenhang als „Integration unter Vorbehalt" bezeichnet. Die von den Betroffenen empfundene Prekarität ihrer gesellschaftlichen Stellung lässt sich dabei auf den Umstand der Kontinuität der sozialen, kulturellen und politischen Unterscheidung in Ausländer/innen und Inländer/innen zurückführen. Wobei die einen einem permanenten Integrationsdruck ausgesetzt sind, während die anderen den Maßstab repräsentieren, an dem der Erfolg der Integrationsbemühungen gemessen wird.

Integration durch Ausschluss

Im Zusammenhang mit der gesellschaftlichen und politischen Unterscheidung in Ausländer/innen und Inländer/innen hat Schulte darauf hingewiesen, dass im Rahmen der auf Ausländer/innen bezogenen Integrationspolitik Integration zu einem durch die Betroffenen zu vollziehenden „Anpassungs- und Leistungsprozess" wird. Sie führe zur „Selektion" in ‚integrationswillige' bzw. ‚integrationsfähige' einerseits und ‚nicht-integrationswillige' bzw. ‚-integrationsfähige' andererseits. „Segregation" sei die Folge, da Verunsicherungen und Benachteiligung, die eine Vielzahl von Lebensbereichen betreffen, gefördert und unterstützt werden (Schulte 2000, S. 20f.). Diese Entwicklung zeigt deutlich, dass es bislang individuell und sozial nicht gelungen ist, adäquate Antworten auf migrationsbedingte Fragestellungen und Problemlagen zu finden. Ein entscheidender Grund hierfür liegt in der nationalstaatlichen Verfasstheit moderner Gesellschaften. Denn der Nationalstaat stellte eine spezifische Form der gesellschaftlichen Organisation dar, die durch Kriege und militärische Auseinandersetzungen entstanden ist (vgl. Arendt 1993, S. 207ff.), sich aber auch entscheidend über soziale, politische und kulturelle Formen der Ausgrenzung nach Außen und Innen als nationale Gemeinschaft etabliert hat (vgl. Giesen 1993). Während die äußere Abgrenzung gegenüber anderen Nationalstaaten erfolgt, so ist die Konstitution der nationalen Gemeinschaft im Innern das Resultat der Produktion von (nationalen) Minderheiten und Außenseiter/inne/n (vgl. Mayer 1981). Die Produktion der nationalen Gemeinschaft beruht also auf der paradoxen Form von Integration durch Ausschluss. Integration und Assimilation können daher gleichermaßen als Strategien der (Re)Produktion nationaler Gemeinschaften angesehen werden. Besondere Bedeutung erlangen diese Strategien dort, wo (nationale) Gemeinschaften als bedroht wahrgenommen werden.

In der politischen Debatte konkretisiert sich dieses Paradox von Integration und Ausschluss unter anderem im Konzept der ‚Leitkultur'[4]. Die Notwendigkeit einer solchen ‚Leitkultur' wird damit begründet, dass sich in den modernen Einwanderungsgesellschaften mittlerweile „ethnische Enklaven" gebildet hätten, die sowohl in den populären als auch in den wissenschaftlichen Diskursen unter anderem als „Ghettos" (vgl. Ceylan 2006, S. 48ff.), „Parallelgesellschaften" (vgl. Heitmeyer et al. 1996, kritisch hierzu Bukow et al. 2007, Nowak 2006) oder „ethnische Kolonien" (vgl. Heckmann 1992, S. 96ff.; Ceylan 2006, S. 52f.) beschrieben werden. Hier hätten sich nicht nur von der Mehrheitsgesellschaft unabhängige, kulturelle Wertvorstellungen eta-

---

4 Das Konzept der ‚Leitkultur' wurde vom ehemaligen CDU-Fraktionsvorsitzende Friedrich Merz in die politische Debatte eingebracht hat (vgl. Rheinische Post 18.10.2000).

bliert und gefestigt, die sich gegen die Mehrheitsgesellschaft selbst richten. Es bestünde vielmehr die Gefahr sozialer Desintegration und es drohe eine völlige soziale Entkopplung, indem etwa Diaspora-Organisationen vor dem Hintergrund von Bürgerkriegen oder bürgerkriegsähnlichen Konflikten ‚ihre‘ Gemeinschaften kontrollieren und sich „eine Art von klandestinem Staat im Staate etabliert" (Hoffmann-Nowotny 2001, S. 16). Im wissenschaftlichen Diskurs wird dies auch im Kontext zunehmender Tendenzen gesellschaftlicher „(Re-)Ethnisierung" problematisiert (vgl. Eckert 1998). Tradition erscheint hier strukturell als ein Hindernis für Integration.

Aktuelle Studien über die Integration von Migrant/inn/en der zweiten und dritten Generation liefern demgegenüber jedoch auch andere Befunde, die der Diagnose vom Scheitern und von Defiziten in der Integration widersprechen. So spricht Sabine Mannitz (2006) in ihrer Langzeitstudie unter Heranwachsenden aus Immigrantenfamilien etwa von der „verkannten Integration" und verweist auf die erfolgreichen Prozesse der gesellschaftlichen Selbstpositionierung von Jugendlichen mit Migrationshintergrund (vgl. auch Riegel 2004). Der Prozess der gesellschaftlichen Selbstpositionierung stellt hier einen Transformationsprozess dar, oder wie Ursula Apitzsch es formuliert, einen Prozess der „Traditionsbildung". Es handelt sich dabei nicht um „eine Rückkehr zu den ‚unhintergehbaren‘ nicht gewählten ethnischen Bindungen, sondern [um] eine Vergangenheit, die als unverwechselbar eigene jenseits aller Beliebigkeit erst durch die biographische Arbeit sichtbar wird." (Apitzsch 1999, S. 11f.) Biographische Arbeit ist dabei stets situiert zwischen der Notwendigkeit von Anpassung und Formen des Widerstandes (vgl. Mergner 1999).

Vor dem Hintergrund der bislang aufgezeigten Thematisierungen und Bearbeitungen von Integration in den sozialen, politischen und wissenschaftlichen Diskursen wird die Auseinandersetzung um Integration nun im Rahmen einer kritischen Analyse von Begriff und Konzept von Integration fortgeführt und damit seine Bedeutung innerhalb der Sozialwissenschaften diskutiert.

2. Integration als sozialwissenschaftliches Konzept

In seiner etymologischen Bedeutung verweist der Begriff ‚integrieren‘ auf „ergänzen, vervollständigen, sich zusammenschließen, in ein größeres Ganzes eingliedern" und geht auf das 18. Jahrhundert zurück (EtymWB 2003, S. 585). Im Kontext von Migration wird in Bezug auf Integration auch von „Eingliederungsprozessen" (vgl. Auernheimer 1990, S. 81) gesprochen. In den Gesellschaftswissenschaften werden in der Regel zwei Formen der Integration unterschieden. Es handelt sich dabei zunächst um Prozesse der sozialen Eingliederung von neuen Gesellschaftsmitgliedern, die sowohl die Angehörigen der nachwachsenden Generationen als auch Einwandernde betreffen. Diese Form der Integration wird als „individuelle Integration" bezeichnet (Kreckel 1994, S. 16). Die zweite Form der Integration ist die strukturelle Integration. „Gesellschaftliche ‚Integration' liegt nach dieser Betrachtungsweise dann vor, wenn die einzelnen Teile der Gesellschaft sich in einer *gesellschaftlichen Gesamtordnung* zusammenfügen; ‚Desintegration' liegt dagegen vor, wenn die einzelnen Teile auseinanderstreben und die gesellschaftliche Ordnung zerbricht." (ebd., S. 16) Eine verbindliche Moralordnung als Ausdruck gemeinsam geteilter Werthaltungen wird von Kreckel dabei als eine entscheidende Grundlage der gesellschaftlichen Ordnung angesehen (ebd.).

Die theoretischen Modelle, die sich mit der Frage der individuellen und strukturellen Integration von Einwandernden beschäftigen, wurden zunächst von der US-amerikanischen Soziologie seit den 1920er Jahren entwickelt, unter anderem von Milton M. Gordon und Robert Park (vgl. Han 2006).[5] In diesen Modellen, werden Integrationsprozesse als sequentielle Abläufe dargestellt, in denen sich die Einfügung und Anpassung der Migrant/inn/en in den neuen gesellschaftlichen Kontext vollzieht. Konkret geht es dabei um die Phasen von Ankunft und (Neu-)Anfang, Neu-Orientierung und Etablierung im neuen gesellschaftlichen Kontext. Integration wird hier entweder unmittelbar bereits als ein Prozess der Assimilation verstanden oder mittelbar als ein Stadium des Übergangs, dem die Assimilation folgt. Konzeptionell geht es dabei um einen Vorgang der Bearbeitung von individuellen und gesellschaftlichen Differenzen. Deren Bearbeitung wird derart vorgestellt, dass ethnisch-kulturelle Besonderheiten letztlich zum Verschwinden gebracht werden und ein gemeinsames Wertesystem neu entsteht. Je nach Konzeption unterscheidet sich hierbei, inwieweit den zu Integrierenden ein verändernder und gestaltender Einfluss auf die Gesellschaft zugeschrieben oder ob dieser Prozess ausschließlich als ein Anpassungsprozess gesehen wird. Nachfolgend werden daher exemplarisch zentrale Positionen im Integrationsdiskurs vorgestellt und diskutiert. Ausgehend von Shmuel Eisenstadt, der Integration klassisch als gesellschaftlichen Anpassungsprozess und als einen Prozesse der Auflösung von ethnischen Gruppen versteht, wird daran anschließend bei Hartmut Esser Sozial- und Systemintegration unterschieden. Während Assimilation für Esser zunächst den entscheidenden normativen Bezugspunkt bildet, so ist dies in der Folge einem breiteren Verständnis von Integration

---

5   Auernheimer verweist in diesem Zusammenhang unter Einbeziehung anderer gesellschaftlicher Kontexte unter anderem auf die Arbeiten von Benyei; Price; Rex & Moore; Glazer & Moynihan und Hansen (vgl. Auernheimer 1990, S. 81ff.) Shmuel Eisenstadt hat den Integrationsprozess am Beispiel israelischer Gemeinden untersucht (vgl. Han 2006).

gewichen, für das Assimilation nicht mehr als zwingend angesehen wird, um das gesellschaftliche Gleichgewicht zu erhalten. Demgegenüber versteht Hoffmann-Nowotny Integration und Assimilation als getrennte Prozesse. Während Integration den Prozess die Eingliederung in die Positionsstruktur einer Gesellschaft bezeichnet, stellt Assimilation die kulturelle Adaptation der Einwandernden an die neuen gesellschaftlichen Bedingungen dar. In der neueren Integrationsdebatte, wie an den Arbeiten von Christine Riegel exemplarisch aufgezeigt wird, wird Integration verstärkt als Wechselverhältnis von Minderheit und Mehrheit vorgestellt und untersucht.

Integration als Verschmelzung

Integration wird von Shmuel Eisenstadt als ein Prozess verstanden, der zu einer „Re-Strukturierung des Orientierungssystems der Einwanderinnen und Einwanderer führt. Ein zentraler Begriff in Eisenstadts Migrationstheorie ist derjenige der „dispersion". Damit ist „ein typischer Prozess der Verschmelzung gemeint, in dem die Immigranten in die verschiedenen institutionellen Sphären der Aufnahmegesellschaft so eindringen, dass sie letztlich ihre separate ethnische Gruppenexistenz und -identität verlieren. Ihre separatistische Tendenz und Gruppenidentität aufgrund der Konzentration in bestimmten institutionellen Sektoren werden als Zeichen mangelnder ‚absorption' gedeutet." (Han 2000, S. 49f.)

Eisenstadts Begriff der „absorption" weist für Han eine inhaltliche Verwandtschaft mit dem Begriff der „Assimilation" auf (Han 2000, S. 50). Esser weist darauf hin, dass Eingliederung bei Eisenstadt „die Re-Sozialisation und Re-Strukturierung des Orientierungssystems des Wanderers" erfordere, und zwar so, dass „es weder nicht befriedigbare Ansprüche und Erwartungen des Wanderers noch Spannungen und Widerstände im Aufnahmesystem gebe" (Esser 1980, S. 60). In der Perspektive von Integration als einem Prozess der „Re-Sozialisation" wird die Integrationsanforderung im Sinne eines Sozialisationsprozesses konkretisiert. Damit verliert dieser jedoch zugleich auch seine konkrete Spezifität. Denn dem Begriff der Sozialisation liegt keine abgrenzbare, biographische Entwicklungsphase zugrunde, vielmehr wird mit ihm die Produktion von sozialem Handeln in modernen Gesellschaften als ein kontinuierlicher und stets unabgeschlossen bleibender Lernprozess verstanden. Denn Sozialisation ist „die lebenslange Aneignung von und Auseinandersetzung mit den natürlichen Anlagen, insbesondere den körperlichen und psychischen Grundmerkmalen, die für den Menschen die ‚innere Realität' bilden, und der sozialen und physikalischen Umwelt, die für den Menschen die ‚äußere Realität' bilden." (Hurrelmann 2002, S. 15f.)

Integration als Prozess der Re-Sozialisation

Hartmut Esser hat an die klassischen Migrationstheorien anschließend bereits in „Aspekte der Wanderungssoziologie" (1980) ein am „methodologischen Individualismus" orientiertes, handlungstheoretisches Modell von Assimilationsprozessen entworfen (Esser 1980, S. 14). Dabei werden „alle sozialen Prozesse, Systemerfordernisse und ‚Funktionen' auf das Empfinden, interessegeleitete Handeln und Lernen von (selbstverständlich auch relational verbundenen) Individuen" zurückgeführt (ebd.). Die theoretische Orientierung beruht hier auf einer *„kognitiven Theorie des Lernens und Handelns von Personen"* (ebd.). Der Eingliederungsprozess wird von Esser ebenfalls als ein Prozess der Re-Sozialisierung vorgestellt, in dem „ein Wanderer zu einer Re-Organisation seiner psychischen Orientierung und sozialen Einbindung gelangt, die zur Gestaltung eines entlasteten Alltags im Aufnahmesystem erforderlichen Habitualisierungen und Routinisierungen von Problemlösungen (wieder-)gewinnt, sich in Fertigkeiten, Rollenausübung und Statusbesetzung den Einheimischen angleicht und dann auch Identifikationen mit dem neuen Lebensbereich entwickelt" (ebd., S. 16f.).

Davon unabhängig erwachsen aus dem „Problem der Eingliederung von Wanderern" auch Folgen „für die Strukturierung und für das Funktionieren der Aufnahmegesellschaft" (ebd., S. 17). Die Aufnahmegesellschaft stellt für Esser eine „komplexe ‚modernisierte'" Gesellschaft dar, die durch zwei Merkmale besonders gekennzeichnet sind. Beim ersten Merkmal handelt es sich um die „psychische Mobilisierung und Individualisierung als (stets prekäres) Gleichgewicht zwischen engagierter Individualität und gleichgültiger Objektivität, zwischen aktiv-emphatischer Wertbindung und detachierter Apathie auf der Ebene der Persönlichkeit." (ebd.) Das zweite Merkmal bezieht sich auf die „Funktionendifferenzierung, Entsegmentierung und Universalisierung der Beteiligungszugänge bei Fortbestand auch vertikaler Ungleichheiten auf der Ebene des Gesamtsystems." (ebd.) „Die stabile Realisierung von ‚Einheit in der Verschiedenheit'" (ebd.) ist daher für Esser das zu lösende Grundproblem moderner Gesellschaften. Person und Umgebung sind die entscheidenden Variablen in Essers „Grundmodell der Assimilation" (ebd., S. 220f.), bei dem ein rational handelndes und auf seine Umgebung bezogenes Individuum im Mittelpunkt steht. Hieraus abgeleitet werden kognitive, identifikative, soziale und strukturelle Assimilation als „Einzeldimensionen der Assimilation" (ebd., S. 221). Assimilation wird von Esser damit als ein komplexer Prozess der individuellen und strukturellen Anpassung verstanden, der im Ereignis der Wanderung seinen Ausgang nimmt. Der Grad der Assimilation kann jedoch insofern variieren, als davon ausgegangen wird, dass eine „stabile", das heißt eine integrierte, sich im Gleichgewicht befindliche Gesellschaft erreicht werden soll und Assimilation daran orientiert ist. Der individuelle Prozess der Assimilation ist damit nicht nur abhängig von der Gesellschaft, er ist zugleich auch an ihr orientiert, da sie implizit und explizit den Maßstab für die Assimilation vorgibt. Normativer Bezugspunkt von Assimilation ist dabei einerseits das individuell zu erreichende psychosoziale Gleichgewicht und andererseits das gesellschaftliche Gleichgewicht als soziale Stabilität.

Dieses zu Beginn der 1980er Jahre vorgestellte Modell wurde von Esser in einem Beitrag mit dem Titel „Welche Alternativen zur ‚Assimilation' gibt es eigentlich?" (2004) aktualisiert. Hierin verweist er darauf, dass es neben der Kritik am Assimilationskonzept immer auch eine Verteidigung dieses Ansatzes gab. Für Esser bedeutet Assimilation im Zusammenhang interethnischer Beziehungen „zunächst ganz allgemein die ‚Angleichung' der Akteure bzw. Gruppen in gewissen Eigenschaften an einen ‚Standard'." (Esser 2004, S. 45) Sie kann als eine individuelle und soziale Reaktionsweise verstanden werden, mit der die verschiedenen Akteure auf eine soziale Situation reagieren, die als durch Wanderungsbewegungen ins Ungleichgewicht geraten angesehen wird. Assimilation wird also als Systemintegration verstanden, und „es gibt, so gesehen, zur individuellen strukturellen Assimilation als Modell der intergenerationalen Integration *keine* (vernünftige) Alternative." (ebd., S. 58)

In dieser Perspektive auf Assimilation erfolgt jedoch eine folgenreiche Setzung: Migration wird hier generell als ein Prozesse aufgefasst, auf den beiderseits – also sowohl von den individuellen Akteuren als auch von der Gesellschaft – mit Integration reagiert wird. Integration wird damit strukturell zum normativen Bezugspunkt individuellen und gesellschaftlichen Handelns gemacht. In „Integration und Sprache" (2006) spricht Esser nicht mehr davon, dass es zur „individuellen strukturellen Assimilation als Modell der intergenerationalen Integration *keine* (vernünftige) Alternative" mehr gebe. Inzwischen gehe man davon aus, „dass es – theoretisch – jede denkbare Kombination auch als dauerhaftes Gleichgewicht geben kann, aber auch, dass der deutlichste Trend der inter*generationalen* Integration nach wie vor die Assimilation ist, auch unter den Bedingungen der ‚new immigration' und der Emergenz transnationaler Netzwerke." (Esser 2006, S. 27).

Für Essers Theorie ist diese Verschiebung insofern folgenreich, als seiner „Wanderungssoziologie" (1980) mit der Aufgabe des normativen Bezugspunktes „Assimilation" das Kriterium für eine Unterscheidung von verschiedenen Stufen oder Aspekten von Integration und Nicht-Integration verloren geht. Dies wird deutlich in Essers Typologie von Sozialintegration, die multiple Inklusion, Assimilation, Segmentation und Marginalität umfasst (ebd., S.

26). Zwar werden diese von ihm durchaus auf einem Kontinuum zwischen den Polen „Marginalität" und „Assimilation" angeordnet, allerdings ist damit nicht zwangsläufig eine Entwicklungsrichtung oder Tendenz der Entwicklung (vor-)gegeben. Gegenüber dem Assimilations-Modell geht damit die handlungstheoretisch begründete Dynamik von Integrationsprozessen verloren.

Während Esser also weiterhin von einem Gleichgewichtsmodell ausgeht, in dem Integration für den Migrationskontext als eine allgemeine Form sozialen Handelns von Migrant/inn/en und der Aufnahmegesellschaft verstanden wird, für das Assimilation nunmehr eine (wahrscheinliche) Möglichkeit unter anderen darstellt, so versteht Hoffmann-Nowotny unter „Integration" die Eingliederung in die Positionsstruktur des Einwanderungslandes und „Assimilation" als einen Prozess der kulturellen Adaption an die Aufnahmegesellschaft (vgl. Auernheimer 1990, S. 92). „Positionsstruktur" und „Kultur" werden hier als voneinander getrennte Entitäten aufgefasst, eine Unterscheidung, die auch der Auffassung von Sozial- und Systemintegration (vgl. Hamburger 2005) zu Grunde liegt. Hoffmann-Nowotny geht dabei ebenso wie Esser in seinen früheren Arbeiten davon aus, dass ein Entwicklungsprozess stattfindet, in dem die soziale Beziehung zwischen Newcomer und Settler sich sozial-kulturell nicht nur einander annähern, sondern sich auch einander angleichen. Soziale und kulturelle Differenzen werden hierdurch minimiert. Denn ein zu hohes Maß an Disparität wird als Bedrohung für den gesellschaftlichen Zusammenhalt angesehen, da diese den für den Erhalt der gesellschaftlichen Gesamtordnung als notwendig erachteten „Wertkonsensus" (vgl. Kreckel 1994, S. 16) bedroht. Theoretisch ist damit in den Integrations- und Assimilationskonzepten die auf Konzept und Ideologie des Nationalstaates rückführbare Homogenitätsannahme handlungsleitend. Dabei wird jedoch außer Acht gelassen, dass die Kontinuität von gesellschaftlicher Pluralität, die sich etwa in der (dauerhaften) Existenz von Minderheiten oder subkulturellen Bereichen in Gesellschaften zeigt, für demokratische Gesellschaften eine konstitutive Bedeutung hat. Denn erst die legitimen Möglichkeiten von individuellen und kollektiven Formen sozialer und kultureller Besonderheit und Separierung, also von Nicht-Integration, bilden die Grundlage eines demokratischen Gemeinwesens.

Integration als Wechselverhältnis

Der gesellschaftliche Umgang mit sozialen und kulturellen Formen von Differenz ist daher von entscheidender Bedeutung für Inhalt und Beurteilung von Integration. In den vorgestellten theoretischen Ansätzen aus der Migrationsforschung wurde der Schwerpunkt der Integration jedoch primär in den individuellen Anpassungsprozessen gesehen die letztlich – vor allem in ,the long run' und unter Einbeziehung der Generationenfolge – Assimilation zur Folge haben. Der Beitrag der Gesellschaft zur Integration wurde in diesem Zusammenhang vor allem auf bestimmte soziale und ökonomische Bereiche bezogen und funktionsbezogen betrachtet, etwa in Bezug auf Bildung und Ausbildung, oder im Hinblick auf Arbeitsmarktintegration. Der in den klassischen Ansätzen der Migrationsforschung vorherrschende Tendenz zur Gleichsetzung von Integration und Assimilation liegt Christine Riegel zu Folge ein defizitäres Verständnis der Einwanderinnen und Einwanderer zugrunde, das an deren Markierung als Problemgruppe ansetzt. In ihrer Auseinandersetzung mit dem Integrationsbegriff betont Riegel: „Als problematisch wurde betrachtet: *erstens* seine einseitige Ausrichtung auf die Einwanderer/innen, bei der die Mehrheitsgesellschaft (in ihrer Beteiligung an Integration *und* Ausgrenzung) ,außen vor' bleibt, *zweitens* der ethnozentristische und kulturell normative Bedeutungsgehalt des Integrationsbegriffs und *drittens* die Reduktion der Integration auf kulturelle Fragen und die weitgehende Ignoranz bezüglich struktureller Voraussetzungen." (Riegel 2004, S. 61) Inzwischen habe jedoch eine Veränderung und Öffnung des Integrationsverständnisses stattgefunden, das heißt das Verhältnis von Minderheit und Mehrheit werde zunehmend als Wechselverhältnis vorgestellt und untersucht (ebd.). Riegel verweist hier auf Georg Auernheimer, der Mitte der 1990er Jahre im Hinblick auf die Forschung feststellt: „In den ersten wissenschaftlichen Ansätzen [der Migrationsforschung, a.d.V.] wird die Eingliederung von Immigranten als ein Prozess mit scheinbarer Zwangsläufigkeit beschrieben. Es folgen Ansätze, in denen die Abhängigkeit der Assimilation von den Reaktionen der Aufnahmegesellschaft, mit anderen Worten die Wechselwirkung zwischen Minderheit und Mehrheit, deutlich wird. Ansätzen, nach denen die Assimilation früher oder später gesetzmäßig einzutreten scheint, folgen Modelle, nach denen der Ausgang des Prozesses offen ist." (Auernheimer 1995, S. 92)

Sowohl durch die Charakterisierung von Integration als einem Wechselverhältnis – zum Teil mit einer expliziten Betonung der Bedeutung der Mehrheitsgesellschaft für den Integrationsprozess –, als auch über die Feststellung, dass der Ausgang des Integrationsprozesses grundsätzlich offen sei, wird die Grundproblematik des Integrationskonzeptes jedoch nicht aufgehoben. Zwar wird nunmehr auch die gesellschaftliche Verantwortung für gelingende bzw. scheiternde Integrationsprozesse thematisiert und damit eine handlungstheoretische Verkürzung des Integrationsprozesses, wie sie von Esser vorgeschlagen wurde, kritisiert. Das dem Verständnis von Integration im Migrationskontext zugrunde liegende Verhältnis, das auch hier weiterhin dichotom als dasjenige von Gesellschaft und Migrant/in bestimmt wird, ver-

ändert sich hierdurch nicht. Auch die Entwicklungsrichtung dieses Verhältnisses hin auf eine ‚integrierte' Gesellschaft, bleibt tendenziell bestehen, allerdings wird die Bedeutung der Gesellschaft für Integrationsprozesse stärker
gewichtet und den Minderheiten bzw. Migrant/inn/en wird ein Potential zur
Mitgestaltung in einem als prinzipiell ergebnisoffen anzusehenden Integrationsprozess eingeräumt. Von einigen Autor/inn/en wird daher vorgeschlagen,
den Integrationsbegriff gänzlich abzulehnen und ihn nicht mehr zu verwenden (u.a. von Treibel, Kalpaka und Räthzel, vgl. Riegel 2004, S. 61). Riegel
spricht sich jedoch gegen diesen Vorschlag aus, sie schlägt eine Verwendung
des Integrationsbegriffs als Komplementärbegriff zu Ausgrenzung vor, „um
das Spannungsfeld von sozialen und gesellschaftlichen Ungleichheitsverhält-
nissen und damit verbundene Prozesse zu kennzeichnen" (ebd.).

Die Annahme einer Ergebnisoffenheit von Integration und die Tatsache
der gesellschaftlichen Mitverantwortung für Integrationsprozesse haben jedoch Folgen, da damit die normative Orientierung als grundlegende Prämisse des Integrations-Konzeptes in Frage gestellt wird. Denn dem Integrationsprozess liegt in diesem Verständnis von Gesellschaftlichkeit nicht mehr ein
an einem bestehenden Wertkonsensus orientierter Zielpunkt zugrunde. Vielmehr wird sie als ein Zustand angesehen, der stets neu wieder produziert und
reproduziert werden muss, Integration ist daher wesentlich ein Prozess, der
längst nicht mehr primär auf Außenseiter/innen, Aufwachsende und Newcomer hin ausgerichtet ist, auf die in den verschiedenen Integrationsdebatten
vorwiegend fokussiert wird, sondern ganz allgemein auf die Gesellschaft und
auf den durch diese konstituierten gesellschaftlichen Zusammenhang. Denn
die modernen Gesellschaften sind dynamische, durch starken sozialen Wandel gekennzeichnete Massengesellschaften, für die soziale Integration keinen
gegebenen bzw. erreichbaren Zustand darstellt, sondern zu einer dauerhaften Aufgabe geworden ist. Dabei geht es sowohl darum, die verschiedenen,
zum Teil antagonistischen Bereiche bzw. Teilbereiche einer Gesellschaft zu
integrieren, als auch um die Sozialisation als Form der individuellen ‚Integration' (vgl. Brückner 2004, S. 26). Die Verwendung des Integrationsbegriffs
zeigt sich in diesem Zusammenhang jedoch als höchst problematisch und
als nicht stimmig, denn einerseits findet hier längst keine ‚Eingliederung' in
einen gegebenen gesellschaftlichen Zusammenhang statt, sondern es findet
vielmehr ein kontinuierlicher Prozess von Produktion und Reproduktion von
Gesellschaft statt, an dem alle diejenigen gleichermaßen beteiligt sind, die in
einer bestimmten Gesellschaft leben – und zwar unabhängig von Form und
Dauer ihrer Zugehörigkeit. Eine Alternative zum Integrationsbegriff bilden
daher Begriff und Konzept von Vergesellschaftung.

3. Vergesellschaftung als Alternative zum Integrationsbegriff

Trotz der Versuche der Reformulierung des Integrations-Konzeptes auf der
Basis von Wechselwirkungen, liegt diesem ein weitgehend statisches Model
von Gesellschaftlichkeit zugrunde. Dabei werden Gesellschaft als bereits
integrierter Zusammenhang und diejenigen, die als ‚Integrationsbedürftige‘
identifiziert werden, einander gegenüber gestellt. Gesellschaft und die zu
integrierenden Personen oder Gruppen werden hier einerseits als strukturell
getrennte Entitäten angesehen, darüber hinaus bildet die Feststellung fehlen-
der Integration auf der Grundlage eines als integriert vorgestellten Gesell-
schaftsmodells den eigentlichen Anlass, Integration ‚herzustellen‘. Im Integrationsbegriff ist also explizit der Gegensatz von Eigenem und Fremdem,
von Normalität und Abweichung mit angelegt. Die Möglichkeit einer Zuweisung von gesellschaftlichen Integrationsansprüchen ist jedoch abhängig
von den gesellschaftlichen Macht- und Herrschaftsverhältnissen. Integration
in einem so verstandenen Sinne verweist daher vor allem auf Strukturen gesellschaftlicher Dominanz.

Die Verwendung des Integrationskonzeptes verweist damit auf einen in
modernen Gesellschaften vorherrschenden Modus von Vergesellschaftung,
der durch Außenseiterproduktion charakterisiert ist. Die Außenseiter/innen
bleiben dabei aber stets Teil der Gesellschaft, sie sind nicht in radikalem Sinne außerhalb der Gesellschaft, sondern werden außerhalb eines als Zentrum
der (Mehrheits-)Gesellschaft definierten Bereichs positioniert. Integrationsanforderung bzw. Integrationsanspruch stellen daher eine gesellschaftliche
Form der Bearbeitung der Außenseiterproduktion dar, beschreiben aber noch
nicht das diesem zu Grunde liegende gesellschaftliche Verhältnis.

Beim Begriff der Vergesellschaftung handelt es sich um einen soziologi-
schen Grundbegriff, den Max Weber wie folgt bestimmt: „‚Vergesellschaftung‘ soll eine soziale Beziehung heißen, wenn und soweit die Einstellung
des sozialen Handelns auf rational (wert- oder zweckrational) motiviertem
Interessenausgleich oder auf ebenso motivierter Interessenverbindung beruht.“ (Weber 1980, S. 21) Georg Simmel präzisiert Webers Begriff von
Vergesellschaftung als einem auf rational motiviertem Interessenausgleich
beruhenden sozialen Beziehungsgeflecht wie folgt: „Die Vergesellschaftung
ist also die, in unzähligen verschiedenen Arten sich verwirklichende Form,
in der die Individuen auf Grund jener – sinnlichen oder idealen, momenta-
nen oder dauernden, bewussten oder unbewussten, kausal treibenden oder
teleologisch ziehenden – Interessen zu einer Einheit zusammenwachsen und
innerhalb eben deren diese Interessen sich verwirklichen.“ (Simmel 1995,
S. 18f.)

Die Prozesse der Vergesellschaftung bringen das Individuum in eine „Doppelstellung", das heißt, dass das Individuum sowohl Teil der Gesellschaft ist, also „in ihr befasst ist und zugleich ihr gegenübersteht, ein Glied ihres Organismus und zugleich selbst ein geschlossenes organisches Ganzes, ein Sein für sie und ein Sein für sich." (ebd., S. 56) Im Gegensatz zum Integrationsbegriff wird in den Prozessen der Vergesellschaft das soziale Handeln derart in den Blick genommen, dass sowohl die Prozesse, also der ‚Interessenausgleich', als auch ihre Resultate, die ‚Interessenverbindung(en)', in ihren Formen und Entwicklungen analysiert werden. Während also im Integrationskonzept Gesellschaft bereits als Resultat vorausgesetzt wird und sie als solche in einer spezifischen Relation zum Objekt der Integrationsanforderung, nämlich als Maßstab, steht, so stellt der Begriff der Vergesellschaftung in Rechnung, dass Gesellschaft zuallererst als Resultat sozialer Handlungen aller Gesellschaftsmitglieder zu betrachten ist.

Aus der von Simmel angesprochenen „Doppelstellung" der Individuen, die einerseits Teil der Gesellschaft sind, ihr andererseits aber auch unverbunden gegenüberstehen, resultiert eine weitere Kritik am Integrationsbegriff. Denn strukturelle bedeutet diese „Doppelstellung" zugleich auch, dass dort, wo Integration erreicht wird, immer auch Nicht-Integration bzw. Desintegration vorhanden ist. Eine vollständige Integration würde demgegenüber zur Auflösung dieser „Doppelstellung" führen, dass heißt, dass das Spannungsverhältnis von Individuum und Gesellschaft zur Seite der Gesellschaft hin aufgelöst werden würde und in einem tatsächlichen Sinne Individualität ausgelöscht würde.

Ein weiterer Unterschied des Vergesellschaftungsbegriffs zum Integrationskonzept besteht darin, dass Integration immer als positiver Prozess gewertet wird. Mit dem Integrationskonzept wird somit eine spezifische Form von moderner Gesellschaftlichkeit nicht mehr analytisch fassbar: nämlich die Form der ‚negativen Vergesellschaftung'. Damit können konkrete Prozesse der Vergesellschaftung analysiert und in ihrer Wirkung qualitativ beurteilt werden, etwa im Hinblick auf Freiheit und Autonomie als positiv oder auf Ausgrenzung und Entrechtung als negativ.

Vergesellschaftung ist damit begrifflich und konzeptionell eine Alternative zur Verwendung des Integrationsbegriffs in der sozialwissenschaftlichen Analyse. Denn dieser erlaubt es, Integration als einen normativ fundierten Vergesellschaftungsmodus zu erkennen, ihre Wirkungen zu benennen und die ihr zu Grunde liegenden gesellschaftlichen Ursprünge zu analysieren. Entscheidend für die Analyse des Migrationskontextes ist dabei, dass das zu integrierende Individuum nicht ausschließlich als strukturell getrennt von Gesellschaft betrachtet wird, sondern wie die anderen Gesellschaftsmitglieder

auch in seiner Doppelstellung. An die Stelle eines implizit auf den Nationalstaat begrenzten Begriffs von Gesellschaft wird eine erweiterte Auffassung
von Gesellschaftlichkeit zugrunde gelegt, für die die Tatsache entscheidend
ist, dass das ‚Neue' nicht als ‚zu-integrierend' betrachtet wird, sondern von
Anfang an als integraler Teil von Gesellschaft und damit als gesellschaftlich
zugehörig. Dies gilt unabhängig von der Art der Zugehörigkeit, denn unter
Verwendung des Begriffs Vergesellschaftung sind sowohl positive als auch
negative Formen der Vergesellschaftung vorstellbar. Von besonderem analytischen Interesse sind dabei Fragen, wie Menschen sich ‚in-Gesellschaft-
begeben', wie sie Beziehungen untereinander aufbauen und erhalten, sowie
welchen materiellen Produktionsbedingungen sie dabei hinsichtlich ihres eigenen individuellen Lebens und im Hinblick auf Gesellschaft als einem kollektiven Zusammenhang unterworfen werden.

Eine weitere Dimension dieses erweiterten Gesellschaftsbegriffs bezieht sich auf die Ausdehnung von Gesellschaft unter den Bedingungen von
Migration. Denn Gesellschaft ist hier nicht mehr territorial begrenzt, sondern
erhält darüber hinaus die Dimension von Weltgesellschaft. Dies bedeutet zugleich, dass gesellschaftliche Entwicklungen nicht mehr als ursächlich auf
einen sozial und territorial begrenzten Bereich bezogen werden können, vielmehr werden hier eine Vielzahl von Gesellschaften nunmehr mit einbezogen.
Dies bedeutet etwa auch, dass die Rationalität sozialen Handelns nicht allein
auf den gegenwärtig dominierenden gesellschaftlichen Zusammenhang, der
den unmittelbaren Lebensmittelpunkt darstellt, zurückgeführt werden kann.
Vielmehr sind sowohl die bestehenden Verbindungen in andere Gesellschaften, etwa über Familie oder Verwandte, als auch künftige Orientierungen und
Entwicklungen, die sich etwa auf neue oder andere soziale Kontexte beziehen, mit zu berücksichtigen, um das aktuelle Handeln individueller Akteurinnen und Akteure im Migrationskontext zu verstehen. Für die sozialwissenschaftliche Analyse bedeutet dies, dass der jeweils konkrete Prozess der Vergesellschaftung nur dann in seinen Ursachen und Folgen untersucht werden
kann, wenn der Analyse ein erweitertes Konzept von Gesellschaftlichkeit zu
Grunde gelegt wird.

4.   Zusammenfassung und Fazit

In dem vorliegenden Beitrag wurde aufgezeigt, dass sich Integration in den
aktuellen öffentlichen, politischen und wissenschaftlichen Debatten zu einem
zentralen Paradigma der Gesellschaftsanalyse entwickelt hat. Moderne Gesellschaften werden dabei vorwiegend als desintegriert wahrgenommen und

ihr Zusammenhalt wird als bedroht angesehen. Eine besondere Rolle spielt hierbei der Migrationskontext, da die Bedrohung sich sowohl im öffentlichen Diskurs als auch in der Wissenschaft im Zusammenhang mit Migrationsphänomenen konkretisiert. Vor diesem Hintergrund werden verschärfte Integrations(an)forderungen an Migrant/inn/en gestellt. Die erfolgte rechtliche Verbesserung der Stellung von Migrant/inn/en in der Gesellschaft, etwa im neuen Staatsangehörigkeitsrecht, ist eng mit der Erbringung von Integrationsleistungen verknüpft worden. Dabei werden vermehrt auch über ein als zu schwach angesehenes Integrationskonzept hinausgehende Anforderungen nach Assimilation gestellt. Dieser Neo-Assimilationismus findet nicht nur im öffentlichen Diskurs Anklang, hier etwa über die Forderung nach einer „Leitkultur", sondern auch in den Sozialwissenschaften.

Die Kritik an Begriff und Konzept von Integration richtet sich vor allem auf den normativen Ausgangspunkt von Integration und das der Integration zugrunde liegende Gesellschaftsmodell. Denn Gesellschaft und das zu integrierende Individuum bzw. die zu integrierende soziale Gruppe werden als disparate, also als grundlegend voneinander getrennte Einheiten aufgefasst. Die Formen von Integration beschreiben dann die Prozesse und Resultate, wie sich das Verhältnis der beiden Einheiten zueinander entwickelt. Problematisch an dieser theoretischen Perspektive ist, dass von Anfang an eine dichotome Setzung vorgenommen wird. Damit wird das auf diese Weise markierte Andere als Gegensatz zur Gesellschaft bestimmt. Die Perspektive, dass es sich beim Integrationsverhältnis bereits selbst um ein gesellschaftlich produziertes Verhältnis handelt, geht dabei verloren.

Als Alternative zur Verwendung des Integrationsbegriffs in den Sozialwissenschaften wurde der Begriff der Vergesellschaftung vorgeschlagen. Begriff und Konzept von Vergesellschaftung verweisen auf einen dynamischen Ansatz, der die Tätigkeit der Subjekte in einem gegebenen gesellschaftlichen Kontext als einen aktiven, die gesellschaftlichen Bedingungen selbst beeinflussenden und (mit-)gestaltenden Prozess versteht. Von Interesse ist hierbei die Art und Weise in der Vergesellschaftung stattfindet. Für den Migrationskontext ist dies in besonderer Weise relevant, da mit Bezug auf den Vergesellschaftungsprozess die Komplexität von etablierten und neuen Mechanismen von Rassismus und Diskriminierung, von Ausgrenzung und Außenseiterproduktion besser in den Blick genommen werden können. Damit werden nicht nur biografische und gesellschaftliche Formen der Ein- und Ausgrenzung sichtbar. Anders als beim erweiterten Integrationskonzept wird hier auch der Eindruck eines additiven Models von stufenweiser Integration vermieden. Die Menschen werden von Anfang an als aktive, die gesellschaftlichen Verhältnisse und Bedingungen mitgestaltende Subjekte wahrgenommen, ohne dass strukturelle Ausgrenzungsprozesse negiert werden müssen.

Kann vor dem Hintergrund dieser Kritik auf den Integrationsbegriff gänzlich verzichtet werden? Als analytisches Instrumentarium erscheint der Integrationsbegriff nicht geeignet, da ihm kein adäquater Gesellschaftsbegriff zu Grunde liegt. Als politischer Begriff dürfte der Integrationsbegriff im Migrationskontext allerdings bis auf weiteres nicht zu vermeiden sein. Hier ist jedoch von Seiten der Forschung eine Analyse und Kritik der bisherigen, umfassenden Verwendung und Funktion des Integrationsbegriffs dringend erforderlich. Dies gilt vor allem auch dort, wo Forschung den Anspruch erhebt anwendungsorientiert zu sein und Empfehlungen für Politik und Praxis ausarbeitet. Denn nicht zuletzt die Untersuchungen von Riegel (2004) und Schramkowski (2007) haben gezeigt, dass der Begriff der Integration für die Betroffenen selbst längst nur eine hohle Phrase ist. Demgegenüber gelingt es unter Verwendung des Begriffs der Vergesellschaftung nicht nur die in sozialen Verhältnissen wirksamen Formen gesellschaftlicher Zugehörigkeit und Ausgrenzung zu analysieren. Mit ihm ist es möglich, soziale Verhältnisse, die unter Verwendung des Integrationsbegriffs beschrieben werden, kritisch zu analysieren. Damit gelingt es auch dort die Funktion und Bedeutung der spezifischen Verwendung des Integrationsbegriffs als Vergesellschaftungsform aufzuzeigen, wo Integration auf ein diffuses Konzept von integrierter Gesellschaftlichkeit bezogen wird und unter sozialen Bedingungen von Herrschaft über Integration Normalität produziert wird.

Literatur

Apitzsch, Ursula (1999). Traditionsbildung im Zusammenhang gesellschaftlicher Migrations- und Umbruchsprozesse. In: Apitzsch, Ursula (Hrsg.): Migration und Traditionsbildung. Wiesbaden: Westdeutscher Verlag, S. 7-20.

Arendt, Hannah (1993). Elemente und Ursprünge totaler Herrschaft. München: Piper.

Auernheimer, Georg (1990). Einführung in die Interkulturelle Erziehung. Darmstadt: Wissenschaftliche Buchgesellschaft.

Auernheimer, Georg (1995). Einführung in die Interkulturelle Erziehung. Darmstadt: Primus Verlag.

Brückner, Peter (2004). Sozialpsychologie des Kapitalismus. Gießen/Hamburg: Psychosozial Verlag und Argument Verlag.

Bukow, Wolf-Dietrich, Nikodem, Claudia & Schulze, Erika (Hrsg.) (2007). Was heisst hier Parallelgesellschaft? Zum Umgang mit Differenzen. Wiesbaden: VS Verlag.

Ceylan, Rauf (2006). Ethnische Kolonien. Wiesbaden: VS Verlag.

Eckert, Roland (Hrsg.) (1998). Wiederkehr des „Volksgeistes"? Ethnizität, Konflikt und politische Bewältigung. Opladen: Leske + Budrich.

Eisenstadt, Shmuel N. (1998). Die Antinomien der Moderne. Frankfurt a. M.: Suhrkamp.

Esser, Hartmut (1980). Aspekte der Wanderungssoziologie. Darmstadt/Neuwied: Luchterhand.

Esser, Hartmut (2004). Welche Alternativen zur ‚Assimilation' gibt es eigentlich? In: IMIS-Beiträge. Heft 23/2004. Osnabrück: Universität Osnabrück, S. 41-60.

Esser, Hartmut (2006). Sprache und Integration. Frankfurt a. M./New York: Campus Verlag.

Etymologisches Wörterbuch des Deutschen (2003). Erarbeitet unter der Leitung von Wolfgang Pfeifer. München: Deutscher Taschenbuch Verlag.

Fertig, Michael (2004). The Societal Integration of Immigrants in Germany. RWI Discussion Paper No. 18.

Geisen, Thomas (2005). Migration als Vergesellschaftungsprozess. Zur Konstruktion von Arbeitsmigration als Sonderfall. In: Geisen, Thomas (Hrsg.): Arbeitsmigration. WanderarbeiterInnen auf dem Weltmarkt für Arbeitskraft. Frankfurt a. M.: IKO-Verlag. S. 19-35.

Giesen, Bernhard (1993). Die Intellektuellen und die Nation. Frankfurt a. M.: Suhrkamp.

Habermas, Jürgen (1988). Theorie des kommunikativen Handelns. 2 Bände. Frankfurt a. M.: Suhrkamp.

Hamburger, Franz (2005). Der Kampf um Bildung und Erfolg. In: Hamburger, Franz, Badawia, Tarek & Hummrich, Merle (Hrsg.): Migration und Bildung. Wiesbaden: VS Verlag, S. 7-22.

Han, Petrus (2000). Soziologie der Migration. Stuttgart: Lucius & Lucius.

Han, Petrus (2006). Theorien zur internationalen Migration. Stuttgart: Lucius & Lucius.

Heckmann, Friedrich (1992). Ethnische Minderheiten, Volk und Nation. Stuttgart: Ferdinand Enke Verlag.

Heitmeyer, Wilhelm & Imbusch, Peter (Hrsg.) (2005). Integrationspotenziale einer modernen Gesellschaft. Wiesbaden: VS Verlag.

Heitmeyer, Wilhelm, Müller, Joachim & Schröder, Helmut (1997). Verlockender Fundamentalismus. Frankfurt a. M.: Suhrkamp.

Hoffmann-Nowotny, Hans-Joachim (2001). Internationale Migration und das Fremde in der Schweiz. In: Hoffmann-Nowotny, Hans-Joachim (Hrsg.): Das Fremde in der Schweiz. Zürich: Seismo, S. 11-30.

Hoffmann-Nowotny, Hans-Joachim (1999). Eingliederung und Ausgrenzung. In: IMIS-Beiträge Heft 12/1999. Osnabrück: Universität Osnabrück, S. 141-147.

Hurrelmann, Klaus (2002). Einführung in die Sozialisationstheorie. Weinheim/Basel: Beltz.

Imbusch, Peter & Rucht, Dieter (2005). Integration und Desintegration in modernen Gesellschaften. In: Heitmeyer, Wilhelm & Imbusch, Peter (Hrsg.): Integrationspotenziale einer modernen Gesellschaft. Wiesbaden: VS Verlag, S. 13-71.

Kreckel, Reinhard (1994). Soziale Integration und nationale Identität. In: Berliner Journal für Soziologie, Heft 1, 1994. Opladen: Leske + Budrich.

Mannitz, Sabine (2006). Die verkannte Integration. Bielefeld: transcript Verlag.

Mayer, Hans (1981). Außenseiter. Frankfurt a. M.: Suhrkamp.

Mergner, Gottfried (1999). Lernfähigkeit der Subjekte und gesellschaftliche Anpassungsgewalt. Kritischer Dialog über Erziehung und Subjektivität. Ausgewählte Schriften, Band 2. Herausgegeben von Thomas Geisen. Berlin/Hamburg: Argument-Verlag.

Nowak, Jürgen (2006). Leitkultur und Parallelgesellschaft. Frankfurt a. M.: Brandes und Apsel.

OECD (2006). Where Immigrant Students Succeed – A Comparative Review of Performance and Engagement in PISA 2003. Im Internet abrufbar unter: http://www.pisa.oecd.org/dataoecd/2/38/36664934.pdf (06.01.2010)

Radtke, Frank-Olaf (1999). Multiculturalism in welfare states: the case of Germany. In: Guibernau, Montserrat & Rex, John (Hrsg.): The Ethnicity Reader. Nationalism, Multiculturalism and Migration. Cambridge: Polity Press, S. 248-256.

Rex, John (1999). The concept of a multicultural society. In: Guibernau, Montserrat & Rex, John (Hrsg.): The Ethnicity Reader. Nationalism, Multiculturalism and Migration. Cambridge: Polity Press, S. 205-219.

Riegel, Christine (2004). Im Kampf um Zugehörigkeit und Anerkennung. Frankfurt a. M.: IKO Verlag.

Scherr, Albert (2008). Integration: Prämissen und Implikationen eines migrationspolitischen Leitbegriffs. In: neue praxis, 38. Jahrgang 2008/Heft 2, S. 135-145.

Schramkowski, Barbara (2007). Integration unter Vorbehalt. Perspektiven junger Erwachsener mit Migrationshintergrund. Frankfurt a. M.: IKO-Verlag.

Schulte, Axel (2000). Zwischen Diskriminierung und Demokratisierung. Frankfurt a. M.: IKO-Verlag.

Simmel, Georg (1995). Soziologie. Frankfurt a. M.: Suhrkamp.

Weber, Max (1980). Wirtschaft und Gesellschaft. Tübingen: Mohr Siebeck.

Sven Sauter

Der „Fall Kelek".
Die Politik der Differenz und ihre (fatalen) Effekte

1. Der „Fall Kelek"

Empirischer Gegenstand des folgenden Beitrages ist der „Fall Kelek" und eine Petition von 60 Migrationsforscherinnen und -forschern, die unter der Überschrift „Gerechtigkeit für Muslime" in der Wochenzeitung *Die Zeit* am 1. Februar 2006 erschien. Freilich gibt es keinen Fall Kelek an und für sich. Ich konstruiere, rekonstruiere und dekonstruiere diesen Fall für diesen Beitrag entlang eines bedeutsamen Diskursereignisses, um ihn im Kontext der Debatte um Differenz und Repräsentation zu diskutieren. Auf die Inhalte und Positionen von Necla Kelek werde ich in den folgenden Überlegungen nur am Rande eingehen. Stattdessen rekonstruiere ich eingehend die *Diskursfolgen* dieser Debatte.

Mein Interesse gilt von daher weniger den einzelnen Begründungszusammenhängen, um die konkreten Aussagen oder Positionen im Fall Kelek hinsichtlich des Diskursereignisses plausibel zu machen. Statt ideologiekritisch die konkrete Wirkweise von Ideologie auf die Subjekte zu untersuchen oder klassisch hermeneutisch Sinn erschließend die Aussagen im Verhältnis von Biographie und Gesellschaft zu rekonstruieren, werden die Handlungs- und Denkpraktiken sowie Wissensformationen auf der sichtbaren ‚Oberfläche' des Diskurses dekonstruiert. Es geht mir konkret um die *Praxis des Sprechens* über Integration und Differenz als Teil einer gesellschaftlichen Praxis. Nach Foucault (1988, S. 74) kann eine „Archäologie des Wissens" eine Sichtweise erhellen, in der die Diskurse als Praktiken erkennbar werden, „die systematisch die Gegenstände bilden, von denen sie sprechen."

Die diskursiven Topoi – wie hier im Folgenden „Integration" – verstehe ich in diesem Sinne als überindividuell und nicht als Ausdruck oder Ausgangspunkt der individuellen Sprechhandlung. Es geht mir nicht um die Authentizität oder die Biographie von Necla Kelek als konkreter Sprecherin, sondern ich verstehe diese einzelne Stimme eingelassen in das Feld diskursiver Praxis – mithin als Teil und Mittel zur Produktion von Wissen, Macht und Wirklichkeit.

Ich werde in dieser Hinsicht von der Diskurstheorie Foucaults ausgehen und anschließen an die diskurstheoretischen und -methodischen Weiterentwicklungen von Siegfried Jäger (2000). Er teilt zunächst die Annahme der überindividuellen Praxis des Sprechens im diskursiven Feld. Das Individuum ‚macht' also nicht den Diskurs, es verhält sich eher umgekehrt, dass die Diskurse ‚durch die Individuen sprechen'. In den Diskursen gibt es ein „Mehr an Wissen", das den Einzelnen selbst nicht bewusst ist, über das sie auch nicht verfügen oder es strategisch einsetzen können. Es gibt jedoch – so Jäger – kein *innen* und *außen* in diesem Feld, keine abgrenzbaren Positionen außerhalb des Wirklichkeitsverständnisses der Gesellschaft. Eine Untersuchung diskursiver Ereignisse muss also darüber informiert sein, dass Verhältnisse zueinander bestehen. In diesem Zusammenhang stehe ich also selbst als Beobachter und Analysator dieser Diskurse nicht außerhalb dieser Diskurse, sondern bin Teil davon und greife ein ins Feld der diskursiven Auseinandersetzung, versuche ‚andere Wahrheiten' entstehen zu lassen.

Mit dieser offenen „diskursanalytischen Werkzeugkiste" wird folglich der Fall Kelek erschlossen. Ich untersuche dabei in Anlehnung an das von Jäger (2000) vorgeschlagene diskursanalytische „Standardrepertoire" im Fall Kelek vornehmlich einen *Spezialdiskurs*, das *Diskursereignis, Diskursstränge,* die *Diskursposition* sowie *Diskursverschränkungen.*

Ich gehe in diesem Zusammenhang von einer pragmatisch diskursanalytischen Fragestellung aus, welche die Diskursanalyse eher als ein Forschungsprogramm (vgl. Keller 2005), denn eine konkrete Methode der konkreten und schrittweisen Interpretationsanleitung versteht.

2. Darstellung der Diskurs-Ereignisse

Die Bestimmung des *Diskursereignisses* lässt sich konkret auf den Zeitraum Februar 2006 festlegen. Im Folgenden werde ich zur exemplarischen Analyse und zur Materialaufbereitung vor allem Quellen des Mediendiskurses aus diesem Zeitraum berücksichtigen.

Initialpunkt der Debatte war eine „Petition", die von dem Kölner Psychologen und Publizisten Mark Terkessidis und der Bremer Professorin für Erziehungswissenschaft, Yasemin Karakaşoğlu, am 1. Februar 2006 in der *Zeit* veröffentlicht wurde. Diese Petition wurde von weiteren 69 Wissenschaftlerinnen und Wissenschaftlern unterzeichnet. In dieser Petition wurde kritisiert, dass Necla Kelek unwissenschaftlich arbeite und dass sich die Integrationspolitik auf diese unseriösen Quellen berufe: „Dass der ehemalige Innenminister Necla Keleks Buch bespricht, dass sie für ihre in höchstem Maße unseriöse Arbeit den Geschwister-Scholl-Preis erhält und dass sie eine gern gesehene Beraterin im Bundesamt für Migration und Flüchtlinge ist; dass große Teile der Verwaltung, Ministerien und Medien lieber auf unseriöse Pamphlete zurückgreifen, während die differenzierte wissenschaftliche Forschung kaum wahrgenommen wird, diese Entwicklung ist in der Tat besorgniserregend." (Terkissidis & Karakaşoğlu 2006, S. 2)

Vor allem das von Kelek forcierte Thema „Zwangsheirat" wird in einen politischen Kontext gestellt: „Arrangierte Ehen sind unter anderem die Folge von ‚Heiratsmärkten' zwischen Herkunfts- und Einwanderungsländern. Solche ‚Märkte' muss man nicht begrüßen, aber man sollte ihren Entstehungskontext begreifen: Sie sind das Ergebnis der Abschottungspolitik Europas gegenüber geregelter Einwanderung. Wenn es keine transparenten Möglichkeiten zur Einwanderung gibt, nutzen die Auswanderungswilligen eben Schlupflöcher. Das ist ein politisches und kein moralisches Problem. In diesem Sinne macht es keinen – schon gar nicht wissenschaftlichen – Sinn, solche Phänomene pauschal ‚dem Islam' zuzuschreiben, der dann ebenso pauschal der westlichen Zivilisation gegenübergestellt wird." (ebd., S. 2)

In dieser Petition wird eine Kritik an den üblichen binären Oppositionen wie der Westen – der Islam, Fremd – Vertraut usw. vorgebracht und auf die gesellschaftliche und politische Dimension des Themas verwiesen.

Mit der Überschrift „Petition von 60 Migrationsforschern" wird eine Assoziation an ein anderes, allerdings weniger kontroverses Diskursereignis eröffnet. Der Osnabrücker Historiker Klaus Bade, der an der dortigen Universität das interdisziplinäre Institut für Migrationsforschung und Interkulturelle Studien (IMIS) leitete, hatte 1994 die von 60 deutschen Professorinnen und Professoren getragene Publikation „Das Manifest der 60: Deutschland und die Einwanderung" herausgegeben (vgl. Bade 1994). Dieser Aufruf und die zugehörige Publikation richteten sich explizit an die Adresse der Politik.

Anders dagegen scheint es mit der Adressierung der Petition in der *Zeit*. Sie ist nicht unmittelbar an die Politik gerichtet, sondern wendet sich vor allem an die Öffentlichkeit, die sich scheinbar bedenkenlos täuschen lässt: „In der öffentlichen Diskussion führt die Ignoranz gegenüber der Wissenschaft nicht nur zu ungenauen und vorurteilsbeladenen Vorstellungen über den Islam und die Migranten, sondern auch zu einer Verengung des Themenspektrums. Die Öffentlichkeit befasst sich unverhältnismäßig viel mit der muslimischen Minderheit, während kaum über alltägliche Diskriminierung, die Selbstentwürfe von ‚anderen Deutschen' oder die Probleme auch von nichtmuslimischen Migranten im Bildungsbereich gesprochen wird." (Terkissidis & Karakaşoğlu 2006, S. 2)

Als Eingabe gegen den öffentlichen Diskurs ist die Petition zunächst als ein Zeichen einer anderen Position und Forschungsperspektive zu verstehen, die *Integration* nicht als „Gegenmittel" im Hinblick auf die archaischen Praxen (Zwangsverheiratung) eines rückwärtsgewandten Islam sieht.

Aufschlussreich ist die Replik von Kelek, die in der *Zeit* im April 2006 veröffentlicht wurde. Erkennbar gehalten im Ton einer Polemik, wirft sie den Migrationsforscherinnen und -forschern vor, nicht die Fragen von Zwangsheirat, arrangierten Ehen, Ehrenmorden, Segregation und *dem* Islam untersucht zu haben – trotz öffentlicher Finanzierung ihrer Forschungen: „Sie hätten die Fragen stellen können, die ich gestellt habe. Sie haben es nicht getan, weil solche Fragen nicht in ihr ideologisches Konzept des Multikulturalismus passte. Damit haben sie aber auch das Tabu akzeptiert und das Leid anderer zugelassen." (Kelek 2006, S. 1)

Kelek sieht es als ihre Aufgabe als Migrationsforscherin, mit ihren Arbeiten zur Integration beizutragen. Auf die Vorwürfe der Widersprüchlichkeit der wissenschaftlichen und der publizistischen Arbeit reagiert sie in ihrer Entgegnung nicht.

Stattdessen wird die Polemik zugespitzt und in einen logischen Fehlschluss überführt: „Für mich sind es gerade diese Migrationsforscher, die seit 30 Jahren für das Scheitern der Integrationspolitik verantwortlich sind. Die Politik hat viel zu lange auf sie gehört." (ebd., S. 2)

Belege für diese Behauptung führt Kelek keine an. Aber ließen sich für diese Aussagen haltbare Belege finden? Politik und Wissenschaft liegen auf unterschiedlichen Strukturebenen. Für die Integrationspolitik zeichnet sich die Politik verantwortlich und nicht die Wissenschaft. Die enge Verflechtung die Kelek zwischen Migration und *einem* spezifischen Aspekt aus diesem Kontext herstellt, wird in diesem Zusammenhang beobachtbar: Migration produziert Leid und Problem belastete Verhältnisse, die von den Einen aus ideologischen Gründen tabuisiert werden. Kelek positioniert sich bei den *Anderen*, die sich wagt, *andere* Fragen zu stellen. Noch ist ungeklärt, wer die Anderen sind.

Auffallend ist auch die Selbstthematisierung von Kelek als Sozialforscherin, die in ihrer Entgegnung auf den bedeutenden deutschen Soziologen Max Weber verweist, der – so führt Kelek aus – Handeln als Mittel zum Zweck ansah.

In diesem Zusammenhang behauptet Kelek, dass die Unterzeichner und Initiatoren Angst um ihre Forschungsmittel hätten, da „sie merken, dass sie nicht mehr unwidersprochen vom unaufhaltsamen Weg der Migranten in die Moderne schwätzen können, denn inzwischen hat auch der letzte Bürger oder die letzte Bürgerin, Politiker oder Politikerin und Entscheidungsträger oder Entscheidungsträgerin gemerkt, dass diese Institute der Integrationspolitik seit Jahren einen Bärendienst erweisen." (Kelek 2006, S. 2)

Auffällig ist die für eine Sozialwissenschaftlerin äußerst schlichte – weil alltagstheoretische – Konzeption von Integration. In der kurzen Entgegnung ist oft von Integration die Rede (insgesamt finden sich fünf Nennungen). Auch in einem Radiointerview im *Deutschland-Radio* vom 10. März 2005, in dem sie als Soziologin vorgestellt wird, sagt Kelek z.B., dass die Muslime in Parallelgesellschaften bei der Kindererziehung versagt haben (Deutschlandradio Berlin, 10.03.2005). Sie fordert eine bessere Integration und ein Ende der falschen Toleranz.

Eine Soziologin – also eine Sozialwissenschaftlerin – zeichnet sich dadurch aus, dass sie ein von der *Alltagstheorie* unterscheidbares Verständnis von Integration und Toleranz verwendet. Will eine wissenschaftliche Perspektive gewonnen werden, dann setzt dies notwendigerweise eine erkennbare Distanz zum alltagsweltlichen Verstehen voraus. Das Verstehen wird dadurch gewissermaßen komplexer und baut eine Distanz zur Alltagsbeobachtung auf. Als komplexer Verstehensansatz muss nicht zwangsläufig die Systemtheorie ins Spiel gebracht werden, aber sie lässt sich (nicht nur) in diesem Kontext als eine Differenztheorie zur Reflexion der Beobachtungsposition verstehen und kann erhellendes zur Integrationsdebatte beitragen.

Peter Fuchs, ein führender Vertreter der aktuellen Systemtheorie, hat sich mehrfach – auch im Kontext Behinderung – gegen die gewaltige und allgegenwärtige „*Integrationswut*" gewandt. Er schreibt (im Kontext der so genannten Krawalle in den Pariser Vorstädten vom November 2006): „Auch wenn man im Kontext der Behinderung von Integration spricht, wird eine vergleichbare Idee [wie im Kontext Einwanderung] verfolgt: Integration heißt dann soviel Normalisierung, wie Dem-Durchschnitt-Ähneln oder wie möglichst störungsfrei Adaptiert-Sein. So gesehen, ist Integration: Teilnehmen oder Teil-sein und gleicht dem älteren Ausdruck Partizipation. Aus dieser Perspektive ist das Problem, das die gewalttätigen Jugendlichen und Heranwachsenden in Frankreich produzieren, einfach zu lösen. Man müsste sie nur integrieren, anpassen, ähnlich machen, assimilieren." (Fuchs 2005, S. 2)

Wenn man dieses Problem gelassener und folglich theoretisch inspirierter ansieht, dann wird – so Fuchs – schnell klar, dass Integration alles andere als ein *positiver Begriff* ist. Dies vor allem aus dem Grund, weil sich der/die Integrierte den Möglichkeitseinschränkungen des Bereichs, in der er oder sie integriert wird, unterwerfen muss. Integration „heißt für alle Beteiligten vor allem: Reduktion von Freiheitsgraden. Integration ist keine Pottersche Zauberformel, keine Mühelosigkeit, bei der das Manna der Partizipation vom Himmel fällt. Sie ist Belastung, ist es für jeden und jede, dem sie angesonnen wird, sie ist eine Mühsal. [...] Sie ist Arbeit, und eben nicht Arbeit im

Dienst der Freiheitserweiterung, sondern Arbeit im Blick auf die Restriktion der Freiheit aller Beteiligten. Integration ist tatsächlich ein Problem und nicht schon ein aus dem Zylinder herausgezaubertes Kaninchen als Lösung." (ebd.)

Integration erscheint in diesem Kontext mehr als Problem, denn als Lösung. Ich würde diese Aussage dahingehend zuspitzen, dass in dieser Hinsicht das Reden über Integration als eine Problematisierung der Aporien von Gleichheit und Differenz erkennbar wird, die diese Mühsal nur allzu gerne unterschlägt und vor allem den Verlust an Freiheitsgraden leugnet.

Fuchs zeigt überzeugend auf, dass das Problem der französischen Gesellschaft nicht etwa in einem Mangel an Integration besteht, sondern im Gegenteil in einem *zu viel an Integration*: „Die zentrale Gefahr für die moderne Gesellschaft ist Integration, ist die Einschränkung der Freiheitsgrade." (ebd., S. 2)

Vor diesem theoretischen Hintergrund – als einer möglichen und angemessenen wissenschaftlichen Referenz – der den Alltagsblick distanziert, zeigt sich Keleks Beharren auf einfachen und alltagstheoretischen Annahmen. Es wird kein soziologisches Verständnis von Integration deutlich. Sie argumentiert mitnichten als Sozialwissenschaftlerin, sondern bedient sich vor allem aus Alltagstheorien und lässt deutliche Idiosynkrasien erkennen. In einem Interview im *Deutschlandfunk* vom 28. Februar 2005 antwortet sie auf die Frage nach den Motiven für Ehrenmorde in der so genannten dritten Generation von Einwandererinnen und Einwanderern: „Archaische Kulturen sind halt kollektiv bestimmt". Und auf die Frage ob eine tolerante Gesellschaft wie die deutsche nicht auch kulturelle Unterschiede aushalten muss: „Kultur ist für mich ein Begriff, der nicht positiv besetzt ist." Hier dominiert eindeutig der Alltagsblick. Eine wissenschaftliche Referenz ist nicht erkennbar oder als Markierung einer distanzierten und reflektierten Beobachtungsposition ersichtlich. Kultur erscheint in der Rede als statisches Merkmal archaischer Gesellschaften.

Die Verfasser/innen und Unterstützer/innen der Petition haben also mit dem Vorwurf der mangelhaften Wissenschaftlichkeit einen starken Einwand gegenüber der wissenschaftlichen Expertise von Kelek formuliert, der von ihr nicht entkräftet werden kann. Nun ist der Titel der Petition „Gerechtigkeit für die Muslime!" äußerst misslich. Wie aufgezeigt geht es nicht um Gerechtigkeit, sondern um Validität und wissenschaftlich seriöses Arbeiten. Das ist zunächst der explizite Gegenstand in diesem Konflikt.

Die Strukturanalyse des Diskurses legt folgendes frei: Eine im wissenschaftlichen Feld zu führende Debatte hat sich in den Mediendiskurs – einen *Spezialdiskurs* – verlagert. Die genannte Kontroverse fand ausschließlich im

Feuilleton der großen deutschen Tages- und Wochenzeitungen sowie teilweise im Rundfunk statt. Ein geeigneter Austragungsort für wissenschaftlich zu klärende Konflikte und Positionen ist dies gewiss nicht, da hier Eigengesetzlichkeiten wirken, die näher betrachtet werden müssten. Auch die Frage nach den im Diskurs geforderten Maßnahmen und den zu legitimierenden Handlungsempfehlungen muss noch geklärt werden. Sie lässt sich am besten erhellen, wenn die weiteren Akteurinnen und Akteure im konkreten Diskursereignis des Falls Kelek berücksichtigt werden.

Dabei zeichnet sich eine weitere Vermischung von Diskursfragmenten ab, die auf den zentralen – aber verborgenen – Kern der Kontroverse hinweist. Die Feinanalyse des Diskurses muss dieser Vermischung weiter auf den Grund gehen.

3.   Zwei Lesarten des „Falls Kelek"

3.1 Die Produktion des *„Wir"*

Im Folgenden lenke ich den Blick auf die weiteren Akteurinnen und Akteure im Fall Kelek und zeichne die konzentrischen *Diskursereignisse* und weiteren Effekte nach. Keleks Kampagnen gegen „Ehrenmorde" und „Zwangsheirat" haben die Berliner Schriftstellerin Dilek Zaptçıoğlu in der *tageszeitung* vom 4. Februar 2006 dazu veranlasst, die Protagonist/inn/en der Debatten um das vermeintliche „Wesen des Islam" nachdrücklich zu kritisieren, weil sie das Problem *entpolitisierten*. Problematisch sei nicht eine angeblich falsch verstandene Toleranz vor den Praktiken der Muslime, sondern ihr permanenter Ausschluss aus der Gesellschaft. Zaptcioglu spart nicht mit kritischen Worten: „Das Heuchlerische an der aktuellen Diskussion ist, dass sich an diesem Ausschluss der Migranten aus der Mitte der Gesellschaft nichts geändert hat."

Im Gegenteil werde der Diskurs über ‚Die Türken und wir' oder ‚Die Muslime und wir' immer lauter. Dass sich dabei auch Migrant/inn/en wie Kelek verbal auf die deutsche Wir-Seite schlagen, ändert nichts daran, so Zaptçıoğlu, „dass sie in dem konservativen und rassistischen Diskurs, den sie selbst durch ihre Empörungsrhetorik bewusst oder unbewusst reproduzieren, leider auf ‚unserer' Seite bleiben, nämlich der ‚Kanakenseite'." (Zaptçıoğlu 2006, S. 2)

So sehr sie sich auch assimilieren mögen, für eine Mehrheit der Deutschen werden sie immer „die Türken" bleiben, spitzt Zaptçıoğlu ihre Replik

zu[1], die vor allem auf die politische Dimension der aktuellen Debatte hinweist. Wie sehr sie damit den Kern der hier untersuchten Einlassungen traf,
wird deutlich, wenn weitere Entgegnungen im Zusammenhang mit der Petition analysiert werden. In der *Welt* vom 8. Februar 2006 vertrat Mariam Lau
die Ansicht, dass „im Windschatten des weltweiten muslimischen Volkszorns
über die dänischen Mohammed-Karikaturen" nun auch bei *uns* eine Kam-
pagne in Sachen Islam stattfinde. Darunter rubriziert sie den offenen Brief
der Migrationsforscher/innen in der *Zeit*. Sie zitiert als Referenz die Marbur-
ger Islam-Wissenschaftlerin Ursula Spuler-Stegmann, die zwar methodische
Schwächen in Keleks Ausführungen sieht, den Brief der Migrationsforscher/
innen aber als „unglaubliche Hetze" verurteilt. „Diese Gutmenschen sind
eine echte Gefahr", so wird Spuler-Stegmann zitiert. Im Artikel wird über
die Integrationsprobleme in der deutschen Gesellschaft spekuliert und noch
weitere Expertenstatements kurz zusammengefasst (Lau 2006, S. 1).

Auch in der *Frankfurter Allgemeinen Zeitung* (FAZ) wird die Debatte
aufgegriffen. Im Feuilleton vom 9. Februar 2006 erscheinen gleich zwei Artikel zum Thema. Regina Mönch geht der Frage nach, warum Necla Keleks
Erforschung der Muslime provoziert. Mönch nennt die bekannten Stichworte aus dem Diskurs über *Ausländer*: Parallelgesellschaft sowie Integration
und unterscheidet die *einen* und die *anderen*. Die einen sind die, die wie
Kelek die richtigen Fragen stellen. Die anderen sind die als „Kreis der Wohlmeinenden" diskreditierten Migrationsforscher/innen, die den offenen Brief
initiierten und unterschrieben. Letztere hätten zur aktuellen Debatte wenig
beizutragen. Kelek lege nun „verlässliche Studien" zu den Konflikten in
den Parallelgesellschaften und den Grad der Ausgrenzung der muslimischen
Frauen und Mädchen vor.

Wieder wird der Begriff der Öffentlichkeit aufgegriffen. Allerdings un-
ter dem Vorzeichen der Aufklärung. Mönch stellt eine überaus anmaßende
These in den Raum: „Darum findet der Wunsch nach Aufklärung, der Necla
Kelek antreibt, durchaus Widerhall in der Öffentlichkeit; und man wird diese
überfällige Debatte nicht mehr mit den eingeübten Verunglimpfungen – vom
Rassismusverdacht bis zum Vorwurf der Unseriosität – ersticken können."

---

1   An dieser zugespitzten Sichtweise kann mit Blick auf die soziologische Fallstudie von Zy-
     munt Bauman zur Soziologie der Assimilation, die er in seiner luziden Studie „Moderne
     und Ambivalenz" am Fall der deutschen Juden vorgelegt hat, keinerlei Zweifel bestehen
     (vgl. Bauman 1992).

3.2 „Kampf um Erziehung"

Die Kritik an Kelek nennt Mönch „giftige Empörungsdebatten" und unter-stellt ihr Mut über versklavte Frauen und Parallelgesellschaften zu forschen. Ein Verweis auf die allgegenwärtige PISA-Diskussion am Ende des Artikels in der FAZ verknüpft die Debatte mit der Erziehungswissenschaft als wissenschaftlicher Disziplin. Ein zweiter *Diskursstrang* (vgl. Jäger 2000) kommt damit ins Spiel.

Die Institute, die sich nun an der dieser Debatte beteiligten, seien noch nicht einmal durch die erschreckenden Befunde von Schulleistungsstudien wie PISA, „die unmißverständlich auf das Schulversagen türkischer und arabischer Migrantenkinder hinwiesen" aufgeweckt worden.

Der Verweis auf die Schulleistungsstudien und in diesem Zusammenhang das schulische Versagen von Immigrantenkindern im deutschen Bildungssystem leitet auch den zweiten Artikel zum Thema von Jürgen Kaube ein. Er hat unter der Überschrift *„Zwangsheiratsschwindler"* eine Polemik gegen die Unterzeichner/innen und Initiator/inn/en der Petition geschrieben und versucht sie wissenschaftlich zu delegitimieren, beschuldigt sie gar der Hochstapelei. Kaube eröffnet seinen Artikel mit einem Hinweis auf eine ebenfalls in der *Zeit* erschienene Kontroverse der beiden Journalisten Reinhard Kahl und Martin Spiewak, in der sie im Lichte der PISA-Befunde einen Generalangriff auf die Erziehungswissenschaft eröffneten, weil sie sowohl in der Forschung als auch in der Lehrerausbildung versagt hätte. „Nur bedingt wissenschaftlich" – so hatten Kahl und Spiewak ihren Artikel – der in der *Zeit* am 10. März 2005 erschien – überschrieben.

Der FAZ-Autor Kaube bleibt in exakt dieser Argumentationsausrichtung und bezweifelt die *wissenschaftliche Expertise* der Petitionsunterzeichner. Die beiden Veröffentlichungen von Münch und Kaube lassen sich als eine riskante Strategie zur Delegitimierung der Erziehungswissenschaft als wissenschaftliche Disziplin verstehen. Die Erziehungswissenschaft habe die aktuelle deutsche Bildungsmisere nicht zu verhindern gewusst, sie noch nicht einmal vorausgesehen: „Dieses Scheitern ist nur der offensichtlichste Beleg für den beklagenswerten Zustand der deutschen Erziehungswissenschaften. Es dürfte schwer sein, an unseren Universitäten eine ähnlich erstarrte und international isolierte Disziplin zu finden." (Kaube 2006, S. 1)

Die Erziehungswissenschaft betreibe statt empirischer Wissenschaft eine Welterklärungspädagogik, so der Vorwurf der Journalisten. Erinnern wir uns an den Vorwurf von Kelek, dass die Erziehungswissenschaft bzw. deren Migrationsforscher/innen für das Scheitern der Integrationspolitik verantwortlich seinen, so erfahren diese Darstellungen mit dem Vorwurf von Kahl und Spiewak eine eigenwillige Zuspitzung und strukturelle Ähnlichkeit.

Der Kern der Debatte liegt hier frei: Es geht um die Deutungshoheit in der Disziplin und um die Fragen nach der Art der Forschung sowie dem Status der Empirie. In den meisten Repliken und Artikeln wird auf die Beratungstätigkeit von Kelek für Behörden und Ministerien hingewiesen („Islam in unserem Alltag"; auch in dem ausführlichen Beitrag im Online-Lexikon Wikipedia wird die politikberatende Tätigkeiten von Kelek hervorgehoben), kommt ihr ein Expertinnenstatus für das Thema zu, den die *anderen* nicht haben und ihn ihr scheinbar neiden. So könnten die banalisierten Vorwürfe zusammengefasst werden. Aber was macht die Anschlussfähigkeit der Expertise von Necla Kelek aus? Was macht sie zur gefragten Politikberaterin?

Diese Fragen stehen zur Klärung an. Davor muss jedoch diskutiert werden, wer welche Interessen an einer Delegitimierung der Erziehungswissenschaft als akademische Disziplin formuliert. In diesem Zusammenhang werden interessante Parallelen zu Kelek als Beraterin deutlich, die „praktisches Wissen" zu vermitteln hat. An dieser Stelle lässt sich eine weitere *Diskursvermischung* aufzeigen: Die Vermischung des Integrationsdiskurses und des disziplinären (Begründungs-)Diskurses über das Wesen und den Kern der Erziehungswissenschaft. Zwei völlig verschiedene *Diskursstränge* kommen sich dabei nahe.

Frank-Olaf Radtke hat in einem unveröffentlichen Manuskript eine deutliche Antwort auf Kahl und Spiewak formuliert. Den Kern des aktuellen und scheinbar willkommenen „Pädagogen Bashing" sieht er darin, dass man in den Hochschulen die *Claims* neu abstecken will: „Wie immer ist die Besetzung freiwerdender Professuren intern Anlaß für Richtungsauseinandersetzungen, aber im Wechselspiel von Politik und Medien auch unverhohlener Einflußnahme von außen. Im Getöse des PISA-Schocks soll nun durch heftige Breitseiten gegen eine ganze Wissenschaftsdisziplin deren generelle Entwicklungsrichtung umgesteuert werden. Ungeniert läßt sich politisch in die Autonomie einer Wissenschaft eingreifen, wenn man ihr kurzerhand *den Status als Disziplin abspricht*. Politik und Wissenschaftsadministration wollen eine ohnehin schon dienstbare Erziehungswissenschaft endgültig in den Griff kriegen." (Radtke 2005, S. 1 – meine Hervorhebung S.S.).

Radtke vermutet – in Anlehnung an Foucaults Analyse zur Biopolitik – hinter den Angriffen ein „neues Erziehungsregime", das die vollständige Ausrichtung der Erziehung an ökonomische Zwecke betreibt und auf eine effektive und effiziente Nutzung des Begabungspotentials der Bevölkerung ziele (ebd., S. 10).

So weit muss man diese Thesen nicht zuspitzen. Unbestreitbar stehen sie aber im Kontext der gegenwärtigen Kontroverse um die *neue Steuerung des Bildungssystems* sowie des Umbaus der Erziehungswissenschaft als akademische Disziplin: Ihre Aufgabe soll es zukünftig sein, vor allem über eine Outputsteuerung vorhersagbares Wissen zu produzieren, Kompetenzen zu definieren und Bildung zu legitimieren. Ihr *Verhältnis zur Politik* wandelt sich erkennbar in dem Maße, wie sich Politik und Disziplin dabei gegenseitig zuspielen. Die Erziehungswissenschaft droht dabei zur bloßen Auftrags- und Praxisforschung zu verkümmern.

Anhand von zahlreichen Beispielen aus der US-amerikanischen Reformdebatte um Bildungsforschung und Bildungspolitik kann Johannes Bellmann schlüssig aufzeigen, wie sich im Kontext dieser neuen Steuerung auch ein *neues Verhältnis* von wissenschaftlichem Wissen und politischer Macht zu etablieren scheint (Bellmann 2006). Hier greift das positivistische und eindimensionale Erziehungsverständnis von Kelek besonders folgenreich ein. Überblickt man ihre Ausführungen zur Erziehung von Kindern aus Immigrantenfamilien und besonders der Jungen, dann wird deutlich, dass ein schlichtes und vor allem technokratisches Verständnis von Pädagogik ihre Vorschläge leitet.

Die Schule soll Werte vermitteln, so fordert Kelek beispielsweise in der *Frankfurter Rundschau* vom 7. April 2006. Auch „junge Prinzen" aus Migrantenfamilien müssten in den deutschen Kultur- und Sprachraum integriert werden. Kelek antwortet in ihrem Beitrag auf die SPD-Bundestagsabgeordnete aus NRW, Lale Akgün, bezüglich der medial hoch dramatisierten Ereignisse an der Berliner Rütli-Schule[2].

Die bekannte Dramatisierungsrhetorik über die „soziale Bombe" oder andere Katastrophenszenarien wie die Selbstausgrenzung der muslimisch orientierten Community liefern dabei die Stichworte über den muslimischen Familiarismus.

Bezüglich der Dynamik von Missachtung und Gewalt bleiben die Erklärungen allerdings eindimensional und unkritisch: Aus den Familien, die ihre Jungen nicht zu vernünftigen und anständigen Menschen erziehen, ihnen keine Erziehung zukommen lassen kommen Problemkinder. „Dann kommen sie in die Schule [...]. Man verlangt von ihnen – den jungen Prinzen –, dass sie

---

2   Diese Ereignisse sind diskursive Elemente eines gesellschaftlichen Aushandlungsprozesses und folgten der eigensinnigen Dramatisierungsdynamik medialer Inszenierungen. Die ehemalige Schulleiterin der Rütli-Schule, Brigitte Pick, schilderte in ihrem Buch „Kopfschüsse" (2007) ihre Sicht der Dinge und konnte nachweisen, dass die Rütli-Schule als ehemalige Reformschule systematisch von der Administration „vernachlässigt" wurde und sich zu einer „Problemschule" entwickelte. Diese Probleme sind aber die originären Probleme der Gesellschaft, da Schule ist keine gesellschaftsneutrale Veranstaltung sei, so argumentiert Pick.

nur sprechen, wenn sie dazu aufgefordert werden, dass sie andere Menschen achten, Hausaufgaben machen und ihre Intelligenz zu nutzen verstehen. Wenn wir ihnen und ihren Eltern gegenüber nicht selbstbewusst auftreten und ihnen klar machen, dass wir hier alle in einer Welt leben und niemand einem anderen untertan sein darf, dann werden die 14-jährigen Schläger sich durchsetzen." (Kelek 2006, S. 2)

Vor dieser Realität verschließe die Politik – wie Lale Akgün – die Augen, so behauptet Kelek. In dieser Textstelle finden wir eine bewährte Erklärungsmechanik vor, die auf einfache Muster wie: *wir* und *sie, Realität vs. Verklärung* zurückgreift. In diesem Kontext müsse nun die deutsche Schule eingreifen: „Es ist wichtig, diese Söhne und Töchter nicht ihrem – auch kulturellen – Schicksal zu überlassen, und sie als Kinder unserer Gesellschaft zu begreifen. Die Schule muss sich als deutscher Kultur- und Sprachraum verstehen und sie muss als ‚Integrationsagentur‘ der Ort sein, wo die Kinder die Werte dieser Gesellschaft leben lernen." (ebd.).

Die Vorstellung der Schule als alleinige, maßgebliche und kausal wirkende „Integrationsagentur" verweist auf das eindimensionale und gewissermaßen technokratische Erziehungsbild, dass Kelek zeichnet. Bildungstheoretisch lässt sich erhellen, dass neben den Funktionsbestimmungen der Integration immer auch die zugleich greifenden Prozesse von Selektion und Allokation ein strukturelles Spannungsfeld bilden, in das Schule eingelassen ist. Die hinreichend vorliegenden empirischen Befunde zur Ungleichheit von Bildungschancen verweisen auf dieses Spannungsfeld, das sich normativ nicht auflösen lässt. Integration durch Bildung, Schule als Integrationsagentur setzt also voraus, dass Migrationskinder und -jugendliche einen gleichberechtigten Zugang zu Bildung haben. Indikator hierfür wäre der Schulerfolg: Kinder und Jugendliche aus Migrationsfamilien können als schulisch integriert gelten, wenn sich ihre Leistungen und Schulabschlüsse nicht mehr von denen der ‚deutschen‘ Mitschüler/innen unterscheiden (vgl. Britz 2005). Dies ist jedoch aufgrund der Strukturdefizite des deutschen Bildungssystems nicht annähernd der Fall.

3.3 Die „Frauenfrage" und die „Migrantenfrage"

Mit der Feinanalyse des Diskurses habe ich bisher eine Vermischung von verschiedenen *Diskursfragmenten* freigelegt. Diese Aussage betraf vor allem die beiden Diskursfelder Politik und Wissenschaft. Aber es steht noch eine weitere – ebenfalls folgenreiche *Diskursvermischung* zur Analyse an.

In der zunehmend von ‚wahren Sprecherinnen' wie Kelek geäußerten Kritik am islamischen Patriarchat werden „fatale Effekte" (Jäger 1996) sichtbar, die für eine „Ethnisierung des Sexismus" stehen. Als die Duisburger Diskursforscherin Margret Jäger diese Beobachtungen machte, hatte sie den *deutschen Alltagsdiskurs* über Einwanderung in der Bundesrepublik Deutschland der 1990er Jahre im Fokus. Im aktuellen Integrationsdiskurs, so wie er von Kelek und anderen forciert wird, lässt sich also eine durchweg stabile *Diskursposition* identifizieren: Es werden Frauendiskurs und Einwanderungsdiskurs miteinander verknüpft. Die Frauenfrage und die Migrantenfrage werden also miteinander vermischt und strategisch gegeneinander ausgespielt. Dies ist kein neues Phänomen.

Margret Jäger hat dieses Diskursmuster untersucht und typisiert, das im *Alltagsdiskurs* der 1990er Jahre kennzeichnend war: „Das Geschlechterverhältnis bei Einwanderern und seine Wahrnehmung seitens Eingeborener dient im Einwanderungsdiskurs häufig als Begründung dafür, daß ein Zusammenleben mit ihnen für ‚uns' nur schwer oder gar nicht möglich ist und daß diese Gruppen auch deshalb auszugrenzen seien, weil sie sich durch ihr Verhalten selbst ausgrenzten." (ebd., S. 8)

Vor allem der ‚Islam' wurde für sexistische Verhaltensweisen gegenüber Frauen verantwortlich gemacht. Diese Sichtweise hat Jäger als „Ethnisierung von Sexismus" bezeichnet: Ein frauenfeindliches und sexistisches Verhalten wird als ethnisches Merkmal konstruiert und als solches besonders hervorgehoben (vgl. ebd., S. 10). Diese Sichtweise durchzieht – nach Jäger – nicht nur den *Alltagsdiskurs*, auch der *Mediendiskurs* bedient sich solcher Verallgemeinerungen.

Als *fataler Effekt* wirkt folgendes: Wir haben es im Falle einer Ethnisierung des Sexismus, so schreibt Jäger, „mit einer Verschränkung zweier Diskurse zu tun: Einwanderungsdiskurs und Frauendiskurs begegnen sich hier in einem Teilbereich. Der ausgrenzende Effekt, der im Zusammenhang mit Einwanderung erzielt werden kann, holt seine Legitimation aus dem Diskurs über Frauen. Dort ist eine Gleichberechtigung der Geschlechter eine dominierende Norm. Auf diese Weise kann sich ein demokratisches Argument in sein Gegenteil verkehren, indem es zur Ausgrenzung bestimmter Personengruppen funktionalisiert wird." (ebd., S. 13).

Wem es sowohl um demokratische Rechte für Frauen als auch um die von Einwanderern und Einwanderinnen geht, sieht sich fatalen Folgen gegenüber: Eine argumentative Zwickmühle eröffnet sich und Frauenrechte und Rechte der Eingewanderten werden gegeneinander ausgespielt. „Es scheint sich so zu verhalten, daß hier demokratische Inhalte instrumentalisiert werden für eine anti-demokratische rassistische Argumentation." (ebd.).

Die diskursanalytisch gewonnenen Befunde von Margret Jäger gaben deutliche Hinweise auf diese Gefahr. Die Ethnisierung von Sexismus rückte in eine pauschale und undifferenzierte Kritik am Islam ein, die in den 1990er Jahren verstärkt einsetze. Nach den Ereignissen vom 11. September 2001 und dem danach initiierten so genannten „Krieg gegen den Terror" hat diese Kritik ohne Zweifel einen vorläufigen Höhepunkt erreicht.

3.4 Dramatisierungsgewinn und Repräsentationsstatus

Necla Kelek, das zeigen die Befunde, zeichnet sich durch ihre *Diskursposition* als Dramatisierungsgewinnerin in dieser Debatte ab. Sie nutzt vor allem eine alltagstheoretisch eingeführte Rhetorik des kulturellen Determinismus, um für ihr Anliegen (die „Frauenfrage") zu kämpfen. Ihr politisches legitimes Projekt zielt auf die „Befreiung" unterdrückter Frauen. Dies geschieht allerdings nicht wissenschaftlich basiert, kritisch und reflexiv, sondern im Gestus unangemessener Empörungsrhetorik und einer eindeutigen Polemik gegenüber der *Kritik* als wissenschaftliches Medium der Aushandlung und Ausformung von Wissen.

Wie bereits hervorgehoben, erscheint ihr Anliegen zunächst durch die Stärkung der Frauenrechte berechtigt und verspricht eine Demokratisierung der Geschlechterfrage. Im Sub-Text der Argumentation wird allerdings ein wesenhaftes Verständnis von Kultur transportiert: Die (westliche) Kultur muss gegen die Kultur der *Anderen* (Islam) verteidigt werden.

Damit stärkt diese Position einen nationalistischen und „rechten Diskurs"[3], der die deutsche Migrationspolitik seit den 1980er Jahren durchzieht. Er zielt auf die Etablierung einer *neonationalistischen* und *neorassistischen* Fraktion in der Hegemonie (vgl. Link 1985). Dies hat der Diskursforscher Jürgen Link bereits 1985 im Hinblick auf die diskursive und kulturelle Hegemonie bezüglich der „Ausländerfrage" aufgezeigt. Betrachtet man die Diskurse und die Thematisierung der „Integrationsfähigkeit" von Migrant/inn/en genauer, die in den 1980er Jahren dieses Feld bestimmten und vergleicht sie mit den aktuellen Diskurs, dann lässt sich eine Erfolgsgeschichte der Eta-

---

3   Dass dieser *rechte Diskurs* die beschriebenen Deutungskämpfe genau beobachtet und dem „couragierten Engagement" Keleks Bewunderung zollt, zeigt der Kurzbeitrag „Necla Kelek und ihre Feinde" von Wiggo Mann in der Zeitschrift *Sezession*, Heft 13, April 2006. Die *Sezession* wird vom „Institut für Staatspolitik" herausgegeben, einer so genannten ‚Denkfabrik' der neuen Rechten. Zugleich wird die *antidemokratische* Ausrichtung dieser sicherlich unwillkommenen Unterstützung deutlich, wenn im Beitrag von einer „neuemanzipatorischen Weiberbande" die Rede ist und am Ende unverhohlen und in kaum verborgener gewaltaffirmativer Ausdrucksweise zur „Rettung Deutschlands" aufgerufen wird. Ursula Neumann danke ich für diesen Hinweis.

blierung dieser Ideologie erkennen. Dennoch ist diese Ideologie nicht ungebrochen. Sie ist und bleibt (nicht nur) diskursiv umkämpft.

Genau dies macht die Petition der Migrationsforscher/innen – sowie die Position von Necla Kelek – deutlich. Mithin lässt sich dadurch ein Einblick in die Spannungsverhältnisse erhalten, die als Ausdruck der migrationsgesellschaftlichen Wirklichkeit zu verstehen sind.

Diese Wirklichkeit droht aber – das ist etwas Neues – im Kampf um Deutungshoheit innerhalb der Erziehungswissenschaft aufgegriffen und umgewertet zu werden. Neu ist in diesem Zusammenhang der neoliberal motivierte Umbau der Erziehungswissenschaft, die technokratisch verzweckt und mehr denn je in den Dienst der herrschenden Ideologie gestellt werden soll. Vor diesem Hintergrund lautet mein Plädoyer, diese *Diskursereignisse* und *Diskursverschiebungen*, die Kämpfe um Wissensproduktion zum Ausgangspunkt zu nehmen, um die Disziplin und ihren Status im *Wissenskapitalismus* genauer zu untersuchen (vgl. Sauter 2007). In der Erziehungswissenschaft werden gesellschaftliche Kontroversen ausgetragen – gegenwärtig allerdings mit massiven Verschiebungen in den *Spezialdiskurs* der Medien.

4. Der „Fall Kelek" im Kontext

4.1 Wer spricht?

Positionieren wir die herausgearbeiteten Befunde nun im Kontext aktueller Diskursmuster und Argumentationslinien über *den* Islam, *die* Frauen- und Geschlechterfrage und den *Integrations*diskurs insgesamt, so lässt sich eine Ausweitung des deutschen Alltagsdiskurses in Richtung scheinbar assimilierter Sprecherinnen-Positionen konstatieren. Aber handelt es sich wirklich um Assimilationsparadoxien, oder müssen diese Diskurse nicht im Spiel und vor allem im Spiegel der Repräsentationen begriffen werden?

Markiert diese Beobachtung genau den Punkt, den Stuart Hall (1994) im Hinblick auf neue Ethnizitäten beschrieben hat, an dem der Kampf um die Repräsentationsverhältnisse zu einer *Politik der Repräsentation* verschoben wird?

Indem ich der Frage nachgehe *„für wen spricht Kelek?"* versuche ich dieses Spannungsverhältnis auszuloten und verfolge die Frage, in welchem Kontext die *Diskursposition* der Authentizität, das Kelek implizit einbringt, zu verstehen ist. Für *welche* Migrant/inn/en ergreift sie Partei? Für welche Minderheiten spricht sie? Diese Fragen lassen sich einrücken in den spannungsreichen Kampf um Repräsentation.

Stuart Hall hat in seinem bekannten Essay ‚Neue Ethnizitäten' die neuen Politiken der Repräsentation im Hinblick auf die Erfahrungen der Marginalisierung von Schwarzen in der britischen Kultur beschrieben. Vor allem durch die Analyse von Kulturpolitiken konnte er zeigen, dass in den üblichen Räumen von Kultur die Schwarzen typischerweise die Objekte, selten jedoch die Subjekte der Repräsentationspraktiken waren (vgl. Hall 1994, S. 16).

Aus der Kritik der bestehenden Repräsentationsformen wurden folgende Ziele artikuliert, die nach und nach erreicht wurden: Zugang und Recht auf Repräsentation, Kampf gegen Marginalität und stereotype, naturalistische Darstellung. Es wurde eine Veränderung der bestehenden Repräsentationsverhältnisse angestrebt und mehr oder weniger realisiert.

Hall bemerkte, dass sich Anfang der 1990er Jahre eine neue Phase abzuzeichnen begann, die er als Verschiebung vom Kampf um Repräsentationsverhältnisse zu einer *Politik der Repräsentation* beschrieb. Bekanntlich hat Hall in diesem Aufsatz sein Ethnizitätskonzept pointiert umrissen. Was hier jedoch interessiert, ist die *Analyse des Differenzgebrauchs*. Hinsichtlich der neuen Politik der Repräsentation im Kontext von Differenz und Repräsentation sah er hellsichtig voraus, dass diese neue kulturelle Politik Differenzen eher unterstützt als unterdrückt (ebd., S. 22). Haben wir also, wenn Hall Recht behalten sollte, gegenwärtig eine neue Phase des Differenzgebrauchs vor Augen? Mit Differenzgebrauch umschreibe ich die Artikulation von Kelek als Migrantin, die für Frauenrechte kämpft und damit unterschiedliche Differenzlinien verknüpft.

Halls Vorschlag, im Feld der Differenz diskursanalytisch vorzugehen, habe ich daher aufgegriffen, um die Politik der Repräsentation in ihre unterschiedlichen Elemente aufzugliedern. Dadurch lassen sich die *Ereignisse*, *Verhältnisse* und *Strukturen* untersuchen, die ihre realen Effekte außerhalb und innerhalb der diskursiven Sphäre haben. Dies lässt sich an den Arten und Weisen des Umgangs mit Migration und Integration anschaulich machen, allerdings nur innerhalb eines diskursiven Bedeutungsrahmens.

Das *Ereignis* ist das hier in Rede stehende Diskursereignis als „Fall Kelek". Das *Verhältnis* ist eingebettet in die politische Diskussion und Kultur der Migrationsgesellschaft. Und schließlich verweist die *Struktur* der Debatte auf die komplexen Aushandlungsprozesse kultureller Differenz jenseits von Zuschreibungen und den wesenhaften Essentialismen.

Diese alte, neue Debatte über Differenz *vergegenwärtigt* die unentdeckten und vor allem unerledigten Aufgaben der Moderne (vgl. Toulmin 1998) – also das grundlegende Problem der Gleichbehandlung von Ungleichen und der Ungleichbehandlung von Gleichen. Infolgedessen stehen die Probleme einer *unvollständigen Demokratisierung* moderner Gesellschaften in Rede.

Auch auf diesen Aspekt macht Stuart Hall aufmerksam, der Demokratie beständig im diskursiven Spannungsfeld von Realität und Ideal verortet: „The discourse of democracy is, to use the language of spectrality, haunted by the ghost of its ideal. The problem is that the gap between any actually existing system of democracy and its status as a universal regulative idea is read teleologically." (Hall 2002, S. 22)

Demokratie ist – jenseits der teleologischen Lesarten, einerlei ob in liberalen oder den eher radikaleren Formen – eingelassen in eine politische Theorie, die unhintergehbare Grenzen zwischen Gleichheit und Differenz aufstellt. Um diese Grenze aufzubrechen braucht es eine neue Form der Artikulation, so Hall. Und es ist diese Form, mit der hier wieder Anschluss an die Thematik des Diskursereignisses hergestellt werden kann, diese Form nimmt auf die Präsenz von Fremden Bezug: „The presence of the strangers presents democracy with this radically new double demand: for equality and social justice *and* for the *recognition of difference*, neither existing in a pure state, both qualifying and modifying the other in a *ceaseless struggle*. Far form marking the apotheosis of democracy itself, this eruption of difference at its center points to the depth of the *transformations* – the promise of freedom and equality – has yet undergone and the struggles to come." (Hall 2002, S. 35 – meine Hervorhebungen S.S.)

Halls Vorschläge verstehe ich in diesem Zusammenhang als wichtigen Hinweis darauf, die Fragen von Differenz, Demokratie und Gleichheit immer wieder neu zu stellen. Sie sind nie beantwortet – vielleicht gar nicht endgültig beantwortbar – und müssen im Prozess gehalten werden, will die Spannung zwischen Gleichheit und Differenz konstruktiv – also demokratisch – ausbalanciert werden. Dieser Prozess verflüssigt oder besser: verschiebt die Grenzen zwischen „Wir" und den „Anderen", fremd und vertraut, hier und dort usw. Es sind jedoch diese eindeutigen und binär codierten Grenzen (*wir* und *sie*), auf denen das Argumentationsmuster von Kelek aufbaut. Sie verspricht Aufklärung, das bescheinigen ihr zumindest die Feuilleton-Berichte bezüglich ihrer *Diskursposition*, faktisch markiert sie aber das Gegenteil davon, durch eine wesenhafte Aufteilung (*wir* und *sie*) und einen undifferenzierten Differenzgebrauch. In der Folge wird der Prozess der diskursiven Herstellung der Anderen wieder verschleiert.

Meine Frage ist in diesem Kontext: Welche Aporien des (kulturellen) Differenzgebrauchs lassen sich innerhalb dieser Transformationsprozesse (von der Hall sprach) beobachten? Welche Differenzen stehen überhaupt in Rede und wer macht wie und wann davon Gebrauch? Es sind vor allem die kulturellen Differenzen, die die Kelek'sche Expertise auszumachen scheinen: Qua ethnischer Autorität eine authentische Erklärung über ein komplexes

Spannungsverhältnis geben zu können. Vereinfacht ausgedrückt: Necla Kelek erklärt als türkische Frau der aufgeklärten deutschen Gesellschaft die Gründe für die Frauenunterdrückung der türkischen Machos.

Die Differenzen bestehen aber auch in der Art und Weise sich zur Wirklichkeit zu positionieren, konkret: einem schlichten Naturalismus oder besser: Neopositivismus anzuhängen oder wissenschaftliche Aufklärung und Kritik zu betreiben.

Was auffällt, ist die Tatsache, dass Kelek Differenzen nicht reflexiv und kritisch zu bearbeiten vermag, stattdessen werden sie in diesen Diskursen reduziert, simplifiziert und in Entweder-oder-Strukturen übersetzt[4].

4.2 Demokratie und Differenz

Wie lässt sich der verwirrende Differenzgebrauch im „Fall Kelek" deuten? Ist die *Politik der Differenz* negativ oder positiv codiert? Wer hier auf eindeutige Antworten hofft, gerät in die Falle eines essentialistischen Verständnisses von Identität, Kultur und Ethnizität. Weil es keine eindeutige Identität gibt, geben kann, wird es auch keine eindeutigen Positionen geben (um nicht missverstanden zu werden: ich spreche hier von Prozessen, nicht von statischen Begriffen). Anlass zur Zuversicht, dass diese Aushandlungsprozesse in eine positive Richtung gelenkt werden können, besteht in einer *Vielstimmigkeit*. Sie äußert sich darin, dass bei der so genannten „Islamkonferenz" im September 2006 (die in dieser Hinsicht als hegemoniales Symbol der dominierenden Integrationspolitik zu verstehen ist) nicht nur Necla Kelek als „Expertin" vertreten war, sondern ebenso die Schriftsteller Feridun Zaimoğlu und Navid Kermani. Auch im neu gegründeten Integrationsbeirat in NRW, dessen Aufgabe es ist, die Landesregierung in allen Fragen der Integrationspolitik zu beraten, zu unterstützen und kritisch zu begleiten, hat Wladimir Kaminer einen Sitz. Wie wird er in diesem Gremium adressiert: Als Schriftsteller, als Russendisko-DJ oder als erfolgreich integrierter „Ausländer"? Für welche dieser grundsätzlich möglichen Identitätsoptionen und Subjektpositi-

---

4   Wie sich die (selbst-)reflexive Bearbeitung einer Migrationsgeschichte als spezifische Familiengeschichte jenseits vereinfachender Muster anschaulich machen lässt, das zeigt der ausgezeichnete Dokumentar-Film *„ExileFamilyMovie"* von Arash. Erzählt wird die Geschichte eines ungewöhnlichen Familientreffens einer im Exil weltweit verstreuten persischen Großfamilie, die, obwohl im Iran politisch verfolgt, ausgerechnet in Mekka auf einer getarnten Pilgerreise zu einem Familientreffen zusammen kommt. Die verwickelten politischen Verhältnisse, die subjektiven Überlebensstrategien und der in der Familie tief verwurzelte Kampf für den Humanismus und gegen Unterdrückung machen aus dem Film eine über ein persönliches Dokument hinausgehende eindrückliche Reflexion über Unterschiede, Grenzen und die Bedingungen des Menschseins in einer Welt im gegenwärtigen Transformationsprozess (www.exilefamilymovie.at).

onen votiert er dort? Die Antworten bleiben offen, sie müssen offen bleiben, denn sie sind Teil des Spannungsverhältnisses in der migrationsgesellschaftlichen Wirklichkeit. Oder anders formuliert: Die Antworten werden immer im Horizont einer *Politik der Differenz* zu positionieren sein.

Ich will zum Ende dieses Beitrages noch eine Differenz ansprechen, die mir unter dem Stichwort *Vergewisserungen* wichtig zu betonen ist. Der Schriftsteller und Jurist Bernhard Schlink hat unter diesem Titel eine Aufsatzsammlung publiziert, die einen kleinen und klugen Essay enthält, der „Zwischen Säkularisation und Multikulturalität" überschrieben ist. Darin weist Schlink auf die unterschiedlichen Sphären von Soziologie und Recht hin und kommt in der Diskussion – nicht unähnlich der hier dargelegten Probleme – zum Schluss, dass Vergewisserungen darüber anstehen, womit das Recht zu tun hat, was es leisten kann und soll (Schlink 2005, S. 109). Er wirft dabei die Frage auf, „wie von unseren Traditionen und Vorstellungen von Freiheit und Gleichheit her mit den sich stellenden Problemen einer multikulturell werdenden Gesellschaft umzugehen ist." (ebd., S. 110)

Die Frage wird *nicht* danach gestellt, wie die sich in dieser Gesellschaft meldenden Erwartungen und Anforderungen *unsere* Tradition verändern und *unsere* Vorstellungen bestimmen sollten. Hier gilt es Maßstab und Problem nicht zu verwechseln. Neue Probleme fordern neue Verständnisse. Gleichwohl: Das eine ist der Maßstab, das andere das Problem, das mit dem Maßstab bewältigt werden will. Dieses Verhältnis umzukehren würde die staatlich verfasste Freiheit und Gleichheit preisgeben, so mahnt Schlink eindringlich.

5. Ausblick: Interkulturalität reflektiert im Spannungsfeld der gesellschaftlichen Verhältnisse

Wie ließe sich ein intelligenter Umgang mit den genannten Spannungsverhältnissen herstellen? Sicherlich dadurch, dass eine reflexiv-interkulturellen Forschung darauf insistiert, Teil des Verhältnisses zu sein, das sie untersucht. Sie kann aus diesem Grunde die Zusammenhänge und Diskursvermischungen erhellen, die zwischen den aufgezeigten Assimilations-, und Integrationsdiskursen und den daraus zu ziehenden Dramatisierungsgewinnen bestehen. Was sich aufzeigen sind also keine Lösungen, sondern vielmehr Problematisierungen.

Am Ende meines Beitrags möchte ich diese Problematisierung auch in Richtung der Initiatoren des *Diskursereignisses* öffnen. In der Petition, die Anlass des hier diskutierten Diskursereignisses ist, heißt es: „In den letzten Jahren hat sich in Deutschland eine quantitativ und qualitativ-empirische

Migrationsforschung entwickelt, die international anschluss- und konkurrenz-
fähig ist. Wenn auch Unterschiede existieren, was die theoretische Rahmung
der Befragungsergebnisse betrifft, so gibt es doch ganz erstaunliche Überein-
stimmungen in den Ergebnissen unserer Forschung. Im Großen und Ganzen
werden die Ergebnisse gestützt, zu denen auch Necla Kelek gekommen ist,
als sie noch wissenschaftlich vorgegangen ist." (Terkissidis & Karakaşoğlu
2006, S. 2).

In dem Aufruf wird darauf hingearbeitet, komplizierte und subjektive
Neuinterpretationen von Migrant/inn/en zu erkennen. Wenn ich diese Aussage recht verstehe, dann geht es um die komplizierten Aneignungs- und Repräsentationsverhältnisse, in denen Selbstpositionierungen entstehen. Aber es
scheint, als ob von den Initiator/inn/en und Befürworter/inne/n der Petition
ein zentrales Moment dieser Selbstpositionierungen nicht hinreichend erkannt worden ist. Ich hatte die Frage aufgeworfen, für welche Migrantinnen
(und möglicherweise Migranten) Necla Kelek spricht.

In dieser Hinsicht lässt sich grundsätzlich eine strukturelle Isomorphie
zwischen den Diskurspositionen von Kelek und der geforderten Perspektive in der Petition erkennen.[5] Möglicherweise ist es so, dass Kelek für eine
signifikante Gruppe von Migranten und insbesondere von Migrantinnen Partei ergreift, die eine individuelle Selbstbestimmung höher schätzen als Her-
kunftstraditionen und kulturelle Identitäten. Kelek votiert für die moderne
Option einer säkularen Gesellschaft, für Frauen- und Menschenrechte. Möglicherweise sieht eine spezifische Gruppe von Migrant/inn/en die Assimilation als einen möglichen Weg zur individuellen Selbstbestimmung an – übersieht dabei aber den komplexen und historisch spezifischen Prozess der Ver-
hältnisbestimmung von Maßstab und Problem. Wie Schlink (2005, S. 97) in
diesem Kontext schreibt, entsteht die Säkularisation nicht einfach aus dem
Rückzug der Religion aus Staat und Gesellschaft.

Diese genannte Option wäre dennoch eine durchaus legitime Position
und käme letztlich dem in der Petition angemahnten differenzierten Blick
auf Migrant/inn/en in der Migrationsgesellschaft Deutschland sehr nahe. Auf
den Punkt gebracht: Auch in Keleks Einlassungen wird eine Selbstpositionierung und Subjektivierung ersichtlich, die auf das komplexe Verhältnis
von Macht, Diskurs und Gesellschaft verweist. Oder vereinfachter gesagt:
Als Migrantin entspricht sie erkennbar nicht dem diskursiven Bild, das von
Migrantinnen gezeichnet wird. Kelek steht mithin für eine „*Differenz in der
Differenz*" – als eine Migrantin, die *eigenwillig* und *eigensinnig* ihre Bio-

---

5   Ich danke Krassimir Stojanov für diesen wichtigen Hinweis, mit dem sich die Verhältnisse
    einmal mehr komplexer darstellen lassen und sich die zentralen Ansatzpunkte für Kritik
    finden.

graphie und Bedeutungsgebungen in das verfügbare Wissen der Gesellschaft einbringt; die für Assimilation als legitimes Mittel votiert. Sie erscheint als eigenwilliges Subjekte von Repräsentationspraktiken. Ob dies nun unter dem Stichwort *Aufklärung* zu rubrizieren ist, das sei dahingestellt. Diese Repräsentationspraxis reichert jedenfalls die Selbstbeschreibung der Gesellschaft um einen *neuen Typus* der freimütig assimilierten Migrantin an und irritiert somit das vorhandene Bild von Repräsentationspraktiken nachhaltig.

Und noch eine zweite Isomorphie wird zu prüfen sein: Es erscheint wichtig anzufragen, ob die Initiator/inn/en und die Unterzeichner/innen beabsichtigen, für die „deutsche Migrationsforschung" zu sprechen?

Steht also in diesem Zusammenhang ein Repräsentationsanspruch gegen einen anderen, der strukturell nicht unähnlich ist? Repräsentationsverhältnisse, so ließe sich nun behaupten, folgen keiner zuordenbaren Gruppe *für* oder *gegen* spezifischen Interessen. Sie sind unauflöslich Teil der diskursiven Felder im Aushandlungsprozess von Wissen, Wahrheit und Macht.

Auf diese Komplexität der Repräsentationsverhältnisse sowie die *Unmöglichkeit adäquater Repräsentation* verweisen auch María do Mar Castro Varela und Nikita Dhawan (2007). Sie zeigen ebenfalls am Phänomen Necla Kelek hellsichtig auf, dass sie ohne Zweifel eine „authentische Stimme" ist, auch wenn sie kein Mandat hat, um *für* Migrantinnen zu sprechen. Darüber hinaus argumentiert sie konservativ und opportunistisch. Um die Dynamiken der Migrationsgesellschaft zu begreifen, ist es sowohl für eine widerständige politische Praxis als auch für eine kritische Wissenschaft in diesem Zusammenhang erforderlich, Repräsentationen immer als *Supplement* (sie stehen also nie für sich alleine) zu sehen und einer *permanenten Problematisierung* zu überführen (vgl. ebd.). Ohne diese Problematisierung wären die bestehenden Macht- und Herrschaftsverhältnisse unbeobachtet und nicht unreflektiert. Auf diese Weise werden sie reproduziert und stabilisiert. In diesem komplizierten Verhältnis müssen die untersuchten Repräsentationsverhältnisse gesehen werden, sie lassen sich nicht außerhalb der gesellschaftlichen Realität denken. Was sich bislang in dieser Diskussion des Diskursereignisses gezeigt hat, das ist der spannungsreiche und umkämpfte Prozess der Wissensproduktion im Feld von Differenz. Auszuhalten gilt es eine beständige Problematisierung, die sich einer endgültigen Lösung entzieht.

Allenfalls können wir die inhärente Logik begreifen, oder wie Castro Varela und Dhawan mit Blick auf die *Politik der Repräsentation* schreiben: „So sind es oft dieselben, die sich über das politische Phänomen ,Necla Kelek' empören und gleichzeitig eine Identitätspolitik propagieren, die letztlich dasselbe erst ermöglicht hat." (ebd., S. 34)

An diesem Punkt angelangt, komme ich abschließend auch wieder auf die Befunde von Johannes Bellmann zurück, der die Bildungsforschung im Zeitalter der Outputsteuerung untersuchte. Die Bildungsforschung braucht – so sein überzeugendes Plädoyer – eine „größere kritisch-reflexive Aufmerksamkeit für die Mitkonstruktion ihres Forschungsgegenstandes." (Bellmann 2006, S. 499).

Wie im Feld des neu justierten Verhältnisses von (erziehungs-)wissenschaftlichem Wissen und politischer Macht steht auch der Fall Kelek im Kontext dieser Verschiebungen und (heimlichen) Komplizenschaft. In diesem Sinne wäre die Nähe von Kelek zur Politik nicht in öffentlichen Petitionen zu skandalisieren, sondern als Markierung dieses neuen Verhältnisses zu analysieren.

Hinsichtlich der aufgezeigten *Diskursvermischungen* erscheint mir vor allem genau diese *kritisch-reflexive Aufmerksamkeit* dringend geboten, um die Problematisierungen der Fragen von Repräsentation und der grundsätzlich umkämpften Diskurspositionen im Feld von Differenz zu verstehen und zu kritisieren. Nur so verfängt man sich nicht in Widersprüchen, kann diese denken und angemessen theoretisieren.

Literatur

Bade, Klaus J. (Hrsg.) (1994). Das Manifest der 60. Deutschland und die Einwanderung. München: C.H. Beck.

Bauman, Zygmunt (1992). Moderne und Ambivalenz. Das Ende der Eindeutigkeit. Hamburg: Junius.

Bellmann, Johannes (2006). Bildungsforschung und Bildungspolitik im Zeitalter ‚Neuer Steuerung'. In: Zeitschrift für Pädagogik, Jg. 52., H. 4, S. 487-504.

Britz, Lisa (2005). Bildung und Integration. In: Bundeszentrale für politische Bildung. Spezial: Schule und Integration. URL: http://www.bpb.de/themen/TJ9J7T.html (08.12.2006).

Castro Varela, María do Mar & Dhawan, Nikita (2007). Migration und die Politik der Repräsentation. In: Broden, Anne & Mecheril, Paul (Hrsg.): Re-Präsentationen. Dynamiken der Migrationsgesellschaft. Düsseldorf: IDA-NRW, S. 29-46.

Foucault, Michel (1988). Archäologie des Wissens. Frankfurt a.M. (3. Aufl.).

Fuchs, Peter (2005). Menetekel auf der Straße. Integration ist keine Pottersche Zauberformel. Frankfurter Rundschau vom 16. November 2005: URL: www.fr-aktuell.de/ressorts/kultur_und_medien/feuilleton/?cnt=757432 (17.11.2005).

Hall, Stuart (1994). Rassismus und kulturelle Identität. Ausgewählte Schriften 2. Hamburg: Argument-Verlag.

Hall, Stuart (2002). Democracy, Globalization, and Difference. In: Enwesor, Ok-
wui (Hrsg.): Democracy Unrealized. Documenta 11_Platform 1. Ostfildern:
Hatje-Cantz-Publishers.

Jäger, Margret (1996). Fatale Effekte. Die Kritik am Patriarchat im Einwanderungsdiskurs. Duisburg: DISS.

Jäger, Siegfried (2000). Theoretische und methodische Aspekte einer kritischen
Diskurs- und Dispositivanalyse. In: Keller, Rainer, Hirseland, Werner & Vie-
höfer, Willy (Hrsg.): Handbuch, Sozialwissenschaftliche Diskursanalyse. Opladen: Leske + Budrich.

Keller, Rainer (2005). Wissenssoziologische Diskursanalyse. Grundlegung eines
Forschungsprogramms. Wiesbaden: Verlag für Sozialwissenschaften.

Link, Jürgen (1985). Multikulturen: Auf verlorenem Posten gegen den Neonatio-
nalismus? In: kulturRRevolution, Nr. 10, S. 6-12.

Pick, Brigitte (2007). Kopfschüsse. Wer PISA nicht versteht, muss mit RÜTLI
rechnen. Hamburg: VSA.

Radtke, Frank-Olaf (2005). Pädagogen Bashing. Eine neue Runde im Streit um die
Erziehungswissenschaften. Unveröffentlichtes Manuskript. Frankfurt a.M.

Sauter, Sven (2007). Schule Macht Ungleichheit. Bildungsbarrieren und Wissensproduktion im Aushandlungsprozess. Frankfurt a.M.: Brandes & Apsel.

Schlink, Bernhard (2005). Vergewisserungen. Über Politik, Recht, Schreiben und
Glauben. Zürich: Diogenes.

Toulmin, Stephen (1991). Kosmopolis. Die unerkannten Aufgaben der Moderne.
Frankfurt a.M.: Suhrkamp.

Materialien der Diskursanalyse:

Ekin Deligöz: Das Kopftuch ist ein negatives Symbol. In: Stern vom 8. Februar
2006 (URL: http://www.stern.de/politik/deutschland/555210.html?nv=cb)

Ekin Deligöz: Plädoyer für eine neue Kultur der Anerkennung – Eine schwäbisch-
türkische Annäherung an die „Leitkultur"-Debatte. (URL: http://www.ekin.de/
downloads/Deligoez_Leitkultur_170106_end.pdf)

Jürgen Kaube: Zwangsheiratsschwindler. In: FAZ Nr. 34 vom 9. Februar 2006

Necla Kelek: Muslime in Parallelgesellschaften haben bei der Kindererziehung
versagt. Interview im Deutschlandradio Kultur vom 10. März 2005. (URL:
http://www.dradio.de/dlr/sendungen/interview_dlr/353368/)

Necla Kelek: Nur eine Minderheit lebt selbstbestimmt. Interview im Deutschlandfunk vom 28. Februar 2005 (URL: http://www.dradio.de/dlf/sendungen/inter-
view_dlf/351532)

Necla Kelek: Entgegnung. In: Die Zeit 06/2006

Necla Kelek: Die Schule soll Werte vermitteln. In: Frankfurter Rundschau vom
8. April 2006 (URL: http://www.fr-aktuell.de/_inc/_globals/print.php?client=
fr&cnt=84)

Necla Kelek: Eintrag Wikipedia vom 23. Februar 2007 (URL: http://de.wikipedia.
org/w/index.php?title=Necla_Kelek&printable=yes)

Mariam Lau: Gefährliche Gutmenschen. In: Die Welt vom 8. Februar 2006 (URL:
http://www.welt.de/print-welt/article196428/Gefaehrliche_Gutmenschen)

Wiggo Mann: Necla Kelek und ihre Feinde. In: Sezession, Heft 13, 4. Jg., April
2006

Regina Mönch: Islam in unserem Alltag. In: FAZ Nr. 34 vom 9. Februar 2006

Mark Terkissidis/Yasemin Karakaşoğlu: Gerechtigkeit für die Muslime. In: Die Zeit 06/2006 (URL: http://zeus.zeit.de/text/2006/06/Petition)

Dilek Zaptçıoğlu: Wir und ihr. taz Nr. 7889 vom 4. Februar 2006 (URL: http://www.taz.de/pt/2006/02/04/a0168.1/textdruck)

Erol Yıldız

Über die Normalisierung kultureller Hegemonie im Alltag. Warum Adnan keinen ‚normalen Bürgersmann' spielen darf

Adnan Maral hat im *Tatort* den Gemüsehändler, den Asylbewerber, den Ga-noven gespielt. Er wollte auch mal eine Rolle als normaler Bürgersmann. Ein Aufnahmeleiter guckte betreten, so als hätte er nicht ganz verstanden. „Dafür haben wir doch unsere deutschen Schauspieler" (Süddeutsche Zei-tung vom 17. Dezember 2007).

Es ist alles eine Frage des Blickwinkels. Historisch oder global gesehen kann Migration, Zuwanderung als Normalität oder als Ausnahmeerscheinung betrachtet werden. Je nach Perspektive erscheint sie dann als konstitutiv für die Formierung von Gesellschaften oder als riskant, als notwendiges Übel. Von diesem Blickwinkel hängt es in der Folge ab, wie politisch, rechtlich oder pädagogisch darauf reagiert wird: konstruktiv oder restriktiv skandali-sierend.

Dass klassische Einwanderungsländer wie die USA, Kanada oder Schwe-den die angeworbenen Zuwanderinnen und Zuwanderer mehrheitlich als Neubürger/innen betrachteten, während Deutschland seine ‚Fremd'- oder ‚Gastarbeiter/innen' nur auf Zeit einreisen lassen wollte, ist das Resultat grundverschiedener Perspektiven auf Migration.

Rechtliche Diskriminierung, Stigmatisierung und ethnische Zuschreibung, die wir gegenwärtig beobachten, sind in der Migrationsgeschichte der BRD nicht neu. Bestimmten Migrantengruppen wurde von Beginn an Fremdheit unterstellt, sie wurden kulturalisiert und ethnisiert, wie schon die gut do-kumentierte Geschichte der Ruhr-Polen zeigt (vgl. z.B. Kleßmann 1992, S. 303ff.; Spaich 1991, S. 101ff.). Insofern ist dieser spezifische Umgang mit Migration in der BRD, dessen Institutionalisierung und Materialisierung kein neues, auf die Zeit nach dem Zweiten Weltkrieg beschränktes Phänomen, sondern weist eine historische Kontinuität auf, auch wenn es sich dabei – je nach historischer Phase und Fragestellung – um modifizierte Varianten han-delt (vgl. Bade 2002).

Meine These ist, dass zu Beginn des 21. Jahrhunderts im Umgang mit migrantischer Bevölkerung in Deutschland eine Veralltäglichung dieser eth-nisierenden und kulturalisierenden Praxis zu beobachten ist, die durch einen rassistischen Wissensbildungsprozess und durch eine Institutionalisierung kultureller Hegemonie begleitet wird. Ich werde zeigen, dass es wir heute im Umgang mit migrantischer Bevölkerung (dabei geht es zum Teil sogar um die dritte und bald auch vierte Generation) nicht mit einem *neo-assimilationistischen* Verständnis zu tun haben, sondern mit einer Banalisierung und Normalisierung rassistischer Praktiken (vgl. dazu Mecheril 2007; Brubaker 2007, S. 166ff.). Die aktuellen, geradezu anfallartigen Integrationsdebatten zeigen, dass sich die epistemologische Basis des Migrationsdiskurses nicht verändert hat, auch wenn in der kritischeren Migrationsforschung seit Jahren dieses sedimentierte Basiswissen zunehmend hinterfragt wird.

Eurozentrisches Weltbild als erkenntnistheoretische Basis

Wenn das in der Öffentlichkeit kursierende Bild des Migranten oder der Migrantin als ‚defizitärer Typus' in den historischen Kontext gestellt und von da aus argumentiert wird, dann zeigt sich deutlich, dass eurozentrische Deutungen – implizit oder explizit – noch immer den gegenwärtigen Migrationsdiskurs prägen. Dabei handelt es sich um Bilder, die das Verhältnis zwischen ‚Westen' und ‚Nicht-Westen' historisch grundlegend bestimmt haben. Das eurozentrische Weltbild besteht in der Annahme, dass die historische Entwicklung, die als charakteristisch für das westliche Europa und das nördliche Amerika betrachtet wird, ein Modell darstellt, an dem die Geschichten und sozialen Formationen aller Gesellschaften gemessen und (ab)gewertet werden können. Die Besonderheiten und die historischen Unterschiede nichtwestlicher Gesellschaften werden dann in einer Sprache des Mangels beschrieben und als defizitäre Phänomene behandelt (vgl. dazu Conrad & Randeria 2002). Der gegenwärtige Migrationsdiskurs in der BRD ist ein Beleg dafür, wie mit diesem eurozentrischen Weltbild lokale Lebenszusammenhänge identifiziert und gedeutet werden. So werden die migrantischen Bevölkerungsgruppen aus nicht-westlichen Gesellschaften und deren Nachkommen als Abweichung von der als ‚westlich' interpretierten Normalität und damit als ‚allzufremd' und ‚integrationsunfähig' wahrgenommen. Mit dieser Logik wird Differenz zur Devianz. Die Abwertung und Aussonderung der Perspektiven nicht-westlicher Gesellschaften und damit auch die eines großen Teils der Migrant/inn/en hat dazu geführt, dass die Dichotomie zwischen dem „Westen" und dem „Rest" (vgl. Hall 1994), zwischen ‚Wir' und ‚ethnisch Anderen' heute noch als eine quasi-natürliche Entwicklung behandelt wird. Dieses binäre Denken erscheint dann, wie ich später konkret belegen möchte, als eine ontologische Gegebenheit.

Die Ausgliederung des als anders Wahrgenommenen aus dem westlichen Wir wurde und wird somit durch die Organisation des europäischen Wissens auch theoretisch festgeschrieben (vgl. Said 1981). Die Unterscheidung zwischen ‚modern westlichen' und ‚vormodern traditionellen' Gesellschaften, die auch die gegenwärtige Repräsentation von Migration beherrscht, ist nur ein Aspekt eines ganzen Theoriekomplexes. Die Institutionalisierung dieses dichotomischen Denkens, die heute zum alltäglichen Umgang mit migrantischer Bevölkerung gehört, ist wie Conrad und Randeria (2002b, S. 21f.) gezeigt haben, als eine gesamteuropäische Angelegenheit zu betrachten. Entsprechend finden wir nicht nur in der Alltagssprache, sondern auch in wissenschaftlichen Abhandlungen bis heute Begriffe wie ‚der Westen', ‚der Okzident', ‚das Zentrum', ‚die Erste Welt', ‚der Osten', ‚der Orient', ‚die Peripherie' und ‚die Dritte Welt', die zur Klassifizierung und Identifizierung geographischer Räume benutzt werden. Obwohl ihr Bezug zur Wirklichkeit äußerst diffus, bzw. rein kognitiv ist, werden diese Kategorien verwendet, als entspräche ihnen eine eindeutige äußere Realität; zumindest haben sie den Effekt, eine derartige Illusion zu erzeugen. Immer sind solche Kategorien Teil binärer Oppositionen und diese hierarchischen Begriffspaare schaffen Kombinationen in einer paradigmatischen Kette von Konzeptionen aus Geographie und Geschichte, die in ihrer scheinbaren wissenschaftlichen Eindeutigkeit ein unausweichliches Weltbild erzeugen (vgl. Yıldız 1997, S. 113ff.).

Wie die historisch gewachsenen Vorstellungen, Weltbilder und Kollektivsymbole entstehen und welche Auswirkungen sie heute noch auf den Umgang mit migrantischer Bevölkerung aus den als orientalisch definierten Gebieten haben, wurde durch Edward Said und andere Vertreter der *postcolonial studies* belegt. Edward Said hat ausdrücklich gezeigt, dass die über den Orient produzierten Texte nicht die Lebenswirklichkeit „vor Ort" widerspiegeln, sondern vielmehr kollektive westliche Phantasien zum Ausdruck bringen. Im gegenwärtigen Umgang mit migrantischer Bevölkerung wird deutlich, wie sehr dieses von Edward Said herausgearbeitete Orientbild noch immer die Geisteshaltung in Medien, Politik und Wissenschaft bestimmt (vgl. Said 1981, S. 36ff.; Wallerstein 2007, S. 41ff.).

Historisch gesehen gewann dieses eurozentrische Weltbild durch die Bildung von Nationalstaaten eine neue Qualität und etablierte neue Ausschlussmechanismen. Dadurch wurden bestimmte Differenzen nationalisiert und homogenisiert, andere marginalisiert und diskriminiert (vgl. Sassen 2006). Die Segmentierung der Welt in Nationalstaaten leitete ein ethnisch zentriertes Zeitbewusstsein ein und institutionalisierte ethnisch-national codierte Weltdeutungen, Geschichtsschreibungen und kulturelle Normvorstellungen. Neue Mythen wurden erfunden, neue Grenzen gezogen und neue Ordnungen errichtet. Neue Einheiten wurden simuliert, einige Sprachen privilegiert, andere unterdrückt und abgewertet. Insofern bedeutete die Etablierung von Nationalstaaten ein „kontrafaktisches Postulat" (Hahn 2003, S. 41).

Gerade im Umgang mit Migration in der BRD, um den es hier im Wesentlichen geht, sehen wir uns mit diesem eurozentrischen und ethnisch-nationalen Weltbild konfrontiert, das in diesem Zusammenhang eine Art von Wissensproduktion, eine besondere Strategie impliziert, die tief in die Praxis eingeschrieben ist. Erst diese Strategie macht bestimmte Gruppen sichtbar, etabliert eine besondere Kommunikationsstruktur und Umgangsform, schafft und legitimiert bestimmte Ausschlussmechanismen. Dieses historisch begründete Repräsentationssystem war schon nach dem Zweiten Weltkrieg im Umgang mit den so genannten Gastarbeitern dominant und hat bis heute seine Gültigkeit nicht verloren. Das binäre Denken ‚Wir' und der/die ‚Andere' war bestimmend dafür, wie Migration gesehen, gedeutet und wie darauf politisch und pädagogisch reagiert wurde. Diese Geisteshaltung definierte die Koordinaten der gesellschaftlichen Wahrnehmung von Migration und hatte reale soziale Konsequenzen. In dem folgenden Zitat aus einer Studie über das „Leben der Kölner Gastarbeiter" Ende der 1960er Jahre wird dies besonders anschaulich:

„Ein großer Teil der türkischen Gastarbeiter kommt aus Anatolien, also aus zivilisatorisch primitiven Verhältnissen, in denen unsere Gebräuche etwa hygienischer Art unbekannt sind. Sie bringen ein ausgeprägtes und differenziertes Ehrgefühl mit und haben strenge moralische Vorschriften, nicht nur über den Umgang mit Frauen (...). Diese Struktur könnte sich in folgenden Berufen positiv auswirken: Alle Verkehrsberufe, vom Laufburschen über den Eisenbahnangestellten und Chauffeur bis zum Piloten, Heizer, Bergmann, Schmied, Goldschmied, Schornsteinfeger, Feuerwehr, alle Berufe, die mit Explosionen zu tun haben. Die Struktur macht geeignet für Berufe, in denen beschützt wird: Polizei, Sanitätswesen, Sozialfürsorger. Die Türken sollen fern bleiben von jenen Berufen, in denen unverbindliche Höflichkeiten gefordert werden (Bingemer u.a. 1969, S. 17/20).

Diese ‚völkerkundlichen' Befunde aus einer der ersten Studien über die Situation von Gastarbeiter/inne/n sind ein Beleg dafür, dass die so genannte Ausländerforschung und die darauf basierende Ausländerpädagogik in der BRD keine unüberlegte Ad-hoc-Reaktion auf die Einwanderungssituation nach dem Zweiten Weltkrieg war, auch nicht auf die Überforderung der Pädagogik zurückzuführen ist, wie oft behauptet wird, sondern in der historischen Kontinuität eines restriktiven Umgangs mit Migration steht (vgl.

Krüger-Potratz 2005). So hat die ausländerpädagogische Praxis – neben dem politischen und rechtlichen Umgang – das gesellschaftliche Bild des Migranten und der Migrantin als ‚therapiebedürftiges Objekt' geprägt. Indem sie im politischen Bereich beratende Funktion ausübte, hat sie wesentlich zur Institutionalisierung und Normalisierung eines hegemonialen Denkens beigetragen. Man kann diesen Prozess ohne weiteres als einen Wissensbildungsprozess betrachten. Darüber hinaus jedoch haben diese symbolischen Kategorien ganz reale Folgen für die Verortung der migrantischen Bevölkerungsgruppen als Objekte von Untersuchung, Analyse und Klassifikation gehabt. Sie konstruierten deren Identität, schrieben ihnen soziale Rollen zu und operierten dabei als normative, nicht bloß deskriptive Kategorien. Diese wurden zunehmend übertragen auf staatliche Definitionen des ‚Normalen' bzw. des ‚Pathologischen' und hatten damit einen nicht unerheblichen Einfluss auf das Gesellschaftsverständnis.

Mit diesem Beitrag möchte ich zeigen, wie in der sozialen Praxis eben dieser Unterschied zwischen ‚Wir' und ‚ethnisch Anderen' permanent erzeugt wird, wie Menschen auf diese Weise verortet werden, wie diese Verortungen in diversen gesellschaftlichen Praktiken verankert sind und dabei reproduziert und legitimiert werden.

Historische Formierung des ethnisch codierten rassistischen Wissens

Betrachtet man die letzten 50 Jahre Migrationsgeschichte der BRD, kann man unterschiedliche Phasen ausmachen, in denen eine hegemoniale Geisteshaltung auf je spezifische Weise zum Ausdruck kommt. Wenn es um Themen wie Migration, Integration oder Interkulturalität geht, werden bis heute immer wieder aufgeregte Debatten in Gang gesetzt und damit auch der Eindruck eines permanenten Ausnahmezustandes vermittelt.

Die Zuwanderinnen und Zuwanderer, die man nach dem Zweiten Weltkrieg angeworben hatte, wurden ‚Gastarbeiter' genannt. Wie der Begriff schon sagt, wurde ihre Existenz in der BRD als provisorisch betrachtet. Der therapeutische Blick prägte dabei von Anfang an den Umgang mit ihnen. Um das Leben dieser Gäste fern ihrer Heimat erträglicher zu machen, wurden die karitativen Institutionen aktiviert (vgl. Puskeppeleit & Thränhardt 1990). Wenig später gerieten die so Betreuten auch ins Blickfeld der Sozialwissenschaften und so begann die so genannte Gastarbeiterforschung.

Als sich zu Beginn der 1970er Jahre immer deutlicher abzeichnete, dass viele Gastarbeiter nicht zurückkehren würden, sondern nach und nach ihre

Familienangehörigen nachholten und sich hier niederzulassen begannen, re-
agierte die Öffentlichkeit alarmiert. Jetzt gerieten die nachgezogenen Kinder
der Gastarbeiter und vor allem ihre schulische Situation ins Visier von Medi-
en und Politik. Die Schulen waren auf diese unerwarteten Umstände angeblich schlecht vorbereitet und fühlten sich überfordert. Das rief eine Ausländerpädagogik auf den Plan, die sich wiederum an der Gastarbeiterforschung
orientierte. Dieser ‚neue' angewandte Forschungsbereich stand unter einem
starken öffentlichen Finalisierungsdruck und musste so schnell wie möglich
Ergebnisse und Lösungsansätze präsentieren.

In dieser Zeit wurde die Rede über ‚Fremde', die nur schwer in die deutsche Normalität einzuführen seien, populär. Gastarbeitern und deren Kindern
wurde eine unvollständige Sozialisation unterstellt und darüber debattiert,
wie viel Fremdheit die deutsche Gesellschaft überhaupt verkraften könne.
Es entstand die bis heute geläufige Metapher vom ‚Leben zwischen zwei
Welten'. Man verlangte von den Zugezogenen und deren Nachkommen eine
Kultur der Eindeutigkeit, also ihre ‚Assimilation' in eine hiesige Normalität.

Zehn Jahre später, etwa zu Beginn der 1980er Jahre lässt sich eine politische Wende im Umgang mit bestimmten Gastarbeitergruppen beobachten,
welche auf die damalige Politik der Europäischen Gemeinschaft zurückzuführen ist. So bewirkte die Aufnahme von Italien, Spanien, Portugal und
Griechenland in die Europäische Gemeinschaft einen Entproblematisierungs-
effekt für Migrant/inn/en aus diesen Ländern. Sie tauchten in der Öffentlichkeit nicht mehr als Problemfälle auf, wurden sozusagen in das ‚Wir' einge-
meindet. Statt dessen konzentrierte man sich in den öffentlichen Debatten
nun vor allem auf migrantische Bevölkerungsgruppen aus der Türkei. Von
da an wurden sie als die eigentlichen Fremden betrachtet, die sich in soziale
Nischen zurückziehen, auf diese Weise ihre eigene Ethnizität reproduzieren
würden und nicht integrationsbereit seien. In den Sozialwissenschaften wurden Mythen wie ‚ethnische Kolonie' oder ‚Ghetto' reaktiviert. Diese Art der
Repräsentation löste dann in der Öffentlichkeit einen neuen Alarmismus aus.

Auch wenn in der kritischen Migrationsforschung seit ca. 30 Jahren die
ausländerpädagogische Praxis wegen ihres paternalistischen Charakters, ihrer
Sonderpädagogisierung und Defizitorientierung kritisiert wurde, sind deren
tiefgreifende Auswirkungen fast in allen Bereichen der Gesellschaft deutlich
spürbar. Obwohl in den letzten Jahren ausgefeilte interkulturelle Ansätze
entwickelt wurden, in denen ein Perspektivenwechsel gefordert wird, stellen diese innerhalb der Wissenschaft noch immer eine Minderheitenposition dar (vgl. Gogolin & Krüger-Potratz 2006; Mecheril 2004; Auernheimer
2003; Roth 2002). Wie einige aktuelle kritische Migrationsstudien zeigen,
sind sie offensichtlich in der sozialen Praxis bis heute nicht angekommen

(vgl. Terkessidis 2004; Weber 2003; Weiß 2001). Auch heute noch hinterlassen öffentlich geführte Debatten, wissenschaftliche Untersuchungen und die meisten pädagogischen Maßnahmen im Migrationsbereich, auch wenn sie gut gemeint sind, den Eindruck eines Defizits, einer Diskrepanz zwischen Migranten und ,Normalbürgern'. Auf dieser Basis kann man durchaus von einem ,gutgemeinten Rassismus' reden.

Unsere Studien in der Kölner Region haben deutlich gezeigt, dass wir es uns zu Beginn des 21. Jahrhunderts eher mit einer Veralltäglichung und Normalisierung der ausländerpädagogischen Praxis und mit deren Institutionalisierung zu tun haben. Wir beobachten, auch wenn heute über ,Ausländerforschung' und ,Ausländerpädagogik' zu reden nicht mehr als politisch korrekt empfunden wird, eine Renaissance ihrer Konzepte, deren Objekte gegenwärtig die dritte, bald sogar die vierte Generation der Migrant/inn/en sind. Dieser absurde ethnisch-nationale Blick bestimmt noch immer die aktuellen Debatten um Migrationsfragen, durchzieht noch immer das Alltagsbewusstsein als eine Art „kulturalistisch verbrämter Rassismus" (Brumlik 2008, S. 35).

Auf diese Weise werden ihrem Wesen nach soziale Probleme ethnisch codiert und als kulturelle wahrgenommen. Im öffentlichen Migrationsdiskurs haben neben Begriffen wie ,Ghetto', ,Parallelgesellschaf' oder ,islamischer Fundamentalismus', immer öfter auch ,bildungsferne Milieus' oder ,ethnische Konflikte', Konjunktur. Und aktuell rauscht die Debatte um Gewalt und Kriminalität ,jugendlicher Ausländer' durch die Medienlandschaft. Diesbezüglich vertrat Regina Mönch (2008) neuerlich in der FAZ die Meinung, dass vor allem die „falsche Toleranz" seitens der einheimischen Bevölkerung für diese Entwicklung verantwortlich sei. Der renommierte Mannheimer Soziologe Hartmut Esser fordert sogar eine „strukturelle Assimilation" der migrantischen Bevölkerung (vgl. Esser 2006).

Jeder ,Normalbürger' fühlt sich im Umgang mit Migration inzwischen als Experte. In dem kürzlich veröffentlichten Buch von Karl Lauterbach (2007) mit dem Titel „Der Zweiklassenstaat" kommt so eine generalisierende kulturalistische Argumentation deutlich zum Ausdruck, wenn etwa vom „Sprachgehabe" türkischer Grundschüler in der Berliner U-Bahn die Rede ist. Es gebe kulturell eingefärbte Einstellungen, die – so Lauterbach – „mit einem respektvollen Umgang mit anderen Kulturen, von Männern und Frauen, Jung und Alt oft nicht in Einklang gebracht werden können" (Lauterbach 2007, S. 35). Darüber hinaus würden diese Kinder oft aus bildungsfernen familiären Milieus kommen, die mit der hiesigen Normalität nicht kompatibel seien. Die Eltern würden weder an Bildung allgemein noch an der Bildung ihrer eigenen Kinder Interesse zeigen (vgl. ebd. S. 34). Dieses Zitat vermittelt nicht nur den Eindruck ,unüberbrückbarer Kulturen', sondern ist geradezu exemplarisch für die defizitorientierte öffentliche Debatte um Migration und Integration.

Die Definition von Migrant/inn/en als ‚Ausländer/innen', deren Anwesenheit als Störung der sozialen Ordnung wahrgenommen wird, führt zu der Auffassung, dass Migrant/inn/en, die als ‚Nicht-Zugehörige' Ansprüche auf gesellschaftliche Teilhabe stellen, zu einem ‚Problemfall für die Gesellschaft werden. Diese ebenso problematische wie festgefahrene Wahrnehmung ist letztlich Ausgangspunkt jeglicher Integrationsdiskussion: „In jedem Fall steht ‚der Migrant' unter besonderer Beobachtung, von ihm wird eine außergewöhnliche Loyalität den herrschenden sozialen Regeln gegenüber erwartet". (Mezzadra 2005, S. 794).

Solch ein institutionalisiertes dichotomes Denken und damit eine institutionalisierte kulturelle Hegemonie basiert also auf einem implizit rassistischen Wissen, das den Umgang mit Migration von Anfang an bestimmt hat. Das öffentliche Interesse an dieser Form der Repräsentation hängt vor allem mit ihrer politischen Dimension zusammen. Repräsentieren impliziert nicht nur den Vorgang der Darstellung, sondern zugleich auch einen Akt der Ermächtigung für oder über Migrant/inn/en zu sprechen und ist daher in letzter Instanz nicht zu lösen von strategischen Überlegungen, die wiederum tief in die gesellschaftlichen Machtverhältnisse eingelassen sind. Diese Praxis der Re-Präsentation war von Anfang an die zentrale Dimension des Umgangs mit migrantischer Bevölkerung, historisch gesehen, eine spezifisch ‚westliche' Art und Weise, gesellschaftliche Phänomene in dichotomischen Gegensätzen zu systematisieren und ihnen Bedeutungen zuzuschreiben.

Schule als Ort kultureller Hegemonie

Vor allem im schulischen Kontext stößt man immer wieder auf ethnische Diskurse, die den Schulalltag prägen und auf mehr oder weniger sublime Weise gegenläufige Prozesse bewirken, indem sie eine unterschiedliche, nämlich eine ethnisch sortierte Zuweisung hervorbringen (vgl. Gomolla & Radtke 2002). Studien wie PISA oder IGLU zeigen deutlich, dass sich hinter den Kulissen der so genannten Bildungsexplosion der letzten dreißig Jahre eine derartige, ethnisch operierende Bildungsselektion etabliert und verfestigt hat. In dieser Hinsicht kann man eine *Unterschichtung der Schullandschaft* durch migrantische Schüler/innen beobachten.

Zwar wird innerhalb der kritischen Migrationsforschung seit Jahren ein radikaler Perspektivenwechsel gefordert (Allemann-Ghionda 2006; Yıldız 2004; Yıldız 2006), aber diese Sichtweise ist innerhalb der Wissenschaft eher eine Minderheitenposition geblieben. Wie aktuelle Studien über die Bildungssituation von migrantischen Kindern zeigen, scheint dieser neue Blick auch keinen Eingang in die schulische Bildungswirklichkeit gefunden zu haben. Stattdessen stößt man auch hier auf die bekannten Sortierungsstrategien, die die schulische Bildungswirklichkeit ethnisch codieren und die Ethnisierung der Gesellschaft vorantreiben.

Im schulischen Kontext wurde seit jeher mit ethnischen Kategorien gearbeitet – man könnte auch sagen mit Phantomen. Diese Phantome hatten Namen wie Ethnizität, ethnische Identität oder schulische Integration und trugen implizit eine weitere Vorstellung in sich: Die Utopie einer funktionierenden, homogenen einheimischen Bildungsnormalität, in die die migrantischen Schüler/innen angeblich nicht passten. Dieser weitverbreitete, aber unreflektierte Gebrauch solcher Kategorien und die Einbindung in den politischen, wissenschaftlichen und administrativen Commonsense-Diskurs haben wesentlich mehr dazu beigetragen, Realitäten zu schaffen als diese tatsächlich zu beschreiben.

Die Ergebnisse unserer Studien im schulischen Alltag zeigen deutlich, wie in bestimmten Zusammenhängen ethnische Sortierungen vorgenommen werden (vgl. Bukow u.a. 2001, S. 243ff.; Yıldız 2001). Auffällig war z.B., dass in Gesprächen mit dem Lehrpersonal selbstverständlich mit dem ‚Ausländeranteil' argumentiert wurde, wie etwa „Wir haben einen hohen Anteil an ausländischen Schülern, aber trotzdem gibt es kaum Probleme". Schüler/innen mit Migrationshintergrund werden als ‚besondere Belastung', als Problemfaktor angesehen. Wenn er sich nicht negativ auswirkt, wird dies in erster Linie den Anstrengungen des Lehrpersonals zugeschrieben.

Ein anderer Aspekt im schulischen Kontext ist, dass Defizite – Personalmangel oder volle Klassen – die eigentlich bildungspolitisch angegangen werden müssten, an den Schüler/inne/n abgearbeitet werden. In einem Gespräch mit dem Rektor einer Realschule wurde z.B. die Aussortierung von migrantischen Schüler/inne/n „mit dem Wohl der Betroffenen" legitimiert. Bei diesem Sortierungsvorgang handelt es sich übrigens um eine durchaus übliche Legitimation für die Exklusion der betroffenen Schüler/innen. Und da Exklusion aus einem Teilsystem (Realschule) nicht den völligen Ausschluss aus dem Bildungssystem bedeutet, sondern oft mit einer Wiedereinbindung in ein anderes Teilsystem gekoppelt ist (Hauptschule), wird dem Rektor die Legitimation erleichtert, indem er seine Entscheidung mit dem Wohl der betroffenen Schüler/innen, d.h. ihrer optimalen Förderung in der Hauptschule begründen kann. Es ist allerdings längst bekannt, dass diese Wieder-Inklusion in die Hauptschule die Schulkarriere des jeweiligen Schülers oder der jeweiligen Schülerin eher blockiert. Und dass Migrantenkinder in den meisten Hauptschulen überproportional vertreten sind, ist aus den genannten Gründen kaum verwunderlich. In der erwähnten empirischen Studie von Mechthild Gomolla und Frank-Olaf Radtke (2002) wird ausdrücklich nachgewiesen, dass die Schule als Institution die Diskriminierung von Migrantenkindern strukturell erzeugt, wobei ethnische Deutungsmuster zur Legitimation benutzt werden. Prävention „zum Wohle des Kindes" mündet in diesem Zusammenhang in eine rassistische Strategie. Man könnte, drastisch formuliert, von einem *präventiven Rassismus* sprechen, weil hier Prävention als eine Ausgrenzungsstrategie benutzt wird.

Ein weiteres Phänomen in diesem Zusammenhang ist die Nicht-Akzeptanz bzw. Abwertung der Zweisprachigkeit von Schüler/inne/n. Dabei handelt es sich gerade um Sprachen aus den ehemaligen Anwerbeländern. Die Muttersprachen von Migrantenkindern werden nicht als sprachliche Kompetenzen anerkannt und als Potentiale entsprechend gefördert, sondern eher als ein Desintegrationsfaktor betrachtet und somit abgewertet. Auch das hat damit zu tun, dass sich die Bundesrepublik Deutschland noch immer nicht als Migrationsgesellschaft begreift, Migration also nicht als konstitutives Element gesellschaftlicher Entwicklung verstanden wird, was sich natürlich in den Schulen und der Bildungspolitik widerspiegelt.

Dass die Muttersprachen der Schüler/innen von Beginn an als Desintegrationsfaktor angesehen werden, hat sich mittlerweile zur Alltagsnormalität entwickelt. Ihr Leitungsniveau wird hauptsächlich an ihren Deutschkenntnissen gemessen. Dass sie Sprachen wie Türkisch, Arabisch oder Russisch beherrschen, spielt bei dieser Beurteilung keine Rolle, da es sich nicht um gesellschaftlich anerkannte Zweitsprachen handelt (vgl. dazu Gogolin 1994). Es wird hier deutlich, wie mit einer Doppelmoral argumentiert und auf diese Weise – ob gewollt oder nicht – ein *Sprachrassismus* betrieben wird. Obwohl im pädagogischen und gesellschaftlichen Kontext immer wieder als besondere Kompetenz gefordert, wird Mehrsprachigkeit bei Migrantenkindern von vornherein abgewertet.

Im öffentlichen Diskurs wird diese Linie weiter verfolgt. So lesen wir in der Presse über alarmierende Zustände:
„Unsere Schule ist eine Insel (...) Hier müssen sich die Schüler an Regeln halten, die draußen nicht gelten. Auf der Insel versuchen die Lehrer und Sozialpädagogen ihren Schülern demokratische Wertvorstellungen beizubringen, auch in Projektwochen zu Themen wie Gleichberechtigung oder Recht und Unrecht. Auf der Insel wird Deutschland gespielt, praktisch herrschen in vielen Familien die archaischen Gesetze Ostanatoliens (...)." (Schneider u.a. 2005, S. 12)

„(...) Wer an der Keupstraße wohnt, braucht im Alltag kein Deutsch. ‚Eine Parallelgesellschaft mit eigenen Regeln' (...). Auch die dritte und vierte Generation wächst auf nach anatolischer Art. Kindergärten und Schulen sind die Orte, an denen sie erstmals deutschen Boden betritt. Da ist alles anders, die Leute, das Essen, die Verhaltensweisen, die Sprache. In Gruppenräumen und Klassenzimmern prallen die Kulturen aufeinander. Hier wird tagtäglich um Werte gefochten. (...) Konstellationen wie in Köln sind eine Zeitbombe. Es drohen demokratiefreie Zonen.“ (Boldt 2005)

In beiden Zitaten wird die Auffassung deutlich, dass die Welt in mehr oder weniger geschlossene, als ethnisch homogen definierte Gruppen zerfällt. Diese unkompatiblen Kulturdifferenzen hätten vor allem für migrantische Schüler/innen, die zwischen zwei miteinander unvereinbare ‚Kulturen' geraten, tiefgreifende Folgen. Die Schule müsste eigentlich als sekundäre Sozialisationsinstanz auf primäre familiäre Ressourcen zurückgreifen, was sie aber wegen der vorgeblich radikalen Kulturunterschiede nicht kann. Die kulturelle Orientierung migrantischer Schüler/innen erscheint aus dieser Sicht als eine ‚natürliche Einstellung', als statisch und wesenhaft.

Das ist zumindest der gedankliche Rahmen, vor dem die oben zitierten Passagen logisch erscheinen. Natürlich möchten die beiden Verfasser auch dazu beitragen, die so hervorgehobenen Probleme zu überwinden. Darum geht es hier aber nicht. Entscheidend ist, wie hier bestimmte Elemente willkürlich zusammengefügt und dann interpretiert werden. Wenn die ethnische Sortierung und die damit angeblich einhergehenden Konflikte zum Ausgangspunkt genommen werden, dann geraten alle wie auch immer gemeinten Maßnahmen in den Sog dieser Voraussetzung. Auch die wohlmeinenden Multikulturalist/inn/en oder die selbsternannten Expert/inn/en in diesem Bereich perpetuieren diese ethnische Deutung und schreiben sie damit fest.

Man könnte also zu Recht behaupten, dass der ethnisch-kulturalistische Diskurs die Nachfolge des klassischen Rassismus angetreten hat – mit vergleichbaren Folgen. Ein Blick in die aktuellen Diskurse über die schulische Situation migrantischer Schüler/innen zeigt, dass sich diese Argumentation längst veralltäglicht und normalisiert hat.

Ein weiteres Denkmuster, das den beiden Zitaten zugrunde liegt, ist, dass migrationsgeprägte Straßen oder Stadtteile grundsätzlich als ‚Parallelgesellschaften' definiert werden (vgl. dazu Bukow u.a. 2007). Orte wie die Kölner Keupstraße werden kumulativ als „starke Tropen“ (Appadurai 2009) dargestellt und diskutiert, d.h. als immer wiederkehrende Bilderreihen und Repräsentationsformen, welche die Art und Weise, in der sie wahrgenommen und konzeptualisiert werden, vorbestimmen. Die Stigmatisierung von migrationsgeprägten Vierteln als ‚Ghettos' oder ‚Parallelgesellschaften' ist exemplarisch für diese Art der Repräsentation. Ganze Stadtviertel werden als Brennpunkte, Problemzonen bzw. demokratiefreie Zonen, als abweichend von der Dominanzgesellschaft dargestellt. Sie werden als Orte der Unordnung, Uneindeutigkeit und des Defizits inszeniert, als ein Hort versammelter Regellosigkeit, Abweichung und Anomie, welche allgemeinen Normen von Moral und Anstand widersprechen, drastisch ausgedrückt als eine Ansammlung von ‚Pathologien'.

Durch Ethnisierung und *othering* werden alltägliche Phänomene, Wahrnehmungen und Erfahrungen neu verknüpft. Sie werden im Grunde mit einer neuen Logik versehen, die eine besondere Praxis legitimiert (vgl. Bukow & Llaryora 1998). Entscheidend erscheint in diesem Kontext, dass durch diese ethnisch geprägte Repräsentation Argumente bereitgestellt werden, die einen Gegensatz zur hiesigen Normalität begründen und bei oberflächlicher Betrachtung sogar plausibel erscheinen lassen. Das Ergebnis ist die ständige Reproduktion stereotyper und populärer Klischees über Migrant/inne/n, die nicht ohne Folgen auf deren gesellschaftliche Verortung bleibt.

Dass es sich bei solchen unhinterfragten, pauschalisierenden Abwertungen um einen „wissenschaftlichen Mythos" (Pierre Bourdieu) bzw. um ein „Dispositiv" im Sinne von Michel Foucault (1978) handelt, mit denen Normalitäten definiert, soziale Phantasien über ‚Wir' und ‚ethnisch Andere' reproduziert und gesellschaftliche Machtverhältnisse re-organisiert werden, sollte bis hierhin deutlich geworden sein.

Man kann also durchaus von einem rassistischen Weltbild bzw. von einer institutionalisierten kulturellen Hegemonie reden, von der allerdings nicht alle Bevölkerungsteile mit Migrationshintergrund betroffen sind, sondern vor allem diejenigen, die aus nichteuropäischen bzw. als orientalisch definierten Regionen kommen, während Migranten aus dem europäischen Raum eher als zugehörig bzw. ‚toleranzwürdig' eingestuft werden (vgl. Yıldız 2007). Diese machtgeladene Aufteilung in Tolerierende und Tolerierte bildet den Kern des aktuellen Umgangs mit Migration, wie gerade die schulischen Beispiele zeigen; eine Aufteilung, die um so gefährlicher ist, als sie sich hinter einem vermeintlich positiven Begriff versteckt. Mit anderen Worten: Während offene und direkte rassistische Äußerungen nicht länger akzeptabel sind, bedeutet der Versuch, mit Toleranz oder ‚Ausländerfreundlichkeit' dagegen anzugehen, ihre Fortführung. Die erkenntnistheoretische Basis, die rassistischen Weltbildern zugrunde liegt, bleibt weiterhin unhinterfragt.

Die genannten Beispiele zeigen, wie selbstverständlich ein ethnisch codiertes Wissen im Alltag als „Rezeptwissen" (Schütz 1991), als „flexible symbolische Ressource" (Scherschel 2006) eingesetzt wird, wie vorbestimm-

te Wertvorstellungen und Normen in die Definition von Situationen eingehen, wie sie in Gewohnheiten übergehen, die nicht mehr reflektiert werden.
Auf diese Weise wird rassistisches Wissen zu einem Teil des gesellschaftlichen Wissensvorrates, zum Gemeingut. Urbane Vielfalt erscheint dann als
eine systematische Folge kultureller und ethnischer Andersartigkeit. Durch
diese Schematisierung, indem Phänomene zusammengefasst und vereinheit-
licht werden, die nicht zusammengehören, wird die Komplexität und Multi-
perspektivität des urbanen Zusammenlebens vereinfacht und neue Grenzen
von außen und innen erzeugt. Dem Sortierungsbedürfnis bietet das ethnisch
codierte Alltagswissen Bilder und Stereotypen mit scheinbar hoher Plausibi-
lität und Erklärungskraft an (Kaschuba 1995, S. 11ff.). Das urbane Zusammenleben erfährt in dieser Hinsicht eine ethnische Reinterpretation. Die Zei-
tungsmeldung etwa, die einen ‚türkischen‘ Jugendlichen als den Täter einer
Körperverletzung benennt, setzt bei den Lesern eine reflexhafte Assoziati-
onskette um Begriffe von ‚Ehre‘ oder ‚Blutrache‘ in Gang, die wohl kaum
entstehen würde, wäre der Jugendliche ‚ethnisch‘ als Bayer identifiziert.

Es wird hier deutlich, dass ethnische Unterschiede erst in einem Prozess
der Ethnisierung, des *othering* geschaffen werden. „Es ist also keine feste
Gruppe vor dem Beginn dieses Prozesses – die betreffenden Gruppen entstehen erst in jenem Rahmen, den Immanuel Wallerstein Ausschluss durch
Einbeziehung genannt hat" (Terkessidis 2004, S. 49). Die Zuschreibungen
– im Sinne der Markierung von Menschen oder Orten und ihre Stereotypi-
sierung – werden zur Legitimation herangezogen. So werden beispielsweise die Gastarbeiter/innen durch Unterschichtung des Arbeitsmarktes in die
Wirtschaft und deren Kinder durch Unterschichtung der Schullandschaft in
das Bildungssystem ‚eingebunden‘. „Die Diskriminierung, die Unterscheidung zwischen ‚uns‘ und ‚ihnen‘, erfolgt erst an dem Punkt, wo sie letztlich
bereits aufgehoben ist – also erst, nachdem die Migrant/innen bereits ‚integriert‘ sind. (ebd. 2004, S. 80)

Vom ethnisch codierten Alltagswissen zum Ethnizitätsdispositiv

Formen des Wissens, die sich im Verlauf der Zeit – bedingt durch ethnische Zuschreibungsprozesse – in der Dominanzgesellschaft sedimentiert haben und in unterschiedlichen gesellschaftlichen Kontexten als Wegweiser der
Wahrnehmung fungieren, bieten für Menschen eine „ontologische Sicher-
heit" (Giddens 1993, S. 452). Mit anderen Worten: Das ethnisch codierte
Alltagswissen entlastet und entspricht dem Bedürfnis nach Eindeutigkeit.
Dabei handelt es sich um Wissensformen, die von der lebensweltlichen Phä-

nomenologie bis zur Habitus-Theorie von Pierre Bourdieu als „doxische"
Hintergrundüberzeugungen bezeichnet werden, die – wie Sighard Neckel
(1995, S. 663) in einem anderen Zusammenhang konstatiert hat – in Weltbildern und Deutungsmustern eine konzentrierte Form annehmen können.
Pierre Bourdieu definiert „doxische" Grundüberzeugungen als ein System
der Wahrnehmung und Bewertung von sozialen Ordnungsbeziehungen, die
gleichermaßen die reale wie imaginäre Welt begründen und daher von den
Beteiligten fraglos angenommen werden (vgl. Bourdieu 1982, S. 734f.). Das
ethnisch codierte Alltagswissen erlaubt die Ausbildung von Routinen, die als
Garanten subjektiver Wirklichkeit gelten.

Aus dieser Sicht ist die Konstruktion von Gruppen durch ethnische Zuschreibungsprozesse eingelassen in ein Ethnizitätsdispositiv[11] und damit in
einen Macht/Wissen-Komplex, der zur Grundlage alltäglicher Handlungen
wird. Insofern ist es nicht der rassistisch denkende Einzelne, der die ‚Anderen' erzeugt, sondern eine bestimmte institutionalisierte Praxis: „So wird
der Unterschied bzw. der Abstand naturalisiert: Die Anderen werden als noch
nicht reif für die Freiheit und Gleichheit betrachtet, sie gelten als unzivili-
siert, faul, grausam, kindlich etc." (Terkessidis 2004, S. 97)

Die latent rassistische Einfärbung unserer Alltagswelt durch die Macht
dieser Bilder schafft die Legitimation für Ungleichheiten und deren Kontinuität. Wenn Menschen auf eine ‚Kultur der Eindeutigkeit' festlegt werden, erscheinen ambivalente Lebensformen wie z.B. das Leben in unterschiedlichen
Welten als pathologischer Fall, dem man bestenfalls therapeutisch begegnen
kann (vgl. dazu Geisen 2003). In dieser Hinsicht spricht Mark Terkessidis
treffend von einer „Institutionalisierung der Entantwortung": „Am konkreten
Individuum wird konsequent vorbei geblickt – es wird entantwortet." (Terkessidis 2004, S. 191)

---

1   Mit Ethnizitätsdispositiv bezeichne ich all jene Praktiken der Repräsentation, die an der
     Produktion und Reproduktion von Wirklichkeitskonstruktionen beteiligt sind, welche die
     Komponenten der Welt in abgegrenzte Einheiten unterteilen, ihre relationalen Geschichten
     voneinander trennen, Differenz in Hierarchie verwandeln, diese Repräsentationen naturali-
     sieren und so an der Reproduktion existierender asymmetrischer Machbeziehungen, und sei
     es auch unbewusst, beteiligt sind.

Ein anderer Blick: Die Niederungen des Alltags

Soweit zur Veralltäglichung und Normalisierung ethnisierender Praktiken und zur Institutionalisierung kultureller Hegemonie. Die aktuellen Migrationsdiskurse zeigen jedoch jedenfalls deren ungebrochene Kontinuität.

Wenn man sich von dieser Logik grundsätzlich verabschiedet und die üblichen Vorstellungen bzw. Mythen eines ‚interkulturellen Dialogs' entlang ethnisch nationaler Herkunft in Frage stellt, stattdessen die durch Diversität geprägte Migrationsgesellschaft in den Mittelpunkt rückt, dann erscheint vieles in einem neuen Licht. Dann geht es um migrantische Alltagswirklichkeiten und marginalisierte Perspektiven, die einerseits für ein neues Konzept der Migrationsgesellschaft und andererseits für den Subjektivierungsprozess dieser Bevölkerungsgruppen relevant sind (vgl. Yıldız 2007). Aus der Umkehrung des Blicks wird sichtbar, wie unter restriktiven Bedingungen Strategien zur gesellschaftlichen Verortung entwickelt werden. Die Ergebnisse unserer Studien in der Kölner Region zeigen, dass die Betroffenen trotz skandalisierender Praktiken in ihren konkreten Lebenszusammenhängen durchaus in der Lage sind, Überlebens-, aber auch Anpassungsstrategien und „simultane Mitgliedschaften" (Mannitz 2007, S. 159) zu entwickeln (vgl. dazu Luig 2007, S. 93ff.). Sie schaffen ihre eigene Räume – also Heterotopien im Sinne Foucaults (1991) –, die sich dem starren Raster ethnisch-nationaler Zuordnungen entziehen (vgl. Römhild 2005, S. 92). In diesem Zusammenhang spricht Louis Henri Seukwa (2006) vom „Habitus der Überlebenskunst". Konventionelle politische und soziologische Utopien wie ‚Integration' oder ‚Assimilation' verhindern, dass neue Entwicklungen, neue Geschichten und biographische Ressourcen überhaupt erkannt und verstanden werden. Statt einer panoptischen Darstellung der migrantischen Bevölkerung brauchen wir eine Multiplikation von Perspektiven, die mit der Sichtbarmachung und Anerkennung der Existenz gleichzeitiger Alltagswirklichkeiten einhergeht.

Dann könnte der Schauspieler Adnan Maral auch einen „normalen Bürgersmann" spielen ...

Literatur

Allemann-Ghionda, Christine (2006). Differenz und Ungleichheit – verkannte Herausforderungen für Bildungsinstitutionen? In: Tanner, Albert, Badertscher, Hans, Holzer, Rita, Schindler, Andreas & Streckeisen, Ursula (Hrsg.): Heterogenität und Integration. Umgang mit Ungleichheit und Differenz in Schule und Kindergarten. Zürich: Seismo, S. 17-28.

Appadurai, Arjun (2009). Die Geographie des Zorns. Frankfurt a.M.: Suhrkamp.
Auernheimer, Georg (2003). Einführung in die Interkulturelle Pädagogik (3., neue
    bearbeitete u. erweiterte Auflage). Darmstadt: Wissenschaftliche Buchgesell-
    schaft.
Bade, Klaus J. (2002). Europa in Bewegung. Migration vom späten 18. Jahrhun-
    dert bis zur Gegenwart. München: C.H. Beck.
Bingemer, Karl, Meistermann-Seeger, Edeltrud & Neubert, Edgar (1969). Die Inte-
    gration der Kölner Gastarbeiter (Auszug). Im Auftrage der Sozialverwaltung
    der Stadt Köln und der Deutschen Gesellschaft Sozialanalytische Forschung
    Köln.
Boldt, Kirsten (2005). „Deutze Spracke isse swäre Spracke". In: Kölner Stadtan-
    zeiger vom 14. November 2005.
Bourdieu, Pierre (1982). Die feinen Unterschiede. Frankfurt a.M.: Suhrkamp.
Brubaker, Roger (2007). Ethnizität ohne Gruppen. Hamburg: Hamburger Edition.
Brumlik, Micha (2008). Angst vor der Jugend. Der populistische Ruf nach „Erzie-
    hungscamps" offenbart die autoritären Sehnsüchte einer verunsicherten Ge-
    sellschaft. In: Die Zeit vom 10. Januar 2008.
Bukow, Wolf-Dietrich & Llaryora, Roberto (1998). Mitbürger aus der Fremde. So-
    ziogenese ethnischer Minderheiten (3. aktualisierte Auflage). Opladen: West-
    deutscher Verlag.
Bukow, Wolf-Dietrich, Nikodem, Claudia, Schulze, Erika & Yıldız, Erol (2001).
    Die multikulturelle Stadt. Von der Selbstverständlichkeit im städtischen All-
    tag. Opladen: Leske + Budrich.
Bukow, Wolf-Dietrich, Nikodem, Claudia, Schulze, Erika & Yıldız, Erol (2007).
    Was heißt hier Parallelgesellschaft? Zum Umgang mit Differenzen. Wiesba-
    den: VS-Verlag.
Conrad, Sebastian & Randeria, Shalini (2002a). Jenseits des Eurozentrismus. Post-
    koloniale Perspektiven in den Geschichts- und Kulturwissenschaften. Frank-
    furt a.M./New York: Campus.
Conrad, Sebastian & Randeria, Shalini (2002b). Geteilte Geschichten – Europa in
    einer postkolonialen Welt. In: Conrad, Sebastian & Randeria, Shalini (Hrsg.):
    Jenseits des Eurozentrismus. Postkoloniale Perspektiven in den Geschichts-
    und Kulturwissenschaften. Frankfurt a.M./New York: Campus, S. 9-49.
Esser, Hartmut (2006). Ethnische Ressourcen: Das Beispiel der Bilingualität. In:
    Berliner Journal für Soziologie, Heft 4/2006, S. 525-543.
Foucault, Michel (1978). Dispositive der Macht. Über Sexualität und Wahrheit.
    Berlin: Merve.
Foucault, Michel (1991). Andere Räume. In: Wentz, Martin (Hrsg.): Stadt-Räume.
    Frankfurt a.M./New York: Campus, S. 65-72.
Geisen, Thomas (2003). Grenze und Ambivalenz. In: Geisen, Thomas & Karcher
    Allen (Hrsg.): Grenze: Sozial – Politisch – Kulturell. Ambivalenzen in den
    Prozessen der Entstehung und Veränderung von Grenzen. Frankfurt a.M./
    London: IKO-Verlag, S. 99-126.
Giddens, Antony (1993). Tradition in der post-traditionellen Gesellschaft. In: Sozi-
    ale Welt 1993, H. 4, S. 445-485.
Gogolin, Ingrid & Krüger-Potratz (2006). Einführung in die Interkulturelle Päda-
    gogik. Opladen/Farmington Hills: Verlag Barbara Budrich.

Gogolin, Ingrid (1994). Der monolinguale Habitus der multilingualen Schule. Münster/New York: Waxmann.

Gomolla, Mechthild & Radtke, Frank-Olaf (2002). Institutionelle Diskriminierung. Die Herstellung ethnischer Differenz in der Schule. Opladen: Leske + Budrich.

Hahn, Alois (2003). Inklusion und Exklusion. Zu Formen sozialer Grenzziehungen. In: Geisen, Thomas & Karcher, Allen (Hrsg.): Grenze: Sozial – Politisch – Kulturell. Ambivalenzen in den Prozessen der Entstehung und Veränderung von Grenzen. Frankfurt a.M./London: IKO-Verlag, S. 21-46.

Hall, Stuart (1994). Der Westen und der Rest: Diskurs und Macht. In: Hall, Stuart: Rassismus und kulturelle Identität. Ausgewählte Schriften 2. Hamburg: Argument, S. 137-179.

Kaschuba, Wolfgang (1995). Kulturalismus: Vom Verschwinden des Sozialen im gesellschaftlichen Diskurs. In: Kaschuba, Wolfgang (Hrsg.): Kulturen – Identitäten – Diskurse. Berlin: Akademie Verlag, S. 11-31.

Kleßmann, Christoph (1992). Einwanderungsprobleme im Auswanderungsland: das Beispiel der ,Ruhrpolen'. In: Bade, Klaus J. (Hrsg.): Deutsche im Ausland – Fremde in Deutschland. Migration in Geschichte und Gegenwart. München: C.H. Beck, S. 11-31.

Krüger-Potratz, Marianne (2005). Interkulturelle Bildung. Eine Einführung. Münster/New York/München/Berlin: Waxmann.

Lauterbach, Karl (2007). Der Zweitklassenstaat. Wie die Privilegierten Deutschland ruinieren. Berlin: Rowohlt.

Luig, Ute (2007). Diversity als Lebenszusammenhang – Ethnizität, Religion und Gesundheit im transnationalen Kontext. In: Krell, Gertraude, Riedmüller, Barbara, Sieben, Barbara & Vinz, Dagmar (Hrsg.): Diversity Studies. Grundlagen und disziplinäre Ansätze. Frankfurt a.M.: Juventa, S. 11-31.

Mannitz, Sabine (2007). Integration und Individualisierung: Heranwachsende aus Immigrantenfamilien auf steinigen Wegen zur eigenen Lebensführung. In: Johler, Reinhard, Thiel, Ansgar, Schmid, Josef & Treptow, Rainer (Hrsg.): Europa und seine Fremden. Die Gestaltung kultureller Vielfalt als Herausforderung. Bielefeld: transcript, S. 11-31.

Mecheril, Paul (2007). Politische Verantwortung und Kritik. Das Beispiel Migrationsforschung. In: Figatowski, Bartholomäus, Gabriel, Kokebe Haile & Meyer, Malte (Hrsg.): The Making of Migration. Repräsentationen – Erfahrungen – Analysen. Münster: Westfälisches Dampfboot.

Mecheril, Paul (2004). Migrationspädagogik. Weinheim/Basel: Beltz, S. 24-32.

Mezzadra, Sandro (2005). Der Blick der Autonomie. In: Projekt Migration. Hrsg.: Kölnischer Kunstverein/DOMIT/Institut für Kulturanthropologie und Europäische Ethnologie der Universität Frankfurt a.M./Institut für Theorie der Gestaltung und Kunst Zürich. Köln: Dumont, S. 24-32.

Mönch, Regina (2008). Falsche Toleranz. In: Frankfurter Allgemeine vom 15. Januar 2008, S. 1.

Neckel, Sieghard (1995). Die ostdeutsche Doxa der Demokratie. Eine lokale Fallstudie. In: KZfSS, Heft 4/1995, S. 658-680.

Puskeppeleit, Jürgen & Thränhardt, Dietrich (1990). Vom betreuten Ausländer zum gleichberechtigten Bürger. Freiburg i. Br.: Lambertus.

Römhild, Regina (2005). Nach der Gastarbeit: Transitgesellschaft Europa. In: Projekt Migration. Hrsg.: Kölnischer Kunstverein/DOMIT/Institut für Kulturanthropologie und Europäische Ethnologie der Universität Frankfurt a.m./Institut für Theorie der Gestaltung und Kunst Zürich. Köln: Dumont, S. 24-32.

Roth, Hans-Joachim (2002). Kultur und Kommunikation. Systematische und theoriegeschichtliche Umrisse Interkultureller Pädagogik. Opladen: Leske + Budrich.

Said, Edward (1981). Orientalismus. Frankfurt a.m./Berlin/Wien: Ullstein.

Sassen, Saskia (2006). Europa strömt. Arbeitsmigration ist nicht neu – was wir aus der europäischen Geschichte lernen können. In: Kulturaustausch. Zeitschrift für internationale Perspektiven, 56. Jg. Heft I/2006, S. 38-41.

Scherschel, Karin (2006). Rassismus als flexible symbolische Ressource. Eine Studie über rassistische Argumentationsfiguren. Bielefeld: transcript.

Schneider, Susanne, Stefanis, Alexandros & Albayrak, Özgür (2005). Fremde Welt. In: Süddeutsche Magazin vom 25. November 2005, S. 9-14.

Schütz, Alfred (1991). Der sinnhafte Aufbau der sozialen Welt. Eine Einleitung in die verstehende Soziologie (5. Auflage). Frankfurt a.m.: Suhrkamp.

Seukwa, Louis Henri (2006). Der Habitus der Überlebenskunst. Zum Verhältnis von Kompetenz und Migration im Spiegel von Flüchtlingsbiographien. Münster/New York/München/Berlin: Waxmann.

Spaich, Herbert (1991). Fremd in Deutschland. Auf der Suche nach Heimat. Weinheim/Basel: Beltz.

Terkessidis, Mark (2004). Die Banalität des Rassismus. Migranten zweiter Generation entwickeln eine neue Perspektive. Bielefeld: transcript.

Wallerstein, Immanuel (2007). Kann man Nicht-Orientalist sein? Essentieller Partikularismus. In: Wallerstein, Immanuel: Die Barbarei der anderen. Europäischer Universalismus. Berlin: Wagenbach, S. 41-60.

Weber, Martina (2003). Heterogenität im Schulalltag. Konstruktion ethnischer und geschlechtlicher Unterschiede. Opladen: Leske + Budrich.

Weiß, Anja (2001). Rassismus wider Willen. Ein anderer Blick auf eine Struktur sozialer Ungleichheit. Opladen/Wiesbaden: Westdeutscher Verlag.

Yıldız, Erol (2007). Migration bewegt die Gesellschaft. Von der hegemonialen Normalität zur Alltagspraxis in der Migrationsgesellschaft. In: Figatowski, Bartholomäus, Gabriel, Kokebe Haile & Meyer, Malte (Hrsg.): The Making of Migration. Repräsentationen – Erfahrungen – Analysen. Münster: Westfälisches Dampfboot, S. 41-60.

Yıldız, Erol (2007a). Umgang mit Differenz. Die Migrationsgesellschaft im Kontext globaler Öffnungsprozesse. In: Tschernokoshewa, Elka & Gransow, Volker (Hrsg.): Beziehungsgeschichten. Minderheiten – Mehrheiten in europäischer Perspektive. Bautzen: Domowina-Verlag, S. 49-63.

Yıldız, Erol (2006). Migrationsbedingte Vielfalt als Ressource für die Gestaltung schulischer Bildungswirklichkeit. In: Tanner, Albert, Badertscher, Hans, Holzer, Rita, Schindler, Andreas & Streckeisen, Ursula (Hrsg.): Heterogenität und Integration. Umgang mit Ungleichheit und Differenz in Schule und Kindergarten. Zürich: Seismo, S. 123-134.

Yıldız, Erol (2004). Konstruktion des Anderen als ethnisch Fremder: Zur Notwendigkeit eines Perspektivenwechsels in der interkulturellen Bildung. In: Karakaşoğlu, Yasemin & Lüddecke, Julian (Hrsg.): Migrationsforschung und

Interkulturelle Pädagogik. Aktuelle Entwicklungen in Theorie, Empirie und Praxis. Münster/New York/München/Berlin: Waxmann, S. 123-134.

Yıldız, Erol (2001): Heterogenität als Alltagsnormalität. Zur sozialen Grammatik eines Kölner Stadtquartiers. In: Leiprecht, Rudolf, Riegel, Christine, Held, Josef & Wiemeyer, Gabriele (Hrsg.): International Lernen – Lokal Handeln. Frankfurt a.M./London: IKO-Verlag, S. 123-134.

Yıldız, Erol (1997). Halbierte Gesellschaft der Postmoderne. Probleme des Minderheitendiskurses unter Berücksichtigung alternativer Ansätze in den Niederlanden. Opladen: Leske + Budrich.

Krassimir Stojanov

Der Migrationshintergrund als Topos in gegenwärtigen Diskursen über Bildungsgerechtigkeit

Die unterdurchschnittliche Bildungsbeteiligung von Kindern und Jugendlichen mit Migrationshintergrund in Deutschland ist in den letzten Jahren zu einem zentralen Thema in Bildungsforschung und Bildungspolitik geworden. Der Anlass dafür sind die Befunde sämtlicher internationaler Schülerleistungsvergleichsstudien, an denen Deutschland beteiligt war. Herausragend ist die Bedeutung der im Rahmen von PISA durchgeführten Studien, die eine im internationalen Vergleich sehr starke Herkunftsabhängigkeit von Schulkarrieren im deutschen Bildungssystem bezeugen. Diese Abhängigkeit scheint wiederum bei den Kindern und Jugendlichen mit Migrationshintergrund besonders ausgeprägt zu sein (vgl. exemplarisch Deutsches PISA-Konsortium 2001, insbesondere S. 379-402).

Die starke Abhängigkeit der Bildungsbeteiligung von der jeweiligen sozialen und kulturellen Herkunft des Einzelnen verstößt offensichtlich gegen das Prinzip der Chancengleichheit, d.h. gegen die Gleichheit der Startbedingungen im Wettbewerb um Bildungsgüter, die entscheidend für beruflichen Aufstieg und sozialen Status sind. Von daher liegt es nahe, dass die Schulbildungskarrieren von Kindern und Jugendlichen mit Migrationshintergrund, die allgemein als „herkunftsbenachteiligt" betrachtet werden, einen zentralen Gegenstand der Debatten über Chancengleichheit und Bildungsgerechtigkeit darstellen. Diese haben seit der Veröffentlichung der ersten PISA-Studie in 2001 eine prominente Stellung sowohl in der Bildungspolitik wie auch in Bildungsforschung erlangt.

Der enge Zusammenhang zwischen den Diskursfiguren „Bildungsgerechtigkeit" und „Migrationshintergrund" in der aktuellen bildungspolitischen Diskussion wurde unter anderem durch eine empirische Untersuchung der Gebrauchsweisen des Begriffs der Bildungsgerechtigkeit in ausgewählten massenmedialen und parteipolitischen Dokumenten bestätigt (vgl. Stojanov 2007). Diese vom Forschungsfond des FB Erziehungswissenschaften der Universität Frankfurt geförderte Untersuchung wurde 2006 von mir in Zusammenarbeit mit Axel Honneth und Frank-Olaf Radtke durchgeführt. Das Sample der Studie umfasste sämtliche Artikel zum Thema „Bildungsgerechtigkeit", die in der Wochenzeitschrift *Die Zeit* zwischen 2002 und 2006 veröffentlicht wurden, sowie Wahlprogramme und Programmpapiere der fünf großen Parteien auf Bundes- und Landesebene. Diese Dokumente wurden nach der Methode der Qualitativen Inhaltsanalyse ausgewertet.

Nicht nur die Gerechtigkeitsdiskurse in Medien und Politik, auf die sich die erwähnte Studie konzentriert hat, sondern auch derjenige in der Bildungsforschung fokussieren zentral auf die schulische Situation von Kindern und Jugendlichen mit Migrationshintergrund. So wird schon im ersten Bericht über Ergebnisse von PISA auf die geringere Bildungsbeteiligung von Schüler/inne/n mit Migrationshintergrund hingewiesen. Dieser Zustand wird durchaus als dem Gebot der Chancengleichheit widersprechend angesehen (vgl. Deutsches PISA-Konsortium 2001, S. 379-402). Das bislang aussagekräftigste Beispiel für die enge Ankopplung der Thematik der Bildungsgerechtigkeit mit der schulischen Situation von Kindern und Jugendlichen mit Migrationshintergrund stellt aber das Jahresgutachten 2007 „Bildungsgerechtigkeit" des Aktionsrates Bildung dar, das im Fokus dieses Aufsatzes steht.

Der Aktionsrat Bildung wurde 2005 von der Vereinigung der Bayerischen Wirtschaft initiiert. Sein Vorsitz obliegt Dieter Lenzen. Der Aktionsrat Bildung setzt sich das Ziel, zu zentralen Themen des Bildungssystems ein Jahresgutachten zu erstellen, in dem relevante Ist-Zustände des Systems und Reformbemühungen analysiert sowie politische Handlungsempfehlungen formuliert werden. Mitglieder des Aktionsrates sind zum Zeitpunkt des Erscheinens des Jahresgutachtens 2007 Bildungsgerechtigkeit neben dem Vorsitzende auch Hans-Peter Blossfeld, Wilfried Bos, Detlef Müller-Böling, Jürgen Oelkers, Manfred Prenzel und Ludger Wößmann (vgl. Vereinigung der bayerischen Wirtschaft 2007, S. 4-13). Die Tatsache, dass der Aktionsrat Bildung einige der prominentesten Bildungsforscher Deutschlands umfasst – einschließlich die Koordinatoren der viel diskutierten PISA- und IGLU-Studien – untermauert die Repräsentativität der im Jahresgutachten formulierten Thesen und Argumente für den Diskurs der empirischen Bildungsforschung.

Dementsprechend eignet sich eine Analyse des Jahresgutachtens 2007 Bildungsgerechtigkeit sehr gut für die Bearbeitung der Fragestellung des vorliegenden Aufsatzes, nämlich *wie* die unterdurchschnittliche Bildungsbeteiligung von Kindern und Jugendlichen mit Migrationshintergrund im aktuellen Diskurs über Bildungsgerechtigkeit in der empirischen Bildungsforschung thematisiert wird, der vor allem durch die Ergebnisse von PISA initiiert wurde. Welche Erklärungsmuster für die vorfindbaren Schieflagen im Bildungssystem herrschen in diesem Diskurs vor und welche Instrumente für ihre Überwindung werden anvisiert?

Diese Fragen bedingen die Untersuchung des Migrationshintergrunds als ein *Topos* im Diskurs über Bildungsgerechtigkeit. Ein Diskurstopos ist als eine Schlüsselstelle in argumentativen und/oder rhetorischen Zusammenhängen zu verstehen, die den jeweiligen Diskurs prägen (vgl. Höhne, Kunz & Radtke 1999, S. 67). Der Migrationshintergrund als ein Diskurstopos in der Bildungsforschung zu analysieren setzt demzufolge voraus, die Argumentations- und die Bedeutungszuschreibungsfiguren zu rekonstruieren, im deren Rahmen ein Zusammenhang zwischen Migrationshintergrund und Bildungsgerechtigkeit hergestellt wird. In einem nächsten Schritt sollte dann geprüft werden, inwieweit diese Argumentations- und Bedeutungszuschreibungsfiguren stichhaltig sind, und welche Funktionen sie erfüllen.

Die folgende Analyse wird in vier Schritten entwickelt: Im ersten Abschnitt wird dargelegt, dass die Leitvorstellungen über Bildungsgerechtigkeit, die im Diskurs der empirischen Bildungsforschung artikuliert werden, sich in der Figur der „Begabungsgerechtigkeit" synthetisieren lassen (1). Diese Figur weist eine ökonomistische Reduzierung der Bildungsgerechtigkeitsproblematik auf (2) und sie wird von den Mitgliedern des Aktionsrates Bildung als Rechtfertigungsformel für „Freiheit einschränkende Maßnahmen" benutzt, da sie der Meinung sind, dass Bildungsgerechtigkeit grundsätzlich mit Freiheitseinbußen wie etwa fremd determiniertes Lernen und Üben erkauft sei (vgl. Vereinigung der Bayerischen Wirtschaft 2007, S. 21) (3). Vor dem Hintergrund dieses Verständnisses werden Kinder und Jugendliche mit Migrationshintergrund ausschließlich zu einem Gegenstand von vorwiegend vorschulischen, eine „konsequente Akkulturation" (ebd., S. 146) bezweckenden Maßnahmen hochstilisiert, die unterstellte Nachteile ihres „fremdkulturellen" Hintergrunds bzw. ihrer Familiensozialisation kompensieren sollen. Diese Hochstilisierung hat einen klaren assimilationistischen Zuschnitt (4).

1. „Begabungsgerechtigkeit" als dominante Diskursfigur in Bildungspolitik und Bildungsforschung

Unsere oben erwähnte empirische Studie zu Gebrauchsweisen der Bildungsgerechtigkeitskategorie in Medien und Politik hat gezeigt, dass die Figur der „Begabungsgerechtigkeit" die von uns untersuchten massenmedialen und parteipolitischen Texte dominiert. Demnach wäre ein Zustand von Bildungsgerechtigkeit dann erreicht, wenn die Verteilung von Bildungsgütern in der Form von Ressourcen und Zeugnissen anstatt nach Herkunft, nach Begabungen bzw. nach kognitiven Ausgangsvoraussetzungen vollzogen wird (vgl. Stojanov 2007 und 2008).[1]

---

1 Im Jahresgutachten „Bildungsgerechtigkeit" wird der Begriff der Begabung zwar durchgängig vermieden und durch die Kategorie der „kognitiven Ausgangsvoraussetzungen" ersetzt (vgl. Vereinigung der Bayerischen Wirtschaft 2007, S. 12). Dennoch ist die Kategorie der „kognitiven Ausgangsvoraussetzungen" ganz offensichtlich mit derjenigen der Begabung

Die Analyse des Jahresgutachtens „Bildungsgerechtigkeit" des Aktionsrates Bildung zeigt ein ähnliches Bild. So heißt es etwa im Jahresgutachten
2007 des Aktionsrates Bildung zur Bildungsgerechtigkeit:

„Die vergleichsweise geringe Bildungsbeteiligung deutscher Kinder und
Jugendlicher an höheren Abschlüssen ist als solche noch kein Ausdruck von
Bildungsungerechtigkeit, sondern zunächst nur von hoher Selektivität. Wenn
diese Selektivität ausschließlich über die Leistungsfähigkeit begründet wäre,
d. h. wenn alle Menschen mit ausreichenden kognitiven Ausgangsvoraussetzungen an den Maßnahmen höherer Bildung beteiligt würden, könnte man
weder von einer Ungerechtigkeit gegenüber einzelnen Gruppen noch von einer ausgebliebenen Nutzung von Bildungsreserven sprechen. Die Selektion
findet aber nicht über Leistungsfähigkeit statt. Die Bildungsbeteiligung im
oberen Segment ist abhängig von anderen als nur kognitiven Ausgangsvoraussetzungen. Als besondere Risiken für die Nichtbeteiligung an höheren
Bildungsmaßnahmen und -abschlüssen müssen die Zugehörigkeit zu einer
bildungsfernen Schicht und/oder ein Migrationshintergrund gelten." (Vereinigung der Bayerischen Wirtschaft 2007, S. 12)

Diese Argumentationsfigur, die sich an die Norm eines „begabungsge-
rechten Schulwesens" (Thesenpapier der CDU Niedersachsen zum Schulgesetzentwurf 2003) orientiert, findet sich – wenn auch mit unterschiedlichen
Akzentuierungen – in sämtlichen einschlägigen parteipolitischen und publizistischen Texten. Das folgende Zitat ist ein Beispiel dafür:

„Auch die Bildungsgerechtigkeit gehört auf die Tagesordnung der Kul-
tusminister. Oder in der Sprache der Wirtschaft: Wir können es uns nicht
leisten, unsere Begabungsreserven zu verschwenden. Genau das tun wir aber,
wenn etwa ein begabtes Arbeiterkind auf der Realschule landet statt auf dem
Gymnasium und ihm nicht der Weg zu Abitur und Studium eröffnet wird."
(Kerstan 2004)

Im Rahmen dieser Argumentationsfigur ist schulische Selektion (nur) dann
ungerecht – und auch ökonomisch dysfunktional –, wenn sie sich nicht nach
den Begabungen bzw. nach den „kognitiven Ausgangsvoraussetzungen" der
Schüler/innen richtet oder wenn sie die Verwirklichung ihrer als vorgegeben
angenommenen Leistungsfähigkeiten behindert.

Indes ist die Deutungsfigur von Bildungsgerechtigkeit qua Begabungsgerechtigkeit alles andere als einleuchtend und unproblematisch, wenn man den
erreichten Forschungsstand in der internationalen gerechtigkeitstheoretischen

---

semantisch eng verwandt. Dies zeigt sich unter anderem darin, dass die Autoren „soziale
Ungleichheiten in den Bildungschancen", bei denen Bildungsbeteiligung herkunftsabhän-
gig und nicht entsprechend den kognitiven Ausgangsvoraussetzungen geschehe, als ein
Haupthindernis für die „Ausschöpfung von Begabungsreserven" deuten (vgl. ebd., S. 134).

Diskussion berücksichtigt. Diese Diskussion findet vor allem im Rahmen der Politischen Philosophie und der Moralphilosophie statt, welche als die zentralen Bezugsdisziplinen von Gerechtigkeitstheorien anzusehen sind, die sich im Übrigen notwendigerweise durch normative Argumentation auszeichnen.

Die heute maßgebenden philosophischen Gerechtigkeitskonzepte sind durch drei unterschiedliche Gerechtigkeitsmodelle geprägt, nämlich denjenigen der Verteilungs-, Teilhabe- und Anerkennungsgerechtigkeit. Im Rahmen keines dieser drei Modelle lässt sich die so skizzierte Figur der „Begabungsgerechtigkeit" aufrechterhalten.

Bei dem distributiven Gerechtigkeitsmodell, für das vor allem die Schriften von John Rawls und Ronald Dworkin Pate stehen, ist das Prinzip des so genannten „luck egalitarianism" maßgebend. Demnach sind alle Ungleichheiten ungerecht, für die der Einzelne nicht vernünftigerweise für eigenverantwortlich gehalten werden kann (vgl. Dworkin 2000, S. 285-287). Dazu gehören zweifelsohne auch die Benachteiligungen in den „natürlichen Gaben", zu denen nach Rawls und Dworkin Talente und Gesundheit gehören. Nach den zentralen Vertretern des Modells der Verteilungsgerechtigkeit sollen konsequenterweise auch solche Benachteiligungen durch die Schule kompensiert werden (vgl. Rawls 1975, S. 121; Dworkin 2000, S. 285-287). Demnach ist eine Selektion nach Begabungen grundsätzlich genauso ungerecht wie eine Selektion nach Herkunft.

Für die zentralen Vertreter/innen des Modells der Teilhabegerechtigkeit, wie etwa Amy Gutmann und Martha Nussbaum, ist es wiederum entscheidend, dass jedes einzelne Kind ungeachtet der ihm unterstellten Begabungen und sonstigen Persönlichkeitsmerkmalen einen „threshold of capabilities" durch Schulbildung erreicht, damit es zur demokratisch-politischen Partizipation und generell zu einem Leben in Würde befähigt wird (vgl. Gutmann 1987, S. 136ff.; Nussbaum 2006, S. 70-78). Demzufolge ist die Forderung nach Verteilung von Bildungsgütern gemäß Begabungen oder „kognitiven Ausgangsvoraussetzungen" der Einzelnen auch mit diesem Modell nicht kompatibel.

Die Problematik der Deutungsfigur von Bildungsgerechtigkeit als Begabungsgerechtigkeit erscheint besonders klar im Lichte des dritten Modells der Anerkennungsgerechtigkeit, das durch das Prinzip eines „Respekt-Egalitarismus" geprägt ist (vgl. Gosepath 2004, S. 13). Denn die Fixierung von Kindern und Jugendlichen auf unterstellte und essentialisierte persönliche Eigenschaften wie unterschiedliche Begabungen oder „kognitive Ausgangsvoraussetzungen" widerspricht klar dem Prinzip des Respekts, das die Anerkennung der uneingeschränkten Bildsamkeit jedes Individuums beinhaltet – d.h. die Anerkennung seines Potentials, immer neue Fähigkeiten und auch neue „Begabungen" zu entwickeln, wenn diese Fähigkeiten und „Begabungen" auf entsprechende Wertschätzung durch die signifikanten Anderen stoßen (vgl. Anderson 2000; Stojanov 2008, S. 523-526).

Diese platzbedingt knappen Ausführungen zum aktuellen Forschungsstand der gerechtigkeitstheoretischen Diskussion in den gerechtigkeitstheoretisch zentralen Bezugsdisziplinen machen hoffentlich hinreichend klar, dass die Deutungsfigur von Bildungerechtigkeit qua Begabungsgerechtigkeit nicht aufgrund einer Rezeption des relevanten Forschungsstands in diesen Disziplinen zustande gekommen sein durfte; ja, dass die Ausdeutung von Bildungsgerechtigkeit als Begabungsgerechtigkeit mit ihm kaum kompatibel ist. Demzufolge stellt sich die Frage, wie die Entstehung dieser Deutungsfigur und ihr Erlangen von diskursiver Dominanz in Bildungspolitik und Bildungsforschung trotz ihrer theoretischen Unzulänglichkeit zu erklären ist.

Nach dem bisher Gesagten lässt sich logischerweise vermuten, dass die Deutungsfigur von Bildungsgerechtigkeit als „Begabungsgerechtigkeit" aus theorie-exmanenten bzw. aus außerwissenschaftlichen Überlegungen abgeleitet wird. Das oben ausgeführte Zitat von Thomas Kerstan aus der Wochenzeitung *Die Zeit* ist besonders instruktiv für die allgemeine Ausrichtung dieser Überlegungen, bei denen die Formel der „Verschwendung von Begabungsreserven" strukturbildend ist.

2. „Verschwendung von Begabungsreserven" als Ausdruck ökonomistischen Reduktionismus in aktuellen Diskursen über Bildungsgerechtigkeit

Die Behauptung, dass die „Verschwendung von Begabungsreserven", welche sich eine rohstoffarme, auf Wissen und Technologien angewiesene Gesellschaft wie die deutsche nicht leisten könne, die Hautproblematik von Bildungsungerechtigkeit darstelle, ist ein Allgemeinplatz von sämtlichen bildungspolitischen Programmpapieren und publizistischen Aufsätzen sowie vom erwähnten Jahresgutachten des Aktionsrates Bildung. Obwohl diese Behauptung an sich nicht neu ist – sie wurde schon im Zusammenhang der rhetorischen Figur der „Bildungskatastrophe" aus den 1960er Jahren des vorigen Jahrhunderts zum Ausdruck gebracht (vgl. von Friedeburg 1994) – bekommt sie neuerdings eine zentrale konstitutive Bedeutung für den wieder belebten Gerechtigkeitsdiskurs in Bildungsforschung und -politik.

Bei dieser Behauptung wird die an sich *moralische* Problematik der Bildungsgerechtigkeit als eine ökonomisch-zweckrationale dargestellt. Die unterdurchschnittliche Bildungsbeteiligung der Kinder und Jugendlichen mit

Migrationshintergrund wird demzufolge nicht primär etwa als unfaire Benachteiligung oder Marginalisierung artikuliert, sondern als ein wirtschaftliches Defizit, das darin besteht, dass „Begabungen" oder „Bildungsreserven" dieser Kinder und Jugendlichen zum großen Teil ungenutzt für die Wirtschaft blieben.

Im Zuge der so skizzierten ökonomistischen Präparierung des Bildungsgerechtigkeitsbegriffs beschränkt sich die Diskussion über die möglichen Wege für die Verbesserung der Bildungslage von Kindern und Jugendlichen mit Migrationshintergrund ausschließlich auf quantitativ messbare, eben mit einer verkürzten ökonomischen Rationalität kompatible Maßnahmen der Umverteilung von Ressourcen in der Form von finanziellen Mitteln und Lehreinheiten. Und da die „Begabungen" bzw. die „kognitiven Ausgangsvoraussetzungen" essentialistisch gedeutet, d.h. als festgelegt wenn nicht schon bei der Geburt, so zumindest in der frühen Kindheit betrachtet werden, fokussiert sich die Diskussion ganz vorwiegend auf vorschulische Maßnahmen von „Förderung und Forderung" wie etwa Sprachstandsbeobachtungsverfahren und Sprachstandsfeststellungstests von teilweise vierjährigen Kindern.[2]

Der Grundgedanke hierbei ist, dass die Haupthindernisse für die Ausnutzung der Begabungen der Migrantenkinder in ihrer defizitären sprachlichen und auch kulturellen Familiensozialisation liegen würden. Diese Hindernisse ließen sich überwinden – so die Annahme – durch möglichst frühzeitige korrigierende Eingriffe in diese Sozialisation. Im Übrigen soll es insbesondere nach dem Willen des Aktionsrates Bildung durch eine selektive Einwanderungspolitik in Zukunft von vornherein verhindert werden, dass es zu solchen sprachlich-kulturell defizitären frühkindlichen Sozialisationswegen kommt:

„Das Kompetenzproblem von Migrantenkindern ist nicht allein pädagogisch lösbar. Wenn Deutschland sich nicht wie andere Staaten zu einer gezielten und selektiven Einwanderungspolitik entschließt, werden die Disparitäten

---

2   So heißt es z.B. im Wahlprogramm 2005 der FDP: „Der Elementarbereich der Bildung muss mit Vorrang gestärkt werden. **Frühkindliche Bildung** ist der entscheidende Faktor für die Chancengerechtigkeit am Start. Faire Chancen sind eine Grundvoraussetzung, um Kindern aus allen sozialen Schichten eine bessere Zukunft zu ermöglichen. Jedes Kind muss beim Eintritt in die Grundschule dem Unterricht folgen können. Verbindliche Sprachtests müssen bereits mit Beginn des vierten Lebensjahres stattfinden, um Defizite bis zum Schulanfang abzubauen. Um alle Kinder schulfähig zu machen, soll im Jahr vor dem Schulanfang ein verbindliches Angebot gemacht werden. Mit spielerischen, aber zielorientierten, den Kindern angemessenen Methoden soll das Sprach- und Zahlenverständnis gefördert, die soziale Kompetenz, die Musikalität und Kreativität der Kinder entwickelt werden. Ferner sollen insbesondere bei Kindern mit Migrationshintergrund Sprachdefizite zur Wahrung der Chancengleichheit ausgeglichen werden. In der ‚**Startklasse**' sollen aber auch besondere Begabungen erkannt und gefördert werden." (Deutschlandprogramm 2005 der FDP. Arbeit hat Vorfahrt, Kap. 3).

weiter wachsen und damit der erhebliche soziale – auch sicherheitsrelevante – Sprengstoff." (vgl. Vereinigung der Bayerischen Wirtschaft 2007, S. 136).

Im Rahmen dieses Gedankengangs wird die Frage nahezu völlig ausgeklammert, inwiefern das Schulbildungssystem selbst für die bildungsbezogene Benachteiligung der Kinder und Jugendlichen mit Migrationshintergrund verantwortlich ist. Die empirisch nachgewiesene Diskriminierung der Kinder mit Migrationshintergrund bei den Übergangsempfehlungen nach der Grundschule (vgl. Deutsches PISA-Konsortium 2001, S. 353) wird allenfalls am Rande erwähnt. Die Tatsache, dass sich ihre lebensweltlichen Erfahrungen nicht in den Schulcurricula widerspiegeln, findet genauso wenig Beachtung wie die ausbleibende pädagogische Wertschätzung der Übersetzungsleistungen dieser Kinder und Jugendlichen zwischen verschiedenen sprachlichen und soziokulturellen Kontexten (vgl. Mannitz & Schiffauer 2002).

Die angesprochenen korrigierenden Eingriffe in die frühkindliche Sozialisation von Kindern und Jugendlichen mit Migrationshintergrund beinhalten massive Einschränkungen der Freiheit der Eltern bei der Erziehung ihrer Kinder, bei der kulturellen Selbstbestimmung der Familien sowie bei der Wahl der Sprache(n), in der Familienangehörige miteinander kommunizieren. Diese Einschränkungen, auf die ich noch ausführlicher zu sprechen kommen werde, bedürfen eine (quasi-)moralische Begründung, die durch die Kategorie der Bildungsgerechtigkeit geleistet werden soll, so wie sie durch führende Vertreter der empirischen Bildungsforschung präpariert wird.

3. „Bildungsgerechtigkeit wird grundsätzlich mit Freiheitseinbußen erkauft"

Eine der wichtigsten Thesen im zitierten Jahresgutachten 2007 Bildungsgerechtigkeit ist, dass Gerechtigkeit in einem Spannungsfeld mit Freiheit stehe. Die Herbeiführung von Bildungsgerechtigkeit mache Freiheitseinschränkungen bei allen Akteur/inn/en im Bildungswesen erforderlich:

„Bildungsgerechtigkeit wird grundsätzlich mit Freiheitseinbußen erkauft. Die Freiheit derjenigen wird dabei eingeschränkt, die ein Gerechtigkeit förderndes Bildungssystem finanzieren und deshalb nicht frei über ihr Einkommen verfügen können. Aber auch bei den Empfängern von Gerechtigkeit fördernden Bildungsmaßnahmen sind Freiheitseinbußen unverzichtbar, insoweit sie zum Beispiel nicht über die Verwendung ihrer Lebenszeit unbeschränkt verfügen können. Erhebliche Teile davon sind für fremd determiniertes Lernen und Üben einzusetzen. Dieses gilt allerdings für alle Teilnehmer des Bildungssystems. Es kann deshalb kaum deutlich genug betont werden, dass

(Bildungs-) Gerechtigkeit als Mittel zur Herstellung von mehr Gleichheit in ständiger Konkurrenz zum Freiheitsgebot steht." (Vereinigung der Bayerischen Wirtschaft, S. 21)

Bezogen auf Kinder und Jugendliche mit Migrationshintergrund wird dieses Verständnis von Bildungsgerechtigkeit als Freiheitseinschränkung in die Forderung nach einer „konsequenten Akkulturation" dieser Kinder und Jugendlichen übersetzt. Diese „konsequente Akkulturation" erfordere den ausschließlichen Gebrauch der Deutschen Sprache auch im privaten Raum. So heißt es in einer der „Handlungsempfehlungen an die Politik" des Jahresgutachtens im Wortlaut:

„Migrantenkindern ist die konsequente Akkulturation, besonders in der zweiten Einwanderergeneration, zu gewährleisten. Dazu gehört die unerlässliche Unterrichtung in der Verkehrsprache Deutsch und deren Praktizierung im öffentlichen wie im privaten Raum." (ebd., S. 146)

Begründet wird diese Forderung mit der Auffassung, dass sich nicht nur die kommunikative Dominanz der „Muttersprache" im familiären Raum, sondern auch der Wechsel zwischen „Muttersprache" und Deutsch negativ auf die erreichten Kompetenzniveaus auswirke (vgl. ebd., S. 35).

Diese Behauptung, die die Autoren des Jahresgutachtens kaum empirisch belegen (vgl. ebd., S. 35), impliziert eine Aufforderung an die Politik, die Wahlfreiheit der Sprachen, in denen die Angehörigen der Migrantenfamilien miteinander kommunizieren, zu beschneiden. Allerdings verraten uns die Autoren leider nicht, wie sie sich die praktische Umsetzung dieser Aufforderung vorstellen.

Ich fasse zusammen: Da Bildungsgerechtigkeit als ein freiheitseinschränkender ökonomischer Imperativ in den analysierten Diskursen ausgedeutet wird, werden für ihre Herbeiführung ausschließlich restriktive und zugleich quantifizierbare Maßnahmen – wie etwa verbindliche Zeitwerte des Besuchs von Einrichtungen vorschulischer Bildung – anvisiert. In Bezug auf Kinder und Jugendliche mit Migrationshintergrund lassen sich diese Maßnahmen in der Formel „konsequente Akkulturation" zusammenfassen, die wiederum auf vermeintlich messbare Beherrschungsniveaus der Verkehrssprache bzw. auf prozentuale Anteile der Verkehrsprache im Vergleich zur „Muttersprache" in der verbalen Kommunikation der Kinder und Jugendlichen zurückgeführt werden. Die „konsequente Akkulturation" wird so als zentraler Hebel für die Herbeiführung von Bildungsgerechtigkeit dargestellt, die nicht etwa als eine faire Behandlung der Einzelnen, sondern als volkswirtschaftliches Gut der Ausschöpfung von „Begabungsreserven" interpretiert wird. Bei diesem – man kann es ruhig so nennen – *pervertierten* Gerechtigkeitsverständnis wird die Akkulturation als eine „Bringschuld" angesehen, die als „Schlüssel zur

Realisierung von Bildungsgerechtigkeit" (vgl. ebd., S. 137) identifiziert wird, da die Migrantenkinder erst durch ihre Akkulturation ihre „Begabungsreserven" der Wirtschaft zur Verfügung stellen können.

In dem sozialphilosophisch und sozialwissenschaftlich simplizistischen Gerechtigkeitskonzept, auf dem das Jahresgutachten basiert, werden Gerechtigkeit und Freiheit gegeneinander ausgespielt. Dagegen zeichnen sich die beiden inzwischen „klassisch" gewordenen Theorieansätze zur Gerechtigkeitskategorie von Rawls und Dworkin gerade dadurch aus, dass sie individuelle Freiheit bzw. individuelle Autonomie zugleich zur Grundprämisse bei der Begründung des Gerechtigkeitsbegriffs *und* zum Hauptmerkmal gerechter sozialer Verhältnisse erheben. Die gesamte Argumentationsstruktur der Rawls'schen Gerechtigkeitstheorie gründet auf der Prämisse, dass alle Individuen das Recht haben, ihre Lebenspläne frei zu gestalten und zu verfolgen und diese Struktur ist zentral auf die Frage ausgerichtet, nach welchen Prinzipien das gesellschaftliche Zusammenleben organisiert werden soll, damit alle Gesellschaftsmitglieder dieses Recht ausüben können (vgl. Rawls 1975, S. 140-184).

Ähnlich argumentiert Dworkin, wenn er sich in seinem Gerechtigkeitskonzept auf das Programm eines starken ethischen Individualismus beruft (vgl. Dworkin 2000, S. 5). Für die Vertreter/innen des Ansatzes der Teilhabegerechtigkeit gehört die Ausübung des erwähnten Rechts, die eigenen Lebensziele frei zu wählen und zu verfolgen − womit auch das Recht auf kulturelle Selbstbestimmung gemeint ist −, zu den unabdingbaren Eigenschaften eines würdevollen menschlichen Lebens (vgl. Nussbaum 2006, S. 70-78).

Besonders problematisch erscheint das Ausspielen von Gerechtigkeit gegen Freiheit vor dem Hintergrund des Anerkennungsansatzes zur Gerechtigkeit. Wie schon erwähnt, ist die Anerkennung der uneingeschränkten Bildsamkeit, d.h. der Autonomiefähigkeit der Einzelnen eine zentrale Forderung dieses Ansatzes. Wenn diese Anerkennung nicht gegeben ist, kann sich die Autonomiefähigkeit auch nicht verwirklichen. Dies ist dann der Fall, wenn Jugendliche als quasi-kausal vorgeprägt in ihrer Entwicklung durch die Umstände ihrer frühkindlichen Familiensozialisation und „Enkulturation" betrachtet und behandelt werden. Genau das passiert aber, wenn der Migrationshintergrund als ein essentielles Handikap für die Bildungskarrieren der „Betroffenen" angesehen wird, das durch zum Teil restriktive Maßnahmen neutralisiert werden soll. Das Bemühen der (Bildungs-)Gerechtigkeitskategorie im Rahmen der analysierten Diskurse in Bildungspolitik und Bildungsforschung erzeugt paradoxerweise performativ Ungerechtigkeit generierende Missachtungserfahrungen in Bezug auf Kinder und Jugendliche mit Migrationshintergrund.

4. Fazit: Neo-Assimilationistische Tendenzen im gegenwärtigen Diskurs über Bildungsgerechtigkeit

In dem hier thematisierten Diskurs über Bildungsgerechtigkeit, der von gegenwärtig einflussreichen Vertretern der empirischen Bildungsforschung geführt wird, ist das Verständnis von Bildungsgerechtigkeit als ein individuelle Freiheiten einschränkender ökonomischer Imperativ dominant. Dieser Imperativ erfordert – so die Vorstellung – restriktive und quantifizierbare Akkulturationsmaßnahmen in Bezug auf Kinder und Jugendliche mit Migrationshintergrund; Maßnahmen, die sich vor allem auf die theoretisch wie empirisch äußerst fragwürdige Annahme von Mehrsprachigkeit und multikulturellen Identitäten als bildungsnachteilige Eigenschaften gründen. Ungerechtigkeiten wie etwa Diskriminierung oder soziale Geringschätzung von Kindern und Jugendlichen mit Migrationshintergrund entziehen sich hingegen nahezu vollständig der Perspektive auf bildungsbezogene soziale Pathologien, die in diesem Verständnis impliziert ist.

Dieses Verständnis weist unübersehbare assimilationistische Züge auf. Eine Differenz zum klassischen Programm des Assimilationismus darf jedoch nicht übersehen werden: Ging es bei diesem Programm vor allem darum, dass sich Migrant/inn/en durch die Aufgabe der „Herkunftskultur" und Übernahme der „Kultur der aufnehmenden Gesellschaft" zur aktiven politischen und sozialen Partizipation und zur Selbstverwirklichung in dieser Gesellschaft befähigen sollen (vgl. Esser 2000, S. 302-306), so geht dieser emanzipative Impetus bei den neuen Proponenten einer „konsequenten Akkulturation" vollständig verloren. Vielmehr geht es ihnen ausschließlich um die wirtschaftsrelevante „Ausschöpfung von Begabungsreserven", welche sie „Bildungsgerechtigkeit" nennen. In Beachtung dieser Differenz scheint es mir angebracht, die Position dieser Proponenten als „Neo-Assimilationismus" zu bezeichnen. Es darf abschließend nicht unerwähnt bleiben, dass sich hierzu eine Analogie mit dem so genannten „Neo-Liberalismus" anbietet. Die mögliche Überführung dieser Analogie in einen kategorialen Zusammenhang bleibt eine Aufgabe zukünftiger Abhandlungen.

Literatur

Anderson, Elisabeth S. (2000). Warum eigentlich Gleichheit? In: Krebs, Angelika (Hrsg.): Gleichheit oder Gerechtigkeit. Texte der neuen Egalitarismuskritik (S. 117-171). Frankfurt a.M.: Suhrkamp.

CDU-Fraktion im Niedersächsischen Landtag (2003). Thesenpapier zum Schulgesetzentwurf: Schulgesetzentwurf der Fraktionen von CDU und FDP setzt

Rahmen für konsequenten Kurswechsel. http://www.cdu-niedersachsen.de/ themen/alle_themen/2003/thesenpapier_schulegesetzentwurf_030310.php (24. Mai 2007)

Deutschlandprogramm 2005 der FDP. *Arbeit hat Vorfahrt.* http://files.liberale.de/ fdp-wahlprogramm.pdf (24. Mai 2007)

Deutsches PISA-Konsortium (Hrsg.) (2001). PISA 2000. Basiskompetenzen von Schülerinnen und Schülern im internationalen Vergleich. Opladen: Leske + Budrich.

Dworkin, Ronald (2000). Sovereign Virtue. The Theory und Practice of Equality. Cambridge/London: Harvard University Press.

Esser, Hartmut (2000). Soziologie. Spezielle Grundlagen, Bd. 2: Die Konstruktion der Gesellschaft. Frankfurt a.m./New York.

Friedeburg, Ludwig von (1994). Bildung zwischen Aufklärung und Anpassung. Erfahrungen mit der Bildungsreform in der Bundesrepublik. Frankfurt a.m.: Verlag für akademische Schriften.

Gosepath, Stephan (2004). Gleiche Gerechtigkeit. Grundlagen eines liberalen Egalitarismus. Frankfurt a.M.: Suhrkamp.

Gutmann, Amy (1987). Democratic Education. Princeton: Princeton University Press.

Höhne, Thomas, Kunz, Thomas & Radtke, Frank-Olaf (1999). Bilder von Fremden. Formen der Migrantendarstellung als der „anderen Kultur" in deutschen Schulbüchern von 1981-1997. Frankfurt a.M.: Universität.

Kerstan, Thomas (2004). Versetzung: Ungefährdet. Zeit-Online (49). http://www. zeit.de/2004/49/01__leit_1_49neu (24. Mai 2007)

Mannitz, Sabine & Schiffauer, Werner (2002). Taxonomien kultureller Differenz: Konstruktionen der Fremdheit. In: Schiffauer, Werner, Baumann, Gerd, Kastoryano, Riva & Vetrovec, Steven (2002): Staat – Schule – Ethnizität. Politische Sozialisation von Immigrantenkindern in vier europäischen Ländern (S. 67-100). Münster/New York/München/Berlin: Waxmann.

Nussbaum, Martha C. (2006). Frontiers of Justice. Disability, Nationality, Species membership. Cambridge/London: Belknap Press.

Rawls, John (1975). Eine Theorie der Gerechtigkeit (übersetzt von Hermann Vetter). Frankfurt a.M.: Suhrkamp.

Stojanov, Krassimir (2007). Bildungsgerechtigkeit in der bildungspolitischen Diskussion nach PISA. Ergebnisse einer qualitativ-empirischen Pilotstudie. Unveröff. Manuskript.

Stojanov, Krassimir (2008). Bildungsgerechtigkeit als Freiheitseinschränkung? Kritische Anmerkungen zum Gebrauch der Gerechtigkeitskategorie in der empirischen Bildungsforschung. In: Zeitschrift für Pädagogik, Heft 4/2008, S. 515-530.

Vereinigung der Bayerischen Wirtschaft (Hrg.) [Wiss. Koordination D. Lenzen] (2007). Bildungsgerechtigkeit. Jahresgutachten 2007. Wiesbaden: VS Verlag.

İnci Dirim

„Wenn man mit Akzent spricht, denken die Leute, dass man auch mit Akzent denkt oder so." Zur Frage des (Neo-)Linguizismus in den Diskursen über die Sprache(n) der Migrationsgesellschaft

Das Zitat in der Überschrift stammt von einer Osteuropäerin, die ihren deutschen Ehemann durch eine Internetkontaktbörse kennen lernte und vor ca. einem Jahr zu ihm nach Deutschland zog. In einem am 6. Januar 2009 ausgestrahlten Interview des Fernsehsenders VOX sagte sie, sie fühle sich in Deutschland nicht wohl und begründete dies mit dem Satz: „Wenn man mit Akzent spricht, denken die Leute, dass man auch mit Akzent denkt oder so." Damit bilanziert sie eigene Wahrnehmungen und Erfahrungen in der Zeit ihres kurzen Aufenthalts in Deutschland, die sie in die Lage versetzten, zu beurteilen, wie Zweisprachigkeit hier bewertet wird. Der vorliegende Beitrag knüpft an die zitierte Äußerung der Migrantin an, befasst sich exemplarisch mit Bestandteilen des öffentlichen Diskurses über (migrationsspezifische) Mehrsprachigkeit in Deutschland und stellt zur Diskussion, ob in dem Diskurs linguizistische Tendenzen zu erkennen sind. Es geht weder um einen etwaigen Nachweis des Linguizismus mit Hilfe empirisch ‚gesättigter' Daten, noch um seine präzise theoretische Verortung. Es geht vielmehr darum, auf eine spezifische Problematik im Umgang mit Mehrsprachigkeit aufmerksam zu machen, um damit die Reflexion tatsächlicher und möglicher, offener und subtiler Formen der Praxis einer bestimmten gesellschaftlichen Machtbeziehung anzustoßen, die über die Sprache(n) von Migrant/inn/en ausgetragen wird.

Zum Begriff Linguizismus

Der Begriff Linguizismus wird in der deutschsprachigen wissenschaftlichen Literatur bis auf wenige Ausnahmen kaum verwendet; zu verstehen ist darunter eine spezielle Form des Rassismus, die in Vorurteilen und Sanktionen gegenüber Menschen, die eine bestimmte Sprache bzw. eine Sprache in einer durch ihre Herkunft beeinflussten spezifischen Art und Weise verwenden, zum Ausdruck kommt. Linguizismus erscheint als ein Instrument der Machtausübung gegenüber sozial schwächer gestellten Gruppen mit der Funktion der Wahrung bzw. Herstellung einer sozialen Rangordnung. Die

Sprache einer Elite wird dabei zur Norm erhoben; die sprachlichen Merkmale der darunter platzierten gesellschaftlichen Gruppen abgewertet. Das Erreichen bestimmter gesellschaftlicher Positionen ist an die Assimilation an die sprachliche Norm geknüpft, deren Realisierung u.U. durch Vorenthaltung von Möglichkeiten die Normsprache zu erwerben, verunmöglicht wird. Sprache ist auch deshalb eines der hervorstechendsten Merkmale ethnischer und sozialer Differenz und ein Medium, durch das soziale Klassen produziert und reproduziert werden (Bourdieu 1990, S. 81), mit dem soziale Ungleichheit erzeugt wird. Ein durch Sprache soziale Ungleichheit erzeugendes Mittel ist der Linguizismus.

In der englischsprachigen wissenschaftlichen Literatur wird der Begriff Linguizismus v.a. im Zusammenhang mit der Sprachenpolitik der Kolonialmächte in Afrika gebraucht. Auch ideologiegeschichtliche Hintergründe der nationalsozialistischen Sprachpolitik werden in der deutschsprachigen Literatur als linguizistisch beschrieben, zum Beispiel die Politik der „Entwelschung" im Elsass (vgl. Simon 1989), bei der die Stärkung der deutschen Nation durch den erzwungenen (ausschließlich) deutschen Sprachgebrauch im Vordergrund stand.

In der sprachwissenschaftlichen bzw. sprachpädagogischen Literatur wurden besonders die Positionen von Phillipson und Skuttnab-Kangas bekannt, die zu Beginn der 1980er Jahre die Anerkennung des Rechts auf muttersprachliche Bildung der Minderheiten durch besondere pädagogische Konzepte einforderten; in diesem Zusammenhang sprachen die beiden Autoren explizit von der Notwendigkeit der Überwindung des Linguizismus (vgl. Skuttnab-Kangas & Phillipson 1995, Skuttnab-Kangas 1984). Zwar wurde in der deutschsprachigen Literatur auch das (Menschen-)Recht auf muttersprachliche Bildung thematisiert (vgl. z.B. Hieronymus 2001); die Frage, ob der für die Vielzahl der Migrant/inn/ensprachen festzustellende Mangel an herkunftssprachlichen Bildungsangeboten in offiziellen Einrichtungen als linguizistische Maßnahme zu deuten ist, wurde jedoch bisher nur ausnahmsweise diskutiert (vgl. Schröder 2007).

Funktionsweise des Linguizismus

Der Linguizismus kann – ähnlich wie der Rassismus – in verschiedenen gesellschaftlichen Bereichen auf vielfältige Weise wirksam werden, z.B. durch abwertende Witze im privaten Bereich oder durch verschiedene offizielle Maßnahmen mit dem Ziel der Unterbindung des Gebrauchs einer bestimmten Sprache in öffentlichen Räumen. Ein Beispiel für staatlich verordnete linguizistische Maßnahmen ist die oben angesprochene Sprachpolitik im Elsass in der nationalsozialistischen Zeit. Dabei fand eine von offiziellen Organen vorangetriebene Abwertung der französischen Sprache bis hin zu Bücherverbrennungen statt; für den Gebrauch der französischen Sprache wurden Strafmaßnahmen angedroht.

Dieser offene Fall von Linguizismus verweist auf die Rolle von Sprache als konstitutives Merkmal einer Ethnie (eines „Volkes"), als zentrales Element einer Nation. Die linguizistischen Aktionen im Elsass verfolgten das Ziel, Bürger/innen der besetzten Gebiete auf Grund von sprachlicher Assimilation zu „besitzen", sie zu Deutschen zu machen.

Für offene oder verdeckte linguizistische Handlungen und Aktionen finden sich in verschiedenen nationalstaatlichen Entwicklungen Beispiele, die ein mehr oder weniger diskriminierendes, manchmal sogar brutales Vorgehen gegen sprachliche Minderheiten veranschaulichen. Ein Beispiel sind die Entwicklungen in der Türkei mit ihrer rigiden Unterdrückungspolitik gegenüber Minderheiten, die eine nicht türkische Sprache sprechen, vor allem gegenüber solchen Minderheiten, deren Sprachen nicht mit völkerrechtlichen Verträgen geschützt werden. Der folgende Fall ist ein Beispiel für den Linguizismus des türkischen Staates:

Vatandaş Türkçe konuş! – Staatsbürger, sprich Türkisch!

Der türkische Nationalstaat wurde vor allem nach französischem Vorbild auf einem kleinen Restgebiet des multiethnischen Osmanischen Reichs aufgebaut. Die Gruppe um die charismatische Leitfigur des als Staatsgründer verstandenen Kemal Atatürk verbreitete das Konstrukt der einheitlichen türkischen Nation, obwohl der neu gegründete Staat sich auf einem Territorium befand, auf dem Mitglieder mehrerer ethnischer Gruppen lebten. Die türkische Sprache spielte von Anbeginn an eine zentrale Rolle bei dem Versuch der Herstellung eines alle Staatsbürger umfassenden Zusammengehörigkeitsgefühls als „Türken". Die mit Hilfe einer multinationalen Kommission in den Gründungsjahren der Republik aufgestellte pseudowissenschaftliche „Sonnensprachtheorie" (vgl. Tetik 2002), nach der die türkische Sprache die Ursprache der Menschheit ist, diente zur Mystifizierung des Konstrukts des Türkentums und führte zur Negierung von sprachlicher Andersartigkeit durch Vereinnahmung mit Hilfe der Logik „Alle Sprachen sind ohnehin Abwandlungen des Türkischen, also können alle Bürger der Türkei nichts anderes sein als Türken". An diese Logik knüpft die Bezeichnung der Kurden als „Bergtürken" an. Das Sprechen über verschiedene Sprachen wurde mit dieser Denkweise und die Existenz anderer Sprachen als Türkisch, mit Ausnahme derer, die in den völkerrechtlichen Verträgen geschützt wurden (Armenisch und Griechisch), tabuisiert.[1] Allerdings stand ihre „unüberhörbare" Präsenz der Habitualisierung des Türkischen als alleinige Sprache der Bürger/innen der Türkei entgegen, sodass paradoxe Aktionen, wie die Beschriftung von Berghängen mit dem Imperativ „Vatandaş Türkçe konuş!" unternommen wurden. Diese befehlsartige Aufforderung, die eine Zeit lang von der staatlichen Post auf Briefumschläge aufgedruckt wurde, kann ins Deutsche übersetzt werden mit „Staatsbürger, sprich Türkisch!" – die Anrede der Bürger im Singular verdeutlicht die Wahrnehmung und Suggestion einer organischen Einheit von Nation, Staat und Sprache – die Menschen sind in dieser Semantik keine Individuen, sondern bilden eine (monolithisch-monolingual) homogene Einheit. Ein weiterer Versuch der Verschleierung sprachlicher Vielfalt durch Vereinnahmung ist die oben erwähnte Behauptung, Kurdisch sei lediglich eine türkische Bergsprache. Jahrzehntelang wurde jeder Versuch etwas anderes zu behaupten brutal unterdrückt. Ein trauriges Beispiel sind die Folgen des Bekenntnisses des beliebten linksgerichteten Volkssängers Ahmet Kaya zu seiner kurdischen Herkunft. Kaya „outete" sich auf dem Höhepunkt seiner Karriere im Jahr 1999 während einer Preisverleihung als „Sänger des Jahres" als Kurde und kündigte die Veröffentlichung einer kurdischsprachigen Musik-CD an. Ahmet Kaya wurde dafür von einem Teil der anwesenden Gäste beschimpft und sogar tätlich angegriffen – trotz seiner Äußerung, Kurd/inn/en und Türk/inn/en hätten schon immer in Frieden zusammengelebt und würden es weiterhin tun, und seiner Bitte, die „kurdische Realität" zu akzeptieren. Nach diesem desaströsen Abend wurde Ahmet Kaya wegen Landesverrats zu einer mehrjährigen Haftstrafe verurteilt. Er nahm dennoch seine kurdischsprachige CD auf und ging anschließend nach Frankreich ins Exil, wo er ein Jahr später im Alter von 43 Jahren starb. Die kurdische CD brachte dem Sänger große Probleme mit der Justiz ein – viel größere als seine regierungskritische politische Haltung und seine linksgerichteten politischen Lieder.

Trotz vieler ähnlicher Unterdrückungsversuche setzte sich in der Türkei die Monolingualität nicht durch und das Konstrukt des Türkentums wurde im Laufe der Zeit immer weiter zersetzt. Heute kann man in der Türkei überall Tonträger mit kurdischen Liedern erwerben, es muss kaum jemand mehr fürchten wegen der offen nach außen getragenen Zugehörigkeit zu einer sprachlichen Minderheit bestraft zu werden. Dennoch wirkt der Linguizismus in subtiler Form weiter, z.B. in der Ignoranz der Tatsache, dass hunderttausende von Kindern mit fehlenden oder unzulänglichen Türkischkenntnissen eingeschult werden, ohne dass diese Tatsache berücksichtigt wird.

---

1   Einige der Minderheitensprachen, die in der Türkei gesprochen werden, sind: Armenisch, Aramäisch, Arabisch, Adygeisch, Aserbaidschanisch, Bulgarisch, Ladino und Griechisch.

Damit besitzen diese Kinder nach wie vor schlechtere Voraussetzungen für den erfolgreichen Besuch der staatlichen Bildungseinrichtungen als Kinder mit Türkisch als Herkunftssprache; die Mitglieder sprachlicher Minderheiten werden so nicht zur Bedrohung der sozialen Vormachtstellung der Elite. Ausnahmen werden zur Demonstration der vermeintlichen Chancengleichheit missbraucht. Diese verdeckten Formen des Linguizismus erschweren die Feststellung der Ungerechtigkeit und öffentliche Anklagen.

Linguizismus oder Neo-Linguizismus?

Die Wandlung des simplen und offenen Linguizismus zum eher verdeckten Linguizismus scheint ein Begleitphänomen der Entwicklung zu demokratischen Staaten zu sein, deren Selbstverständnis die Existenz des Rassismus und damit auch die des Linguizismus nicht zulässt. Allerdings wirken in diesen Staaten ebenfalls Mechanismen der Ausgrenzung entlang ethnischer Merkmale, zu denen die Sprache gehört, auch wenn in der wissenschaftlichen Literatur bisher eher die Rolle (vermeintlicher) kultureller Zugehörigkeiten in der Ausgrenzung von Migrant/inn/en und Minderheiten behandelt wurde. Nach einer Analyse von Leiprecht stellt das Konstrukt „Kultur" in Deutschland einen Ersatz für den Begriff „Rasse" dar („Kulturrassismus") – sozial schwächer gestellte und nicht deutsche Gruppen würden nunmehr nicht mit Bezug auf ihre genetischen bzw. körperlichen Merkmale ausgegrenzt, so der Autor, sondern mit dem Hinweis auf ihre – mit Lebensweisen in Deutschland – vermeintlich nicht kompatiblen kulturellen Merkmale. Leiprecht folgert daraus, dass „Kultur" als „Sprachversteck für Rasse" diene (Leiprecht 2001, S. 23; vgl. auch Krüger-Potratz 2005, S. 203). Die Diskurse der letzten Jahre zeigen allerdings eine neuartige Zuspitzung des Migrationsdiskurses auf Fragen der Mehrsprachigkeit, z.B. danach, ob herkunftssprachliche Bildung „nötig" sei (s.u.). Vermutlich wurde diese Zuspitzung durch die Ergebnisse der PISA-Studien ausgelöst, nach denen Migrantenkinder schwächere Leseleistungen zeigen als Jugendliche ohne Migrationshintergrund. Die anschließende Diskussion darüber, ob Migrantenkinder mit ihren „schlechten" Sprachkenntnissen im Deutschen und fehlenden fachlichen Kompetenzen die deutschen Ergebnisse verschlechtern, ermöglichte vermutlich die Kanalisation verschiedener Vorbehalten gegen Migrant/inn/en auf das Merkmal „Sprache" und damit Anfeindungen, ohne Bedenken des Rassismus bezichtigt zu werden. Diese Zuspitzung – so meine These – bedarf einer eigenständigen Benennung und Behandlung, daher der Vorschlag des Begriffs „Linguizismus" zur Ermöglichung der nötigen Trennschärfe für die Feinanalyse der Frage, wie Ausgrenzung und Diskriminierung mit dem Verweis auf Sprache geschieht. Da die Erscheinungsformen des heutigen Linguizismus allerdings nicht dem offenen und simplen Linguizismus, wie am Beispiel des Umgangs mit dem Französischen in der Zeit der Nazi-Diktatur gleich zu setzen sind, erscheint es in Anlehnung an das Konzept des Neo-Rassismus (vgl. Mecheril 2004, S. 176f.) angebracht vom Neo-Linguizismus zu sprechen.

Damit wird zwischen dem oben veranschaulichten historischen Linguizismus, der ein staatlich legitimiertes Macht- und Unterdrückungsmittel darstellt und dem heute offiziell illegitimen, aber dennoch existenten Linguizismus unterschieden. Der Neo-Linguizismus ist subtil, er spielt Tatsachen vor, er agiert hinter dem Deckmantel harmlos klingender Bezeichnungen, er täuscht über Ausgrenzung und Unterdrückung hinweg und ist dadurch im Vergleich zu dem Linguizismus gewissermaßen „hinterhältig" und schwer aufzudecken.

Im Folgenden wird nach einer kurzen theoretischen Kontextualisierung mit verschiedenen Beispielen aus dem öffentlichen Diskurs über die Sprache(n) der Migrant/inn/en und der Migrationsgesellschaft die Frage der Existenz des Neo-Linguizismus in Deutschland und die Frage seiner Gestalt(en) diskutiert.

Neo-Linguizismus in Deutschland?

Die Gefahr des Neo-Linguizismus wohnt anscheinend einem bestimmten nationalstaatlichen Konstruktionsprinzip inne, das von der Einheit von Nation, Staat und Sprache ausgeht. Dieses Prinzip liegt auch der Gründung deutschen Bundesrepublik zu Grunde (vgl. Gogolin 1994). Jede andere Sprache als die Nationalsprache (als eigene Sprache der eigenen Staatsbürger) auf dem jeweiligen staatlichen Territorium erscheint für den Fortbestand dieser Art des Nationalstaates bedrohlich. Die Geschichte einer bestimmten Form von Nationalstaatlichkeit ist damit auch eine Geschichte der Habitualisierung der Vorstellung von Monolingualität als Normalfall und Bilingualität als Ausnahme. Gogolin arbeitete auf der Basis der Gesellschaftstheorie Bourdieus für Deutschland die Existenz des „monolingualen Habitus" heraus (Gogolin 1994), der den Umgang mit gesellschaftlicher Mehrsprachigkeit bestimmt und auch pädagogische Arbeit prägt. Vermutlich entspringt beispielsweise das pädagogische Ausschlussdenken „Entweder lernen die Kinder Deutsch oder die Muttersprache", das Lehrkräfte in Diskussionen häufig äußern, diesem Habitus – zumal es kein spracherwerbstheoretisch nachvollziehbares Argument für die Position gibt, dass Kinder nicht in der Lage sind, zwei Sprachen parallel lernen zu können. Die Unterlassung der Pflege bzw. die Unterdrückung bestimmter Sprachen als Folge des genannten Ausschlussdenkens zeigt bereits an, dass – und das wäre ein Argument für die Betrachtung der sprachbezogenen und sprachenpolitischen Diskurse mit dem Konzept des (Neo-)Linguizismus – liguizistische Mittel dort eingesetzt werden, wo im Nationalstaat (noch) ein Kampf zwischen Monolingualität und Multilingualität ausgefochten wird. Dort, wo der monolinguale Habitus droht aufgeweicht zu werden, wird allerdings ein Kampf mit ungleicher Machtverteilung geführt, da die Nationalsprache und deren Sprecher/innen die größere Stärke besitzen. Der Neo-Linguizismus richtet sich dann gegen Menschen, die nicht die Nationalsprache eines Staates in monolingualer Form und als ‚native speaker' sprechen[2], in Form von unbewussten oder bewusst vollzogenen Handlungen, wenn die nationalstaatlich vorgesehene Monolingualität in den verschiedenen Stadien der Entwicklung des Staates bedroht zu sein scheint und durch den die genannten Menschen ausgegrenzt bzw. unterdrückt und diskreditiert werden. Ziel dieser linguizistischen Handlungen wäre die Sicherung der Nationalsprache als ein Element, das zu dem Erhalt des Nationalstaats beiträgt.[3] Insofern können neo-linguizistische Aktionen der Wegbereiter für die Durchsetzung des monolingualen Habitus sein oder aber auch dessen Folge. Möglicherweise liegen dem Neo-Linguizismus auch weitere Ursachen zu Grunde, z.B. das „Bedürfnis" der Identifizierung von „Schuldigen" – wie im Falle des schlechten Abschneidens in der PISA-Studie –, das in dem hier betrachteten Fall mit der Ausrichtung auf „hörbare" Unterschiede möglich wird. Der offene Linguizismus erscheint in einer demokratischen Gesellschaft, in der die Achtung elementarer Menschenrechte zu den unverzichtbaren politischen Grundsätzen gehört, nicht erwünscht und – größtenteils? – auch nicht möglich. Ob diese Erwartung den Tatsachen entspricht, wird im Folgenden diskutiert.

Neo-Linguizismus – empirische Facetten

Nun soll die im ersten Teil eingeführte Analyseperspektive des Neo-Linguizismus auf einige beispielhafte Fälle angewandt werden, sodass die Machtdimension des Sprechens über Sprache(n) in der Migrationsgesellschaft deutlich und in einigen Facetten bestimmt wird. Der Anspruch besteht allerdings nicht darin, ein vollständiges Spektrum von Formen des Neo-Linguizismus zu erarbeiten und auch nicht darin, eine erschöpfende Analyse derselben vorzulegen. Viel mehr wird beabsichtigt, übersehene, alltägliche, gewohnte und

---

2   Auch Dialektsprecher/innen können Zielscheibe linguizistischer Aktionen sein, zumal die Grenze zwischen Dialekt und Standardsprache fließend ist.

3   Hiermit ist ein bestimmtes Konzept von Nationalstaatlichkeit gemeint, das auf einer monolithisch-monolingualen Einheit von Volk und Sprache basiert.

andere Fälle unter ein ungewohntes, aber plausibel erscheinendes Licht zu stellen, um die Auseinandersetzung mit den Regelungen zu den und Äußerungen über die Sprache(n) der Migrationsgesellschaft unter der Frage deren spezifischer Machtförmigkeit zu ermöglichen.

Unter dieser Prämisse wende ich mich Handlungen zu, durch die Anderssprachige in Deutschland diskreditiert und ausgegrenzt werden. Den wissenschaftlichen Gepflogenheiten im Umgang mit empirisch gewonnenen Daten und/oder Informationen folgend, werden Personen- und Ortsnamen anonymisiert; die Ausnahme davon stellen Personen dar, die sich in öffentlich zugänglichen Publikationen zu den Sprache(n) der Migrationsgesellschaft äußern. In den Fokus geraten also nicht solche Projekte, Äußerungen oder Konzepte, welchen zufolge Mehrsprachigkeit wertgeschätzt werden muss und als Ressource gilt. Hier sind stattdessen ablehnende bzw. abwertende und diskriminierende Haltungen gegenüber Mehrsprachigkeit aufzuspüren und im Zusammenhang mit dem Konzept des (Neo-)Linguizismus zu interpretieren.

Medien

Im Bereich der Medien fallen pejorative Adressierungen der Mehrsprachigkeit auf – und zwar speziell einer bestimmten Gebrauchsweise des Deutschen – nämlich des ethnolektalen Deutsch. Darunter ist eine spezifische Verwendung des Deutschen zu verstehen, die systematische Unterschiede zum Standarddeutschen aufweist, die sich auf den Einfluss des Türkischen zurückführen lassen. Zu den Merkmalen des ethnolektalen Deutsch zählen u.a. ein bestimmter Satzrhythmus und das Weglassen des Artikels zur Kennzeichnung des Satzobjekts. Einschlägigen soziolinguistischen Untersuchungen zu Folge ist dieser Ethnolekt als Ressource zu verstehen, die Jugendliche aktivieren, um Zugehörigkeit oder andere soziale Bedeutungen zu erzeugen (zum ethnolektalen Deutsch s. Dirim & Auer 2004; Keim 2001; Kern & Selting 2006). Eine von einer Bremer Lehrerin gehörte ethnolektale Äußerung im Klassenzimmer ist z.B. die Aufforderung eines Jugendlichen an einen anderen: „Gib mir Lineal!". Der angesprochene Jugendliche reagiert auf die Aufforderung mit einer prompten Korrektur: „Das heißt nicht ‚Gib mir Lineal!', das heißt ‚Gib mir bitte Lineal!" (vgl. Müller & Dirim 2007).

In der Öffentlichkeit wird dieser Deutschgebrauch u.a. mit dem Begriff „Dönerdeutsch" bezeichnet, einem Kompositum also, dessen Bestandteile „Döner" und „Deutsch" in der Kombination zumindest nicht auf einen Ernst zu nehmenden Zusammenhang verweisen; mit dem Bestandteil „Döner" werden außerdem die „Urheber" des Ethnolekts (Türken) adressiert und in ihrem

Sprachgebrauch abgewertet. Nicht nur die Benennung dieses Ethnolekts, sondern auch der Umgang mit ihm erscheinen abwertend. Ein Beispiel dafür wären die possenhaften Darstellungen des ethnolektalen Deutschgebrauchs in Fernsehsendungen, in denen er dafür eingesetzt wird, die Zuschauer zu belustigen. Auffällig ist, dass dieser possenhafte Umgang mit dem ethnolektalen Gebrauch des Deutschen kaum kritisch diskutiert wird, wie beispielsweise im Falle des „Ostfriesenwitzes" bereits vor Jahren geschehen. Es ist Konsens, dass es nicht angemessen ist, sich auf Kosten von Menschen aus Ostfriesland zu vergnügen. Überlegungen derselben Art bezogen auf den ethnolektalen Gebrauch des Deutschen fehlen derzeit jedoch fast gänzlich.

Kunst und Literatur

Mittlerweile gibt es in Deutschland ein beträchtliches Volumen an literarischen Werken, die der „Migranten-" bzw. „Migrationsliteratur" zugeordnet werden (vgl. Rösch 1992; Howard 1997). Darunter befinden sich humoristische Werke, die das Zusammenleben von Deutschen und Migrant/innen thematisieren und in denen sowohl Majoritäts- als auch Minoritätsangehörige „auf die Schippe genommen werden", sodass im Großen und Ganzen keine Gruppe in einem unvorteilhafteren Licht erscheint als die andere. In einigen Romanen allerdings wird das Possenhafte ins kriminelle Milieu verlagert, wobei gerade der Sprachgebrauch mit dazu dient, das Milieu zu charakterisieren. Feridun Zaimoğlu benutzt in seinen Romanen „Kanak Sprak" (Zaimoğlu 1997) und „Abschaum" (Zaimoğlu 1995) Sprachmischungen als eine Art Stilmittel, nämlich Sprachmischungen, in denen ganze Äußerungen hintereinander in der jeweils anderen Sprache gesprochen (in die andere Sprache mehr oder weniger genau übersetzt) werden, ohne dass dies dem Umstand geschuldet wäre, dass zwischen Menschen verschiedener Sprachen vermittelt werden muss. Diese „Übersetzungen" entsprechen zwar kaum den empirisch beobachteten Merkmalen des Ethnolekts oder des gemischten Gebrauchs von Sprachen (vgl. Dirim & Auer 2004; Krehut & Dirim 2008), verweisen aber dennoch unmissverständlich auf den Sprachgebrauch einer bestimmten Migrantengruppe, nämlich der deutsch-türkischsprachigen. Das Problematische daran ist, dass der Autor in einem der angesprochenen Romane selbst die verwendete Sprache als empirisches Abbild darstellt und damit eine bestimmte Wahrnehmung der „Realität" erzeugt. In intellektuell-kritischen, aber mittlerweile auch bildungsbürgerlichen Milieus wird der Roman gelesen und hinterlässt bestimmte Eindrücke, die, wie mir auch in der nachfolgend geschilderten Begegnung mit einem Schulleiter deutlich wurde, problematisch erscheinen. Es ist davon auszugehen, dass die Meinung des

Schulleiters in dessen Umfeld gewissermaßen interaktiv entwickelt und „validiert" wurde; sie scheint daher in anderer Weise wiederholbar zu sein und ist deshalb lohnenswert hier erwähnt zu werden. Der Schulleiter brachte mir gegenüber während einer Diskussionsveranstaltung, die zum Thema „Schule im Kulturkonflikt?" durchgeführt wurde und in der es auch um die Frage der zweisprachigen schulischen Erziehung im Deutschen und einer Migrantensprache ging, folgendes Argument vor: Wenn bilinguale Schulen eingerichtet würden, in denen Schülerinnen und Schüler neben dem Deutschen in einer Migrantensprache unterrichtet würden, könne sich als Ergebnis ein Sprachgebrauch entwickeln, der dem gleichen würde, der in dem besagten Roman beschrieben werde. Dass der Autor selbst in seinen verschiedenen Veröffentlichungen ein großes sprachliches Geschick an den Tag legt, ändert nichts an dem Problem, dass er zu dem Bild des verwahrlosten und kriminellen Großstadttürken beigetragen hat, der unter anderem durch seinen besonderen Sprachgebrauch erkennbar wird. Die kritische Analyse der Linguistin Carol Pfaff (2005), die die Annahme bestätigt, dass die künstlerische Verarbeitung des migrationsspezifischen Sprachgebrauchs für ein empirisches Abbild der praktizierten Kommunikationsformen gehalten wird, wird an der öffentlichen Wahrnehmung dieses Bildes nichts ändern, zumal anzunehmen ist, dass dieser wissenschaftliche Beitrag niemals dieselbe Reichweite erreichen wird wie ein belletristisches Werk.

Die beschriebene Verortung des gemischten türkisch-deutschen und des ethnolektalen deutschen Sprachgebrauchs in einem kriminellen Milieu ist auch in einer Reihe von Spielfilmen bzw. Videoclips zu finden, z.B. von dem Comedy-Duo „Erkan und Stefan", in denen verschiedenste Klischees verarbeitet (und zugleich verbreitet) werden; das dort gezeichnete Bild eines kleinkriminellen, dümmlich-naiven großstädtischen Jugendlichen türkischen Ursprungs wird durch dessen ethnolektalen Sprachgebrauch untermauert. Diese Art der medialen Verarbeitung der migrationsspezifischen Sprachentwicklungen ist nicht ganz neu und hat eine eigene Geschichte, die bis zur berühmten Radiosendung „Taxi Sharia" des WDR zurückverfolgt werden kann, die Ende der 1990er Jahre ausgestrahlt wurde. Auch hier ist die Hauptfigur ein Migrant türkischer Herkunft, der „Ützwurst" genannt wird, wahrscheinlich eine Verballhornung des türkischen Nachnamens „Öztürk". Dass von Migrant/inn/en türkischer Herkunft (vermeintlich) gesprochenes migrationsspezifisches Deutsch über diesen relativ langen Zeitraum hinweg zur Belustigung genutzt wird und damit zum „Running Gag" werden konnte, ist allerdings eine bemerkenswerte Facette der empirischen Beispiele, die hier zur Diskussion gestellt werden und bedarf mindestens im Hinblick auf die folgenden Fragen der Klärung: Welches Bild von der migrationsspezifischen

Sprache ist es, die gewissermaßen „vererbt" wird und welche Wirkung wird durch sie erzeugt?

Fachpublikationen

Die Abwertung der „migrationsspezifischen Transformationen des Sprachgebrauchs" (Mecheril 2005) beschränkt sich nicht auf den ethnolektalen Sprachgebrauch, wie am Beispiel einer pädagogischen Fachzeitschrift deutlich wird, in der man sich – vermutlich um die „trockene" wissenschaftliche Thematik aufzulockern – klischeehafter Konnotationen bedient, ohne jedoch wie in dem oben dargestellten Fall das „Gangsterhafte" zu betonen: Die Beiträge bekommen durch folkloristisch anmutende Titel- oder Bildbeigaben einen diminutiven Beigeschmack. Das geschah z.B. einmal dort, wo „Deutsch als Zweitsprache" thematisiert werden sollte, durch die Beigabe des Untertitels „Döner macht schöner" und der Illustration mit dem Bild eines Kochs (Beitrag: Dirim 2005). Diese Botschaft schließt direkt an die Konstruktion „Döner-Deutsch" und eine damit verbundene Wahrnehmung der Migrant/inn/en türkischer Herkunft als nicht Ernst zu nehmende und das Deutsche auf eine lächerliche Weise sprechende Menschen an. Auch hier findet sich eine deutliche Botschaft, etwa in der Art, wie sie von Krüger-Potratz (2005) im Hinblick auf andere Illustrationen von Migrant/inn/en analysiert worden ist: mit den Beigaben wird die Wahrnehmung der Inhalte, die durch den Titel angedeutet werden, ins Possenhafte gelenkt. Das Deutsche als Zweitsprache wird lächerlich gemacht.

Schule

Eine Abwertung von Migrantensprachen, ethnolektaler Sprechweisen und des Deutschen als Zweitsprache findet sich in anderer Weise auch an Schulen wieder. Beispielhaft sei ein Hinweisschild erwähnt, das unmissverständlich linguizistisch erscheint[4]:

Treten 20 Cent
Spucken 30 Cent
Türkisch sprechen 50 Cent

---

4   Das Schild wurde an einer Schule in Nordrhein-Westfalen gesichtet.

Hier wird der Gebrauch des Türkischen in einen Zusammenhang mit Beleidigungen und körperlichen Übergriffen gebracht, wobei die höhere Geldstrafe ein schlimmeres „Vergehen" suggeriert als in den anderen Fällen und eine offene Verunglimpfung des Türkischen und seiner Sprecher/innen verweist: Sprecher/innen des Türkischen begehen an dieser Schule eine Art Körperverletzung. Damit spricht die Schulverwaltung ein Sprachverbot aus und bedient sich des simplen und offenen Linguizismus.

Sprachverbote an Schulen werden nicht immer wie in dem zitierten Beispiel offen ausgesprochen – sondern zuweilen verdeckt „verhängt", beispielsweise unter dem Deckmantel der demokratischen Abstimmung und unter Verwendung des Begriffs „Sprachgebot", mit dem das Verbot verschleiert wird. In einer Berliner Schule haben die Schüler/innen im Rahmen einer Vollversammlung – mit Bourdieu gesprochen – der Illegitimität ihrer Sprache selbst zustimmen müssen. Ich gehe davon aus, dass die Schüler/innen unter dem Einfluss der Empfehlungen ihrer Lehrkräfte entscheiden, da sie nicht mit derselben Macht ausgestattet sind wie ihre Lehrer/innen und auf Grund vieler anderer schulischer Situationen wissen, dass das Urteil der Lehrkräfte „zählt". Außerdem ist davon auszugehen, dass die Lehrer/innen keine Veranlassung gehabt hätten, über das „Gebot" Deutsch zu sprechen, abstimmen zu lassen, wenn sie nicht das Ziel gehabt hätten, die alleinige oder dominante Verwendung des Deutschen herbeizuführen.

Der Formulierung eines „Sprachgebots" folgt die Kontrolle der Einhaltung desselben. Eine Schülerin aus Hannover berichtete einer Studierenden gegenüber von der schülerseitigen Befolgung des „Sprachgesetzes" Deutsch zu sprechen und dem dennoch anhaltenden Misstrauen durch die Lehrkräfte an ihrer Schule: „Wir sprechen auf dem Schulhof Deutsch, aber die Lehrer kommen und sagen uns, wir sollen Deutsch sprechen" (Praktikumsbeobachtung von Hannoveraner Studierenden aus dem Jahr 2006).

Ein „Sprachgebot" stellt m.E. keine angemessene pädagogische Maßnahme für den Erwerb einer anderen Sprache dar und beschneidet die Schüler/innen in den Möglichkeiten der Gestaltung ihrer Kontakte zu Gleichaltrigen, d.h. darin, eigene sprachliche Ausdrucksformen zu entwickeln, sodass es angebracht erscheint von einem „Sprechverbot" zu reden – ich sehe es als ein Gebot des Schweigens, das über die Schüler/innen verhängt wird. Pädagog/inn/en, die zu diesem Mittel greifen, sollten zu der Frage Stellung beziehen, warum sie den Erweb des Deutschen nicht über passende und motivierende Angebote anzuregen versuchen und statt dessen zu Maßnahmen greifen, durch den nicht-deutschen Herkunftssprachen die Legitimität als Kommunikationsmittel abgesprochen wird.

Durch das „Deutschgebot" wird der Gebrauch der nicht deutschen Herkunftssprachen gewissermaßen kriminalisiert – wer das „Gebot" bricht, macht sich strafbar – auch wenn gleichzeitig versichert wird, dass im Falle des Regelbruchs keine Sanktionen drohen. Die nicht deutschen Herkunftssprachen – allen voran das Türkische – erhalten die Konnotation des Unbotmäßigen. Die nicht deutschen Herkunftssprachen werden damit auf einen bestimmten Platz, den des „kleinkriminellen Ghetto-Kids", verwiesen um die gängige Sprechweise zu bedienen. Es sollte dann auch nicht weiter verwundern, wenn die Jugendlichen auf diese Projektion mit einer Gegenprojektion reagieren und ihre nicht deutschen Herkunftsprachen tatsächlich verwenden, um andere zu beschimpfen, worüber sich Lehrer/innen manchmal beklagen. Der Teufelskreis „Deutschgebot – Brechen des Gebots – Bestrafung – Übernahme – Bestrafung" erhält damit das Ticket für den freien Lauf der fortwährenden Reproduzierung.

Bildungsadministration

Auf der Ebene der Bildungsadministration fällt bei der kritischen Durchsicht der neueren Maßnahmen zum Spracherwerb z.B. die schrittweise Abschaffung des herkunftssprachlichen Unterrichts in einigen Bundesländern auf. Allerdings findet diese Streichung nicht immer alternativlos statt: in Niedersachsen beispielweise haben die Eltern die Möglichkeit, die Einrichtung des herkunftssprachlichen Unterrichts als Wahlpflichtfach oder Arbeitsgemeinschaft zu beantragen. Auf den ersten Blick erscheint dies eine fortschrittliche, partnerschaftlich gestaltete Kooperationsmöglichkeit, die den Eltern größere Handlungsspielräume im Hinblick auf die Gestaltung der Schule ihrer Kinder einräumt als bisher üblich – möglicherweise ist es auch so gemeint. Aber: sind die betroffenen Eltern in der Lage, den Türkischunterricht für ihre Kinder einzufordern? Es handelt sich gerade um die Eltern, die oft Hürden überwinden müssen, um mit den Schulen zu kommunizieren. Ohne entsprechende Hilfestellungen, z.B. wie in Kanada mit Hilfe eines „Settlement Workers in School" üblich, der die Aufgabe hat, Migrant/inn/en in die Bildungslandschaft zu integrieren (Löser 2008), wird das Angebot auch zu einer großen Hürde. Es muss davon ausgegangen werden, dass die Option der Einrichtung des herkunftssprachlichen Unterrichts nicht in gewünschtem Maße in Anspruch genommen werden kann; ohne intensiven Kontakt zu den Eltern wird es auch nicht möglich sein, den Grund für eine mögliche Zurückhaltung zu erfahren. Damit gerät der herkunftssprachliche Unterricht in eine mehrdeutige Grauzone, die der Vermutung Tür und Tor öffnet, der herkunftssprachliche Unterricht sei nicht erwünscht. Damit tritt ein bestimmtes

Herrschaftsverhältnis in Erscheinung, das, wie von Mecheril (2005) heraus-gearbeitet, sowohl das Moment des Zwangs und der Verhinderung (drasti-sche Reduzierung des Angebots) als auch das des Zugeständnisses und der Ermöglichung (Möglichkeit der Einrichtung des Herkunftssprachlichen Un-terrichts auf Gruppenantrag) aufnimmt (Mecheril 2005, S. 115).

Integration und Deutsch

Um deutscher Staatsbürger oder deutsche Staatsbürgerin zu werden und um als Ehepartner in Deutschland einzuwandern, müssen deutsche Sprachkennt-nisse nachgewiesen werden, auch von Menschen, die bereits lange Jahre pro-blemlos in Deutschland verbracht haben. Mir sind persönlich Migrant/inn/en bekannt, die an den Aufgaben des Tests gescheitert sind, obwohl sie seit vielen Jahren alle Anforderungen des täglichen Lebens in Deutschland, auch die schriftlichen, eigenständig bewältigen konnten. Bei dem Test handelt es sich um einen klassischen Test, bei dem bestimmte Aufgaben gelöst werden müssen, auch wenn sie für die heutige Kommunikation weitestgehend irre-levant sind bzw. nicht in allen gesellschaftlichen Bereichen von Bedeutung. So muss z.B. an einen fiktiven Adressaten gerichtet ein Einladungsbrief nach Deutschland verfasst werden, eine Handlung, die heute alternativ oft telefo-nisch, per SMS oder Mail vollzogen wird, mit mündlichen oder schriftlichen Kurzformen also, die anderen Regeln folgen als denen eines klassischen Briefs (vgl. die Erklärungen unter dem folgenden Link des Goethe-Insti-tuts: http://www.goethe.de/lhr/prj/daz/dfz/deindex.htm). Hier wird das oben beschriebene Herrschaftsmoment der Ermöglichung mit der gleichzeitigen Vorenthaltung sichtbar: Es wird den Migrant/inn/en und Migrationswilli-gen ermöglicht, an dem Deutschtest teilzunehmen, gleichzeitig wird einem Teil von ihnen der Erfolg vorenthalten, weil sie den geforderten Sprachcode nicht erwerben konnten – unabhängig davon, ob sie ihn für die Integration in Deutschland wirklich benötigen.

Auch Kinder nehmen an Deutschtests und anderen Sprachstandserhebungen teil (vgl. zum Überblick Ehlich 2007). Diese Tests und anderen Verfahren sollten m.E. dazu genutzt werden, die Kinder im Hinblick auf schulsprach-liche Fähigkeiten passgenau – dem Sprachstand im Deutschen entsprechend – zu fördern, wie es z.B. im Rahmen des Hamburger Sprachfördermodells vorgesehen ist. (Quelle: http://www.hamburg.de/contentblob/73098/data/anlage-3-sprachfoerderung-vsk.pdf).

Allerdings werden die Sprachstandserhebungen für Kinder zum Teil leider – wie oben bereits am Fall des „Sprachgebots" beschrieben – genutzt, um Migrant/inn/en gegenüber eine äußerst misstrauische und ausgrenzende – linguizistische – Haltung an den Tag zu legen, deren Zuspitzung in der unten zitierten Erklärung der Bayrischen Staatskanzlei erfolgt (Quelle: http://www. stkarchiv.bayern.de/Presse-Info/PM/2006MRat/060404-Ministerrat.html#0).

Bayern führt als erstes Land konkrete persönliche Sanktionen gegen Ausländer ein, die Integration konsequent verweigern. Erstens werden ausländische Eltern, die ihre Kinder nicht am Sprachtest und am Deutschkurs teilnehmen lassen, künftig mit einem Bußgeld bestraft. Zweitens werden die Grundschulen in ganz Bayern die Ausländerbehörden informieren, wenn ein ausländisches Kind nicht ausreichend Deutsch spricht. Die Ausländerbehörde erhält damit Kenntnis über die mangelnde Integration einer ausländischen Familie und kann die Eltern zu einem Integrationskurs verpflichten.
4. April 2006
Bericht aus der Kabinettssitzung
Bayrische Staatskanzlei

Unter der im vorliegenden Beitrag interessierenden Fragestellung ist es unerheblich, ob und wie die im Bericht angedrohten Sanktionen umgesetzt wurden – allein die oben berichtete Diskussion ist als Teil des öffentlichen (hier sogar: offiziellen) Diskurses diskussionswürdig. Die Grundschulen werden nach der im Bericht enthaltenen Forderung zu einer Art „Sprachpolizei" erklärt, die vermeintlich integrationsunwillige Eltern registriert und der Justiz zuführt. Die Erklärung ist von einem tiefen Misstrauen gekennzeichnet und von einem großen Widerwillen, partnerschaftliche Beziehungen mit Eltern anzubahnen, die aus verschiedenen Gründen nicht in der Lage oder bereit sind, ihre Kinder zum Test zu schicken. Zu einem Test zudem, dessen mangelnde Eignung für die Erfassung und Beschreibung des Sprachstandes im Deutschen bereits analysiert und kritisiert worden ist (vgl. Roth 2008).

Wissenschaftliche Publikationen

Wissenschaftliche Publikationen sind – sofern sie zu diesem Thema verfasst wurden – Teil des offiziellen Diskurses über die Sprach(n) der Migrationsgesellschaft, sie können also in das Spektrum der empirischen Facetten eingeordnet werden, die im Hinblick auf die Frage der Existenz des Neo-

Linguizismus in Deutschland näher betrachtet werden. Allerdings haben wissenschaftliche Publikationen ein anderes Gewicht als die oben vorgestellten Facetten des Diskurses, weil sie Produkte von Autor/inn/en sind, die in der Regel für sich den Expertenstatus beanspruchen können. Aus dieser Perspektive betrachtet handelt es sich bei wissenschaftliche Publikationen in unterschiedlichem Maße um Expertisen; dieser besondere Status schützt sie allerdings als Teil der sozialen Praxis nicht davor, neo-linguizistisch zu wirken. Um dies zu verdeutlichen wird im Folgenden die Diskussion um den Fortbestand des herkunftssprachlichen Unterrichts wieder aufgegriffen, diesmal fokussiert auf die zu dieser Frage im wissenschaftlichen Diskurs geführte Auseinandersetzung.

Die Begründungen für die teilweise Abschaffung des herkunftssprachlichen Unterrichts[5] speisen sich u.a. einer Reihe wissenschaftlicher Publikationen, die die vermeintliche Nutzlosigkeit der herkunftssprachlichen Unterweisung bzw. der bilingualen Erziehung versuchen nachzuweisen – wohlgemerkt der bilingualen Erziehung in Deutsch und einer Migrantensprache, nicht etwa der englisch-deutschen bilingualen Erziehung.

Ausführlich diskutiert wurde eine Veröffentlichung von Diether Hopf (Hopf 2005), der auf die „time on task"-Hypothese hinweist, d.h. auf die für den Lernprozess benötigte Zeit. Nach Hopf verkürzt der herkunftssprachliche Unterricht die Lernzeit, die die Schülerinnen und Schüler für den Erwerb des Deutschen benötigen. Deshalb spricht er sich für ein reduziertes Curriculum für Schüler/innen mit Migrationshintergrund aus, dem neben fachlichem auch der herkunftssprachliche Unterricht zum Opfer fallen solle. Hopf geht allerdings davon aus, dass die Kinder auch im Falle eines reduzierten Curriculums nicht die Chance haben würden, ihre Leistungen denen der Kinder deutscher Herkunft anzugleichen. Hopf erwähnt in demselben Artikel an anderer Stelle auch, dass der herkunftssprachliche Unterricht zu Beginn der Schulzeit eingesetzt werden könne, um den Kindern den Zugang zum schulischen Unterricht zu erleichtern. Hier kommt der nicht deutschen Herkunftssprache bestenfalls die Rolle eines Instruments zu, das nur so lange gebraucht wird, bis es überflüssig geworden ist – bis sich die Kinder also im Deutschen monolingual deutschsprachigen Schüler/inne/n soweit angeglichen haben, dass sie dem Unterricht folgen können. Um den Kindern jedoch keine „Lernzeit" zu rauben, ist es die Herkunftssprache, die der (vermeintlichen) Belastung zum Opfer fallen soll und kein anderes Unterrichtsfach, was auch diskutierbar gewesen wäre.

5　Die Bezeichnung „herkunftssprachlicher Unterricht" wäre einer eigenständigen Betrachtung wert, denn sie schließt eo ipso aus, dass auch das Deutsche für die Schüler/innen mit Migrationshintergrund Herkunftssprache ist.

Hartmut Esser (z.B. Esser 2006) spricht der Herkunftssprache wörtlich den „Wert an sich" ab und beruft sich auf Untersuchungen, die von ihm dargelegten Kriterien empirischer Forschung stand hielten und ordnet den herkunftssprachlichen Unterricht im Hinblick auf den Erwerb der Zweitsprache und der Verbesserung der schulischen Leistungen als „bestenfalls nicht hilfreich" ein. Er schlussfolgert, dass es nicht sinnvoll sei, in die Lehramtsausbildung für die Befähigung zum Unterrichten an und in die Gründung von bilingualen Schulmodellen zu investieren. Esser begründet dies mit der Arbeitsmarktintegration von Migrant/inn/en in Deutschland. Es lohnt sich seiner Auffassung nach nicht, die jeweilige Herkunftssprache zu lernen, weil sie auf dem Arbeitsmarkt keine Rolle spiele – bis auf Ausnahmen im Falle von Menschen mit hervorragenden und speziellen Qualifikationen oder solchen, die prestigeträchtige Sprachen sprechen. Problematisch ist dabei m.E., Elternwünschen und den Bedürfnissen der Migrant/inn/en mit dem Argument der Arbeitsmarktintegration vorzugreifen und das komplexe Phänomen Sprache auf den ökonomischen Bezug zu reduzieren, ohne diese Einschränkung zu explizieren und zu thematisieren. Des Weiteren ist auffällig, dass die Mehrsprachigkeit von den genannten Wissenschaftlern nicht an sich in Frage gestellt wird, sondern nur im Hinblick auf Migrantenkinder; geprüft werden auch nicht – wie oben angemerkt – alle bilingualen Schulmodelle, sondern nur solche, die auch von Migrant/inn/en- bzw. von Minderheitenkindern besucht werden und mit denen das Ziel verfolgt wird, in auch in den Migrantensprachen bildungssprachliche Kompetenzen zu ermöglichen. Mit der Argumentation der Wissenschaftler wird die Position gestärkt, dass mehrsprachige Bildung der Elite vorbehalten bleiben soll.

Die Positionen von Hopf und Esser wurden kritisch diskutiert. In einer Stellungnahme des vormaligen Programmträgerteams des Modellprogramms FörMig („Förderung von Kindern und Jugendlichen mit Migrationshintergrund"; http://www.blk-foermig.uni-hamburg.de/) wird eine forschungsmethodologische, spracherwerbs- und erziehungswissenschaftliche sowie politisch motivierte Argumentation entfaltet. Das Modell ist von der Grundhaltung geprägt, dass Zwei- und Mehrsprachigkeit eine Ressource darstellen, die es im Sinne der Schüler/innen zu nutzen gilt. Der Behauptung Essers, der Erfolg bilingualer Schulmodelle in den USA sei auf Grund von methodischen Fehlern der dortigen Evaluationsstudien nicht nachweisbar, wird beispielsweise die Widersprüchlichkeit der Evaluationsstudien und die damit verbundene Unmöglichkeit ein generelles Fazit aus diesen Studien zu ziehen, entgegengehalten. Es wird auf eine Schlussfolgerung von Esser selbst hingewiesen, nach der der Erfolg von bilingualen Schulmodellen von der Qualität des Unterrichts abhängig sei, Bezug genommen.

Die Stellungnahme aus dem Modellprogramm FörMig setzt sich aus den o.g. unterschiedlichen Perspektiven mit den Positionen Essers und Hopfs auseinander; der vorliegende Beitrag ergänzt die eingenommenen Perspektiven um die machtkritische Dimension. Es stellt sich aus dieser Perspektive die Frage, warum Esser und Hopf sich trotz des Fehlens fundierter Argumente derart stark für die Abschaffung des herkunftssprachlichen Unterrichts und gegen die Einrichtung von bilingualen Schulen aussprechen.

Fazit

Die Liste dieser Beobachtungen könnte fortgesetzt werden, z.B. mit der Analyse des Problems der Pathologisierung von Mehrsprachigkeit im Gesundheitswesen oder der Kritik der vorherrschenden wissenschaftlichen Terminologie, mit der Mehrsprachigkeit bezeichnet wird. Wichtiger als eine Fortsetzung der Beispiele erscheint mir an dieser Stelle die abschließende Besprechung der Frage, ob die oben beschriebenen Beobachtungen die Befürchtung, dass in Deutschland der Neo-Linguizismus existiert, rechtfertigen.

Die interpretierten Fälle legitimieren in ihrer Gesamtheit die Frage nach dem möglichen Vorhandensein des Neo-Linguizismus in Deutschland, der mit einer Reihe anderer Problematiken verschränkt zu sein scheint, u.a. mit der Reduktion der sprachlich-kulturellen Bedürfnisse auf Kosten-Nutzen-Rechnungen mit dem Fokus auf die Integration von Migrant/inn/en in den Arbeitsmarkt. Sprache erscheint hier als ein Gut, das sich abschütteln lässt, wenn es nicht mehr gebraucht wird. Elitistische Positionen, nach denen nur bestimmte Kombinationen von Sprachen begrüßt werden (z.B. englisch-deutsch bilinguale Schulen), nehmen im wissenschaftlichen Diskurs einen beachteten Platz ein.

Auffallend ist insgesamt die negative Perspektive auf die einwanderungsspezifischen sprachlichen Transformationen in der Gesellschaft (vgl. Mecheril 2005), die mit einer Reihe von Veränderungen einhergehen, nämlich sprachlichen Diversifizierungen wie im Falle der beschriebenen ethnolektalen Verwendung des Deutschen. Hier werden vielleicht auch Schwierigkeiten im Hinblick auf Umgang mit Folgegenerationen sichtbar. Es lässt sich vermuten, dass die oben beschriebenen sprachlichen Veränderungen als Genese neuer kultureller Codes durch Folgegenerationen verstanden werden können, die von Älteren entweder ignoriert oder mit großer Vehemenz bekämpft werden (vgl. King 2004).

Sprache ist neben Religion und einer bestimmten Physiognomie etc. ein weiteres Merkmal, an der ethnische Andersartigkeit erkennbar wird, die aus Sicht nationalstaatlicher Normalitätserwartungen und Entwicklungen als Bedrohung empfunden werden kann und bekämpft werden wird, um die Reproduktion des Staates zu garantieren. Neo-Linguizismus erscheint als Machinstrument, das dazu dient, die sprachlich „Anderen" (vgl. Mecheril 2004) der Nationalsprache des Staates zu unterwerfen. Folgen dessen können Linguizide wie im Falle von Indianersprachen in den USA sein und (damit verschränkt) die Entstehung bzw. Stärkung eines monolingualen Habitus (Gogolin 1994). Eine weitere Folge sind faktische Ausgrenzungen von Menschen, die andere Sprachen sprechen als die Nationalsprache, wie in Deutschland am Fall des „Deutschgebots" erkennbar.

Die betrachteten Fälle legitimieren nicht nur die Frage nach dem Vorhandensein des Neo-Linguizismus in Deutschland; sie deuten die Antwort darauf zumindest an. Der in den migrationsbezogenen Diskursen möglicherweise vorhandene Neo-Linguizismus ist – zusammengefasst – durch die folgenden Merkmale gekennzeichnet (vgl. Mecheril 2004):

a) Der Neo-Linguizismus argumentiert mit Geboten statt mit Verboten („Wir halten uns alle daran Deutsch zu sprechen").

b) Der Neo-Linguizismus argumentiert mit dem Nutzen für die Anderen, für die „Beherrschten" („Es ist für die Jugendlichen gut, auf dem Schulhof Deutsch zu sprechen").

c) Der Neo-Linguizismus sieht den Einbezug „der sprachlich Anderen" programmatisch vor; sie werden nicht schlicht exkludiert, sondern durch eine bestimmte Sprachen ausschließenden Inklusion ihrer Dispositionen beraubt („Die Kinder sollten mit Türkisch keine Zeit verlieren, sondern lieber Deutsch lernen").

d) Der Neo-Linguizismus arbeitet nicht mit den Bildern der „Sonnensprachtheorie"; Deutsch wird nicht als die glänzende Krönung dargestellt, aber auf eine bestimmte Weise zum unerreichbaren Standard gehoben, die der sprachlichen Realität nicht entspricht („Es müssen Briefe geschrieben werden, auch wenn im Alltag alles per SMS erledigt werden kann").

e) Der Neo-Linguizismus ignoriert die multilinguale Realität der Gesellschaft und verkennt die Potenziale verschiedener Sprachen („German only").

Der vorliegende Beitrag wurde mit der Absicht verfasst, die Beziehung zwischen der hiesigen Majoritätssprache, d.h. der Staatssprache Deutsch, und der Migrantensprachen in Deutschland, einer machtkritischen Analyse nach neo-linguizistischen Tendenzen zu unterziehen und damit der reflexiven Betrachtung zugänglich zu machen. Da es sich beim Linguizismus als Teil des Rassismus um ein menschenverachtendes Phänomen handelt, ist die Widerlegung der im vorliegenden Beitrag aufgeworfenen These des Neo-Linguizismus in Deutschland von der Autorin ausdrücklich erwünscht!

Literatur

Bourdieu, Pierre (1990). Was heißt sprechen? Die Ökonomie des sprachlichen Tauschs. Wien: Drammüller.

Dirim, İnci (2005): Zweitsprache Deutsch. In: Lernchancen 43/2005, S. 42-44.

Dirim, İnci & Peter Auer (2004). Türkisch sprechen nicht nur die Türken. Über die Unschärfebeziehung zwischen Sprache und Ethnie in Deutschland. Berlin: de Gruyter.

Ehlich, Konrad (2007). Anforderungen an Verfahren der regelmäßigen Sprachstandsfeststellung als Grundlage für die frühe und individuelle Förderung von Kindern mit und ohne Migrationshintergrund. Bonn: Bundesministerium für Bildung und Forschung (BMBF).

Esser, Hartmut (2006). Bilingualer Unterricht bringt so gut wie nichts. Erziehung und Wissenschaft. In: Zeitschrift der Bildungsgewerkschaft GEW, S. 7-8, 37.

Gogolin, Ingrid (1994). Der monolinguale Habitus der multilingualen Schule. Münster/New York/München/Berlin: Waxmann.

Hieronymus, Andreas (2001). Kinderrecht auf Mehrsprachigkeit? Grundausstattung für eine vielsprachige Welt. In: Grundschule Sprachen 4, S. 36-37.

Hopf, Diether (2005). Zweisprachigkeit und Schulleistung bei Migrantenkindern. In: Zeitschrift für Pädagogik 2, S. 236-251.

Howard, Mary (Hrsg.) (1997). Interkulturelle Konfigurationen. Zur deutschsprachigen Erzählliteratur von Autoren nichtdeutscher Herkunft. München: iudicium.

Keim, Inken (2001). Die Powergirls. Aspekte des kommunikativen Stils einer Migrantengruppe aus Mannheim. In: Jakobs, Eva & Rothkegel, Annely (Hrsg.): Perspektiven auf Stil. Tübingen: Niemeyer, S. 375-400.

Kern, Friederike & Selting, Margret (2006). Einheitskonstruktionen im Türkendeutschen: Grammatische und prosodische Aspekte. In: Zeitschrift für Sprachwissenschaft 25, S. 239-273.

King, Vera (2004). Die Entstehung des Neuen in der Adoleszenz. Individuation, Generativität und Geschlecht in modernisierten Gesellschaften. Wiesbaden: VS-Verlag für Sozialwissenschaften.

Krehut, Anne & Dirim, İnci (2008). Sprachgebrauch außerhalb der Schule. In: Ulrich, Winfried (Hrsg.): Deutschunterricht in Theorie und Praxis. Band VIII: Deutsch als Zweit- und Fremdsprache (hrsg. v. Ahrenholz, Bernd & Oomen-Welke, Ingelore). Baltmannsweiler: Schneider, S. 409-419.

Krüger-Potratz, Marianne (2005). Interkulturelle Bildung. Eine Einführung. Münster/New York/München/Berlin: Waxmann.

Leiprecht, Rudolf (2001). Alltagsrassismus. Eine Untersuchung bei Jugendlichen in Deutschland und den Niederlanden. Münster/New York/München/Berlin: Waxmann.

Löser, Jessica M. (2008). Der „Settlement Worker in School" – Ein kanadisches Unterstützungsmodell für Familien mit Migrationshintergrund. In: Dirim,

İnci, Hauenschild, Katrin, Löser, Jessica, Lütje-Klose, Birgit & Isabel Sievers (Hrsg.): Ethnische Vielfalt und Mehrsprachigkeit an Schulen – Beispiele aus verschiedenen nationalen Kontexten. Frankfurt a.M.: Brandes und Apsel, S. 55-65.

Mecheril, Paul (2004). Einführung in die Migrationspädagogik. Weinheim: Beltz.

Mecheril, Paul (2005). Die Unumgänglichkeit und Unmöglichkeit der Angleichung. Herrschaftskritische Anmerkungen zur Assimilationsdebatte. In: np-Sonderheft, S. 124-140.

Müller, Astrid & Dirim, İnci (2007). Sprachliche Heterogenität – Deutsch lernen in mehrsprachigen Lernkontexten. In: PRAXIS DEUTSCH, H. 202, Jg. 34, S. 6-15.

Pfaff, Carol (2005). „Kanaken in Alemannistan: Feridun Zaimoğlu's Representation of Migrant Language" In: Hinnenkamp, Volker & Meng, Katharina (Hrsg.): Sprachgrenzen überspringen – Sprachliche Hybridität und polykulturelles Selbstverständnis. Tübingen: Narr.

Rösch, Heidi (1992). Migrationsliteratur im interkulturellen Kontext – eine didaktische Studie. Frankfurt a.M.: IKO-Verlag.

Roth, Hans-Joachim (2008). Verfahren zur Sprachstandfeststellung – ein kritischer Überblick. In: Bainski, Christiane & Krüger-Potratz, Marianne (Hrsg.): Handbuch Sprachförderung. Essen: Neue Deutsche Schule Verlagsgesellschaft, S. 22-41.

Simon, Gerd (1989). Zwangsbücherverbrennungen und KZ. Die ideologiegeschichtlichen Hintergründe der nationalsozialistischen Sprachpolitik im Elsaß. http://homepages.uni-tuebingen.de/gerd.simon/zwangsbuecherverbrennungen. pdf (Zugriff am 08.12.2007).

Skuttnab-Kangas, Tove (1984). Bilingualism or not – the education of minorities. Clevedon.

Skutnabb-Kangas, Tove & Phillipson, Robert (1995). Linguistic Human Rights. Over-coming linguistic discrimination. Contributions to the Sociology of Language 67. Berlin/New York: Mouton de Gruyter.

Tetik, Ayşe (2002). „N. Ja. Marr und die türkische Sonnensprachtheorie". In: Archivum Ottomanicum, H. 20, S. 231-267.

Zaimoğlu, Feridun (1995). Kanak Sprak – 24 Mißtöne vom Rande der Gesellschaft. Berlin: Rotbuch.

Zaimoğlu, Feridun (1997). Abschaum. Die wahre Geschichte des Ertan Engin. Hamburg: Rotbuch.

Internetquellen

Gogolin, Ingrid, Neumann, Ursula, Reich, Hans H., Roth, Hans-Joachim & Knut Schwippert. Eine falsche Front im Kampf um die Sprachförderung. Stellungnahme des FörMig-Programmträgers zur aktuellen Zweisprachigkeitsdebatte. http://www.blk-foermig.uni-hamburg.de/cosmea/core/corebase/mediabase/foermig/pdf/Presse/Endfassung_Kampf_um_Sprachfoerderung.pdf (Zugriff am 25.01.2009).

Link zu Informationen über den Deutschtest für Ausländer. http://www.goethe.de/lhr/prj/daz/dfz/deindex.htm (Zugriff am 22.01.2009).

Link zum Archiv der Bayrischen Staatskanzlei. http://www.stkarchiv.bayern.de/Presse-Info/PM/2006MRat/060404-Ministerrat.html#0 (Zugriff am 24.01.2009).

Link zum Hamburger Sprachfördermodell. http://www.hamburg.de/contentblob/73098/data/anlage-3-sprachfoerderung-vsk.pdf (Zugriff am 22.01.2009).

Link zum Modellprogramm FörMig (Förderung von Kindern und Jugendlichen mit Migrationshintergrund). http://www.blk-foermig.uni-hamburg.de/ (Zugriff am 25.01.2009).

Schröder, Christoph (2007). Integration und Sprache. In: Das Parlament. Deutscher Bundestag und Bundeszentrale für politische Bildung; abrufbar über: http://www.das-parlament.de/2007/22-23/Beilage/002.html (Zugriff am 24.01.2009).

Migrationsgesellschaftliche
Bildungsräume

Sabine Hornberg

Mehrsprachigkeit. Kulturelles Kapital oder Bürde in der Schule?

In der Bundesrepublik Deutschland herrscht, anders als beispielsweise in dem klassischen Einwanderungsland Kanada, keineswegs Einigkeit bezüglich der Frage nach der Förderung von Herkunftssprachen, von Zwei- oder Mehrsprachigkeit in Schule. Dies mag auch darin begründet sein, dass die ‚Pflege und der Erhalt' der Sprachen der von der Bundesrepublik Deutschland angeworbenen und nach Deutschland zugewanderten sog. Gastarbeiterinnen und Gastarbeiter zunächst und zum Teil bis heute noch Angelegenheit der Entsendestaaten ist. Davon zeugt beispielsweise der Muttersprachliche Unterricht, der in der Regel zusätzlich zu dem für alle Schülerinnen und Schüler verpflichtenden Unterricht von Lehrkräften im Auftrag der ehemaligen Entsendestaaten und zumindest in der Vergangenheit in der Regel entlang eines von diesen Staaten festgelegten Curriculums erteilt wurde (vgl. Reich u.a., 1983). Diese Regelung spiegelt die bis in die späten 1970er Jahre gültige Intention wider, dass die Zugewanderten und ihre Familien nach einer gewissen Zeit in Deutschland wieder in ihre Herkunftsstaaten zurückkehren würden und hat in der Konsequenz die Ausgliederung der Förderung der Herkunftssprachen von Immigrantinnen und Immigranten aus dem deutschen Schulsystem begünstigt. Seit Beginn der Anwerbung der ‚Gastarbeiterinnen und Gastarbeiter' ist mehr als ein halbes Jahrhundert verstrichen und seither haben mannigfache bis dahin nicht existierende oder wenig verbreitete Internationalisierungspostulate in vielfacher Hinsicht Eingang in das deutsche Schulsystem gefunden. Zu ihren zentralen Erscheinungsformen zählt sicherlich der zunehmende Wert, den mehrsprachliche Kompetenzen heute erfahren. Dies äußert sich in einer Zunahme des Fremdsprachenangebots, das es Schülerinnen und Schülern ermöglicht, mehrsprachliche Kompetenzen und damit kulturelles Kapital zu erwerben, das im privaten Bereich, im öffentlichen Leben wie auf dem internationalen Arbeitsmarkt in soziales, ökonomisches und institutionalisiertes kulturelles Kapital, zum Beispiel in Form von Zertifikaten, konvertierbar ist.

Der vorliegende Beitrag befasst sich mit dem Thema ‚Mehrsprachigkeit' und nähert sich ihm aus zwei Perspektiven: Mehrsprachigkeit wird zum einen als Indikator für zunehmende Prozesse der Internationalisierung im Bildungswesen interpretiert und ihr Wert in diesen Zusammenhängen knapp heraus-

gestellt. Dies geschieht mit Rekurs auf die nach dem Zweiten Weltkrieg gegründete Europäische Gemeinschaft (EG) und heutige Europäische Union
(EU), die seit ihrem Bestehen in besonderer Weise dem Erhalt und der Förderung von Mehrsprachigkeit verpflichtet ist. Die in diesem Zusammenhang
verfolgten Argumentationsgänge sind sowohl normativ hergeleitet wie auch
utilitaristischen Interessen verpflichtet, wie im ersten Teil dieses Beitrages
knapp dargelegt wird. Der zweite, hier verfolgte Strang greift demgegenüber empirische Befunde zur Mehrsprachigkeit auf. Dazu wird auf zwei im
deutschsprachigen Raum realisierte Studien zu dieser Thematik näher eingegangen: LESELUX (Berg u.a. 2009), eine in der Luxemburger Primarschule durchgeführte Studie befasst sich im Anschluss an PIRLS 2006 mit der
Lesekompetenz von Sechstklässlerinnen und Sechstklässlern in deutscher
und französischer Sprache. LESELUX wird hier aufgrund der besonderen
Sprachensituation in Luxemburg und die explizite Förderung von Mehrsprachigkeit im luxemburgischen Schulsystem herangezogen. DESI (DESI
Konsortium 2008) hingegen, die zweite hier rezipierte empirische Studie,
wurde mit Neuntklässlerinnen und Neuntklässlern aller Schulformen Schulen
in Deutschland durchgeführt und erbrachte repräsentative Befunde zu den
Kompetenzen mehrsprachig Sozialisierter, zum Beispiel im Hinblick auf die
Fremdsprache ‚Englisch‘.

1.   Mehrsprachigkeit als kulturelles Kapital

Am 1. Januar 2007 hat die Europäische Union (EU) erstmals in ihrer Geschichte ein EU-Kommissariat für Mehrsprachigkeit eingerichtet, um der
Bedeutung, die sie ihr für den interkulturellen Dialog beimisst, Nachdruck
zu verleihen. Ein Jahr später legte die von der Europäischen Kommission
eingesetzte ‚Intellektuellengruppe für den interkulturellen Dialog‘ (2008[1]),
dem u.a. Jutta Limbach, Präsidentin des Goethe-Instituts, David Green, Prä-
sident von EUNIC (European Network of National Cultural Institutes) und
der Schriftsteller Tahar Ben Jelloun angehörten, Vorschläge zu dem Thema:
„Eine lohnende Herausforderung. Wie Mehrsprachigkeit zur Konsolidierung
Europas beitragen kann" vor. Dort wird unter anderem die Einführung einer
„persönlichen Adoptivsprache" vorgeschlagen, die jede Bürgerin und jeder
Bürger freiwillig neben der internationalen Verkehrssprache Englisch erlernen solle und die „keineswegs eine zweite Fremdsprache, sondern vielmehr

---

1   Der Bericht findet sich unter: http://ec.europa.eu/education/policies/lang/doc/maalouf/
report_de.pdf; Abruf vom 16.12.2009.

gewissermaßen eine zweite Muttersprache" wäre (ebd., S. 11). Die Gruppe führt dazu weiter aus:

„Intensiv erlernt, laufend gesprochen und geschrieben würde sie in die schulische und universitäre Laufbahn jedes europäischen Bürgers ebenso Eingang finden wie in den beruflichen Werdegang eines jeden Einzelnen. Das Erlernen dieser Sprache würde mit einem Vertrautwerden mit dem Land oder den Ländern einhergehen, wo diese Sprache gesprochen wird, mit der Literatur, der Kultur, der Gesellschaft und der Geschichte, die mit dieser Sprache und denen, die sie sprechen, verbunden sind. Durch diesen Ansatz möchten wir die gegenwärtig herrschende Rivalität zwischen dem Englischen und den anderen Sprachen überwinden (…). Indem bei der Entscheidung klar zwischen einer internationalen Verkehrssprache und einer persönlichen Adoptivsprache unterschieden wird, würden die Europäer ermutigt, in der Frage des Sprachenerwerbs zwei getrennte Entscheidungen treffen: Die eine würde von den Anforderungen der Kommunikation im weitesten Sinne diktiert, die andere von einem Bündel persönlicher Beweggründe geleitet, die mit dem individuellen oder familiären Lebensweg, emotionalen Bindungen, beruflichen Neigungen, kulturellen Präferenzen, intellektueller Neugier usw. zusammenhängen."

Die Gruppe bezieht die Möglichkeit, eine europäische Minderheitensprache als „persönliche Adoptivsprache" zu wählen, ausdrücklich in ihren Vorschlag mit ein und schlägt im Hinblick auf Zuwanderer vor, dass sie die Sprache des Staates, in dem sie leben, als Adoptivsprache wählen. Damit dieser Vorschlag nicht als einseitige Assimilationsanforderung an europäische Migrantinnen und Migranten wie auch an Zugewanderte aus Staaten außerhalb der EU verbleibt, führt die Gruppe ferner aus (ebd., S. 24f.):

„Ebenso wie die Einwanderer ermutigt würden, die Sprache des Aufnahmestaates und die Kultur, die sie in sich trägt, voll und ganz anzunehmen, zu ‚adoptieren', wäre es nur fair und nutzbringend, dass auch die Sprachen, die die Identität der Einwanderer begründen, zu jenen Sprachen zählen, die die Europäer selbst zu ‚adoptieren' ermutigt würden. Man sollte Schritt für Schritt einen Weg aus dieser Einbahnbeziehung finden, in der jene Menschen, die von anderswo gekommen sind, die europäischen Sprachen immer besser erlernen, jedoch wenige Menschen auf Seiten der Europäer die Mühe auf sich nehmen, die Sprachen der Einwanderer zu erlernen. Diese brauchen es, zu spüren, dass die Gesellschaften, in deren Mitte sie leben, ihre Sprache, ihre Literatur und ihre Kultur kennen und schätzen, und wir meinen, dass

der Ansatz, der sich auf die persönliche Adoptivsprache gründet, dazu beitragen könnte, das herrschende Unbehagen zu zerstreuen."
Eine kritische Lesart der im Auftrag der EU von der ‚Intellektuellengruppe für den interkulturellen Dialog' unterbreiteten Vorschläge würde auf Begriffe und damit einer gehende Konzepte abheben, zum Beispiel darauf, dass „Kultur" im Singular verwendet und damit die Hybridität der Kulturen unterschlagen wird, was Konsequenzen für die Frage danach hat, was es bedeutet, wenn Migranten „ermutigt" werden sollen, „die Sprache des Aufnahmestaates und die Kultur, die sie in sich trägt, voll und ganz anzunehmen, zu „adoptieren" (ebd., S. 24). Aus bildungspolitischer, -administrativer und schulpraktischer Sicht würde andererseits vermutlich kritisch hinterfragt werden, wie die Einführung von Adoptivsprachen im Pflichtschulbereich realisiert werden könne, insbesondere wenn es sich um Sprachen handelt, die nur von wenigen Interessierten nachgefragt werden. Und schließlich gibt es natürlich immer das Argument, dass es sich lediglich um programmatische Vorschläge einer politischen Organisation handelt und dass erst Ansätze zu ihrer Realisierung unsere Aufmerksamkeit verdienen. Dabei übersieht der letztgenannte Einwand jedoch, dass die EU mit diesen Vorschlägen konsequent eine Politik fortführt, die sie bereits seit ihren Anfängen prägt und mit der sie zum einen utilitaristische Interessen im Sinne einer bestmöglichen Wettbewerbsfähigkeit ihrer Bürgerinnen und Bürger und damit der in der EU zusammen geschlossenen Staaten verfolgt, zum anderen ihr normatives Anliegen, auf dem Hintergrund des Zweiten Weltkrieges einen Beitrag zur Völkerverständigung, oder um dem aktuellen Sprachgebrauch zu folgen: zum interkulturellen Dialog zu leisten. Davon zeugen mannigfaltige Aktivitäten im berufsbildenden und allgemein bildenden Bereich der EU, die hier nicht vertieft werden können, für die aber beispielsweise Programme wie Leonardo da Vinci, Lingua, Sokrates oder Comenius stehen.

Bemerkenswert an den Vorschlägen der eingesetzten ‚Intellektuellengruppe für den interkulturellen Dialog', die sich die EU mit ihrer Veröffentlichung derselben in Form einer Schlussfolgerung zu eigen macht, sind insbesondere zwei Aspekte: Die zum Ausdruck gebrachte Wertschätzung nicht nur der National-, Regionalsprachen und Kulturen der Authochthonen in der EU, sondern auch der aus außereuropäischen Staaten Zugewanderten und ihren Nachkommen, sowie der Vorschlag, künftig zwischen einer globalen Kommunikationssprache (Englisch) und einer individuellen Adoptivsprache zu unterscheiden, wobei letztere günstigstenfalls so gut beherrscht werden soll wie eine zweite „Muttersprache". Für Protagonisten einer stärkeren Berücksichtigung der Herkunfts- bzw. Familiensprachen der Schülerinnen und Schüler mit Migrationshintergrund in den Bildungs- und Schulsystemen der

EU böte sich hier ein Ansatzpunkt. Die EU, daran sei an dieser Stelle noch einmal erinnert, ist eine supranationale Organisation, die im Auftrag und im Namen ihrer zurzeit 27 Mitgliedstaaten bildungspolitische Leitlinien vorgibt und deren Realisierung im Rahmen ihrer legislativen Möglichkeiten vorantreibt. Sie konnte seit ihrem Bestehen ihren Einfluss auch im allgemein bildenden Bildungsbereich sukzessive ausbauen, und zwar nicht zuletzt über Artikel 149 ‚Allgemeine und berufliche Bildung und Jugend' (Vertrag von Amsterdam 1997, hrsg. vom Presse und Informationsamt der Bundesregierung, 1998, S. 134f.), auch wenn dort das Subsidiaritätsprinzip fortgeschrieben wurde, wonach die Verantwortung für die Lehrinhalte und die Gestaltung der Bildungssysteme bei den Mitgliedstaaten liegt und die EU die Tätigkeit der Mitgliedstaaten im Bildungsbereich nur unter Beachtung dieser Zuständigkeit „erforderlichenfalls unterstützt und ergänzt" (ebd., S. 134). Die EU kann in diesem Sinne jedoch Anreize schaffen (vgl. Council of the European Union 2008[2]; Europäisches Parlament 2008[3]) und arbeitet auch mit im Bildungsbereich tätigen internationalen Organisation wie der UNESCO und europäischen Organisationen zusammen. Sie kooperiert beispielsweise mit dem Europarat, der den ‚Gemeinsamen Europäischen Referenzrahmen für Sprachen'[4] entwickelt hat, der heute in mehr als 30 Sprachen vorliegt und in die Neustrukturierung nationaler Curricula einfließt, oder das ‚Europäische Portfolio der Sprachen'[5], das für den Schul- und Weiterbildungsbereich angepasst werden kann und einen international vergleichbaren Dokumentationsrahmen für den Fremdspracherwerb und Mehrsprachigkeit, individuelle sprachliche Lernentwicklungen und Leistungen, Sprachkontakte und interkulturelle Erfahrungen, aber auch didaktische Anregungen bereit stellt.

In der Bundesrepublik Deutschland und in den deutschsprachigen Anrainerstaaten ist der Mehrsprachigkeitsaspekt seit mehr als einer Dekade insbesondere im Zuge internationaler Schulleistungsstudien wie dem Programme for International Student Assessment (PISA) oder der Progress in International Reading Literacy Study (PIRLS), hierzulande bekannter unter dem Akronym IGLU (Internationale Grundschul-Lese-Untersuchung), wieder stärker

---

2 Council of the European Union: Council Conclusions on multilingualism; http://www. consilium.europa.eu/ueDocs/cms_Data/docs/pressData/en/educ/100549.pdf; Abruf vom 16.12.2009.

3 Entschließung des Europäischen Parlaments vom 24. März 2009 zur Mehrsprachigkeit: Trumpfkarte Europas, aber auch gemeinsame Verpflichtung. http://www.europarl.europa. eu/sides/getDoc.do?pubRef=-//EP//TEXT+TA+P6-TA-2009-0162+0+DOC+XML+V0//de; Abruf vom 16.12.2009.

4 Abrufbar unter: http://www.coe.int/t/dg4/linguistic/default_EN.asp?; Abruf vom 16.12.2009.

5 Vgl. http://www.learn-line.nrw.de/angebote/eps2/; Abruf vom 16.12.2009 oder auf der Homepage des Europarates: http://www.coe.int/t/dg4/linguistic/default_EN.asp?, Abruf vom 16.12.2009.

in das Zentrum der Aufmerksamkeit gerückt. Die mit diesen Studien empirisch gewonnenen Befunde dokumentieren im internationalen Vergleich für
das deutsche wie das luxemburgische Schulsystem gravierende Bildungsbenachteiligung von Heranwachsenden mit Migrationshintergrund und darunter
von mehrsprachig Aufwachsenden (vgl. Ramm u.a. 2004, 2005; Schwippert
u.a. 2007, 2008; Walter & Taskinnen 2007). In diesem Zusammenhang richtete sich das Augenmerk auch auf die sozioökonomischen und soziokulturellen Herkünfte der Schülerinnen und Schüler, die als zentrale Faktoren für die
konstatierte Bildungsbenachteiligung identifiziert wurden. Die Befunde gaben
der Diskussion darüber, wie dieser Benachteiligung im Schulsystem zu begegnen sei, neuen Auftrieb und führten unter anderem zu Diskussionen, die
pointiert zugespitzt zwischen zwei Polen changieren: Die eine Position, für
die prominent Hartmut Esser (2004, 2006) steht, mündet in der einseitigen
Assimilationsanforderung an mehrsprachig Heranwachsende aus Familien
mit Migrationsgeschichte. Demnach sei es zunächst und vorrangig die Aufgabe der Schule, die Heranwachsenden mit Migrationshintergrund an einen
kompetenten Gebrauch der Nationalsprache und Unterrichtssprache heran zu
führen. Die Förderung der Familiensprachen der Schülerinnen und Schüler
mit Migrationsgeschichte hingegen sei in der Schule vernachlässigbar, da
nicht hinreichend empirische Belege vorlägen, die ihre Berücksichtigung als
notwendig für den Spracherwerb in der National- und Unterrichtssprache
belegen. Demgegenüber steht eine Position, wie sie unter anderem Ingrid
Gogolin vertritt. Im Anschluss an den historisch gewachsenen „monolingualen Habitus der multilingualen Schule" (1994) und die damit einhergehende Negierung davon abweichender Sprachen in der Schule zum Zwecke der
Aufrechterhaltung desselben sowie vor dem Hintergrund von theoretischen
Konzepten und in diesen Kontexten gewonnenen Forschungsergebnissen aus
dem angelsächsischen Raum (z.B. Cummins 1993), plädieren Gogolin und
andere für eine Berücksichtigung und Förderung der Familiensprachen der
Herwachsenden mit Migrationsgeschichte in der Schule. Sie (vgl. auch Dirim in diesem Band) begründen dies zum einen damit, dass so die familien-
sprachlichen Kompetenzen der Schülerinnen und Schüler in Richtung einer
Bildungszweisprachigkeit entwickelt werden könnten, zum anderen damit,
dass die Nichtberücksichtigung der Herkunfts- oder Familiensprachen in der
Schule diese als nicht legitimes Medium der Kommunikation und Bezugspunkt in der Schule erscheinen lasse; dies habe nicht nur Konsequenzen für
die Stellung und Wahrnehmung der betroffenen Sprachen durch die am Bildungsprozess Beteiligten, sondern auch für die mit den Sprachen verknüpften kulturellen Hintergründe, ihre Sprecherinnen und Sprecher. Ein weiteres
und für Bildungsprozesse zentrales Argument ist der Mehrwert der Nutzung

der Familiensprachen als Medium des Lehrens und Lernens in der Schule, wie dies beispielsweise in Kanada geschieht. Damit würde den mehrsprachig aufwachsenden Schülerinnen und Schülern ermöglicht, ihre im außerschulischen Kontext erworbenen (sozialisations-)sprachlichen Ressourcen im Unterricht zu verwenden.

2. Mehrsprachigkeit als Bürde?

Internationale Schulleistungsstudien wie TIMSS (Trends in International Mathematics and Science Study), PISA und PIRLS/IGLU haben wiederholt die Bildungsbenachteiligung von Schülerinnen und Schülern mit Migrationshintergrund, und darunter auch von jenen, die mehrsprachig aufwachsen, im deutschen Schulsystem aufgezeigt. In diesen Studien werden neben Schülerleistungen auch Informationen über die Schülerinnen und Schüler, die Schulen und im Rahmen von IGLU/PIRLS auch über ihre Elternhäuser erhoben. Dazu werden die Heranwachsenden und ihre Eltern beispielsweise nach ihrem Geburtsort (als Indikator für einen Migrationshintergrund) und nach den von ihnen zuhause gesprochenen Sprachen (als Indikator für ein von Mehrsprachigkeit geprägtes Umfeld) befragt; ein oder mehrfache Wechsel zwischen zwei Staaten und Bildungssystemen werden allerdings nicht erfasst. Schülereltern werden ferner um Angaben zu den von ihnen ausgeübten Berufen und die höchsten von ihnen erworbenen Bildungsabschlüsse gebeten. Diese Informationen fließen in Analysen ein, die dazu dienen, Anhaltspunkte für das den Heranwachsenden und ihren Familien zur Verfügung stehende ökonomische, soziale und kulturelle Kapital (Bourdieu 1982) zu gewinnen und werden beispielsweise für die kommunale Schulentwicklung adaptiert, um eine den individuellen Ausgangsbedingungen von Schulen gerechter werdende Ressourcenausstattung zu erreichen.

Die Ergebnisse internationaler Schulleistungsstudien rezipieren nicht nur nationale Bildungsagenturen, sondern auch internationale Bildungsorganisationen. So hat unlängst der Menschenrechtskommissar der Vereinten Nationen im Anschluss an die Befunde von PISA 2007 die Bundesrepublik Deutschland mit Blick auf das bereits ab der Primarschule greifende Sonderschulwesen auf die damit einhergehende institutionalisierte Diskriminierung von Schülerinnen und Schülern aufgrund von physischen und psychischen Merkmalen hingewiesen; dies betrifft insbesondere auch Heranwachsende mit Migrationshintergrund in Deutschland, die auch heute noch überproportional stark an Schulen für Lernbehinderungen vertreten sind (Gomolla & Radtke 2002). Der Faktor Migrationshintergrund erklärt die Benachteiligung der mit diesem Begriff gefassten Gruppen jedoch nicht hinreichend, sondern bietet lediglich einen Ansatzpunkt. Deshalb werden in diesen Studien darüber hinaus sozioökonomische und soziokulturelle Faktoren berücksichtigt, die im Zusammenhang mit Lernentwicklungen im Allgemeinen und den jeweils getesteten Domänen stehen. PIRLS/IGLU 2006, die Internationale Grundschul-Lese-Untersuchung, mit der weltweit in den an ihr beteiligten Staaten im Turnus von fünf Jahren die Lesekompetenz von Schülerinnen und Schülern am Ende der vierten Klasse erhoben wird, hat beispielsweise für das deutsche Schulsystem erbracht, dass Schülerinnen und Schüler, deren Eltern im Ausland geboren wurden, auf der IGLU-2006-Leseskala bei der Bearbeitung von deutschsprachigen Lesetexten durchschnittlich eine um 48 Punkte geringere Leseleistung dokumentieren als ihre Gleichaltrigen ohne Migrationshintergrund (Schwippert u.a. 2007, S. 267). In Luxemburg, wo aufgrund der Mehrsprachigkeit der Kinder im Rahmen von PIRLS 2006 Fünftklässlerinnen und -klässler die Lesetests bearbeiteten, beträgt die Differenz zwischen Kindern mit und ohne Migrationshintergrund 55 Punkte (ebd.). Um diese Angaben besser einordnen zu können, sei daran erinnert, dass sich für Deutschland gezeigt hat, dass der durchschnittliche im Laufe eines Schuljahres erworbene Kompetenzzuwachs im Lesen (von der dritten zu vierten Klasse) 49 Punkte auf der PIRLS-2006-Leseskala beträgt (Bos u.a. 2007, S. 110). Verteilt auf die in IGLU 2006 gebildeten fünf Kompetenzstufen des Lesens hat sich für Schülerinnen und Schüler bei IGLU ferner gezeigt, dass 26,0 Prozent derjenigen mit Migrationshintergrund (gegenüber 6,7% ohne Migrationshintergrund) und 20,0 Prozent der Kinder mit Migrationshintergrund (und 4,0% derjenigen ohne Migrationshintergrund) in Luxemburg lediglich Kompetenzstufe II erreichen. Leseleistungen auf Kompetenzstufe III dokumentieren in Deutschland 44,3 Prozent der Kinder mit und 31,5 Prozent der Kinder ohne Migrationshintergrund; für Luxemburg lauten die entsprechenden Werte 42,9 Prozent und 23,5 Prozent. Kompetenzstufe IV erreichen in Deutschland 26,4 Prozent der Grundschülerinnen und -schüler mit und 47,7 Prozent derjenigen ohne Migrationshintergrund, für Luxemburg sind die entsprechenden Werte 30,1 Prozent und 49,4 Prozent. Nur 3,6 Prozent der an IGLU 2006 beteiligten Kinder mit und 14,2 Prozent der Kinder ohne Migrationshintergrund zeigen in Deutschland Leseleistungen auf der höchsten Kompetenzstufe V, in Luxemburg sind es unter den Kindern mit Migrationshintergrund 6,7 Prozent und unter jenen ohne Migrationshintergrund 23,5 Prozent. Etwa zwei Drittel (70,0%) der Schülerinnen und Schüler mit Migrationshintergrund und ein gutes Drittel (38,1%) der Kinder ohne Migrationsgeschichte haben mithin im deutschen Schulwesen am Ende der vierten Klasse nicht die Kompetenz erworben, zentrale Handlungsabläufe in einem Text aufzufinden und die Hauptgedanken des Textes zu erfassen und zu erläutern (Kompetenzstufe IV auf der IGLU-2006-Leseskala); in Luxemburg trifft dies auf 63,0 Prozent der Fünftklässlerinnen und -klässler mit und 27,0 Prozent derjenigen ohne Migrationshintergrund zu (Schwippert u.a. 2007, S. 253).

Diese Befunde spiegeln für die deutsche wie die luxemburgische Primarschule eine gravierende Bildungsbenachteiligung von Kindern mit Migrationshintergrund in einer kulturellen Kernkompetenz, dem Lesen, wider. Dabei erweist sich der Faktor ‚Migrationshintergrund' als ein erster, aber unzureichend aussagekräftiger Ansatzpunkt um von Bildungsbenachteiligung betroffene Gruppen zu identifizieren, wie eine Regressionsanalyse zeigt. Sie erbrachte, dass unter Hinzunahme von weiteren Indikatoren zu dem der Schülerschaft und ihren Familien zur Verfügung stehenden ökonomischen, sozialen und kulturellen Kapital in Deutschland 21 Punkte des Leistungsrückstands der Kinder mit Migrationshintergrund erklärt werden können und „nur" noch ein unaufgeklärter Rest von 27 Punkten, in Luxemburg von 34 Punkten besteht. Oder anders ausgedrückt: Einen erheblichen Anteil des Leistungsrückstands von Schülerinnen und Schülern aus Familien mit Migrationshintergrund erklären die sozialen Lagen der Familien (ebd., S. 263f.). Der Faktor ‚Mehrsprachigkeit' ist in diese regressionsanalytische Auswertung nicht eingegangen, weitere im Rahmen von PIRLS/IGLU 2006 durchgeführte Mehrebenenanalysen haben jedoch für Deutschland gezeigt, dass Kinder, die zu Hause neben Deutsch eine oder mehrere andere Sprachen sprechen, ein um ca. 6 Punkte verringertes erwartetes Leseverständnis aufweisen als Kinder, die zuhause immer Deutsch sprechen. Der Befund erreicht kein statistisch signifikantes Niveau, ist aber bei gleichzeitiger Betrachtung weiterer im Modell berücksichtigten Informationen als generelle Tendenz zu interpretieren (p = .069) (Schwippert, Hornberg & Goy 2008, S. 122). In Luxemburg hat sich bei PIRLS 2006 demgegenüber gezeigt, dass zweisprachige Schülerinnen und Schüler eine deutlich über dem Luxemburger Mittelwert liegende Lesekompetenz erreichen, einsprachige Kinder eine knapp darunter liegende und drei- und mehrsprachige Schülerinnen und Schüler eine deutlich darunter liegende Lesekompetenz (Freiberg, Hornberg & Kühn 2007, S. 198).

Die hier für Primarschülerinnen und -schüler in Deutschland und Luxemburg berichteten Befunde zur Bildungsbeteiligung von Kindern mit Migrationshintergrund haben für beide Schulsysteme eine gravierende Bildungsbenachteiligung dieser Gruppe gezeigt, die jedoch einen deutlich stärkeren (signifikanten) Zusammenhang mit den sozialen Lagen der Schülerschaften und ihren Familien als mit ihrem heimischen Sprachgebrauch aufweist. Im Falle Luxemburgs zeigte sich gar eine durchschnittlich höhere Lesekompetenz bei zweisprachigen Schülerinnen und Schüler als bei einsprachigen.

3. Mehrsprachigkeit als kulturelles Kapital?
    Empirische Befunde aus dem deutschen Sprachraum

Im deutschsprachigen Raum liegen bisher nur wenige empirische Befunde
zur Bedeutung von Mehrsprachigkeit für den Erfolg in der Beherrschung
von Fremdsprachen vor. In Luxemburg wurde dazu 2008 eine kleinere empirische Studie durchgeführt, aus der im Folgenden ausgewählte Befunde berichtet werden. Zum besseren Verständnis dieser Befunde werden zunächst
einige Hintergrundinformationen zu Luxemburg und der luxemburgischen
Primarschule gegeben: Das Großherzogtum Luxemburg kann aufgrund seiner historischen, demografischen und sozialen Entwicklungen „sprachlich als
Pluriglossie gekennzeichnet werden. Luxemburgisch (Lëtzebuergesch), Französisch und Deutsch gelten nach dem Sprachengesetz (loi sur le régime des
langues) vom 24. Februar 1984 als langues administratives et judiciaires. Luxemburgisch ist zudem Nationalsprache (langue nationale)" (Kühn & Reding
2007, S. 20), Alltags- und Kommunikationssprache, Deutsch tritt primär als
Medien- (Fernsehen) und Schriftsprache (Zeitschriften, Bücher) in Erscheinung, Französisch als Verwaltungs- und Gesetzessprache. Kinderbücher werden zunehmend auch auf Luxemburgisch verfasst; andere Belletristik wird
von Luxemburgern in deutscher, französischer und luxemburgischer Sprache
geschrieben, weshalb man heute auch von „Tri-Literalität" spricht (ebd. S.
21). In der luxemburgischen Schule werden Deutsch und Französisch seit
ihren Anfängen im 18. Jahrhundert unterrichtet, heute ferner auch Luxemburgisch. Dieser Sprachunterricht beansprucht in den Klassenstufen eins bis
sechs der Primarschule 46,0 Prozent der Wochenstunden. Alphabetisierung
findet im ersten und zweiten Schuljahr im Umfang von acht Wochenstunden im Fach Deutsch statt, Mathematik und Sachkunde werden in deutscher
Sprache unterrichtet. Ab der zweiten Hälfte des zweiten Schuljahres wird
ferner Französisch als Unterrichtsfach im Umfang von sieben Wochenstunden unterrichtet (ebd., S. 7f.). Luxemburg ist nicht nur ein von der historisch
gewachsenen Mehrsprachigkeit geprägtes Land, sondern auch Standort für
zentrale Institutionen der Europäischen Union und Zielland für Migrantinnen
und Migranten; rund 40,0 Prozent der Schülerinnen und Schüler Luxemburgs
gehören zu dieser Gruppe; am stärksten vertreten sind Sprecherinnen und
Sprecher des Italienischen (13,4%) und des Portugiesischen (4,3%) (ebd., S.
1).
       Im Rahmen von PIRLS 2006 haben die Fünftklässlerinnen und -kläss-
ler in Luxemburg deutschsprachige Lesetests bearbeitet, d.h. es wurde ihre
Lesekompetenz in der deutschen Sprache getestet. Vor dem Hintergrund der
besonderen Sprachensituation in Luxemburg und des beträchtlichen Anteils

am Gesamtunterricht, den der Sprachunterricht in Deutsch und Französisch in der luxemburgischen Primarschule einnimmt, stellt sich die Frage, wie sich die Lesekompetenz der Schülerinnen und Schüler in beiden Sprachen darstellt. Mit der im Frühjahr 2008 mit einer Stichprobe von Sechstkläss-lerinnen und Sechstklässlern in Luxemburg durchgeführten Studie: „LESE-LUX – Lesekompetenzen Luxemburger Schülerinnen und Schüler auf dem Prüfstand. PIRLS – Zusatzstudie Deutsch/Französisch", wurde dieser Fra-gestellung nachgegangen (Berg u.a. 2009). Eingesetzt wurden im Rahmen der Erhebung je ein deutsch- und ein französischsprachiger PIRLS-Lesetest sowie Fragebögen für die Schülerinnen und Schüler, ihre Eltern und Lehr-kräfte. Die mit LESELUX erhobenen Befunde wurden auf der internationa-len PIRLS 2006-Leseskala eingeordnet (vgl. vertiefend zu dem Folgenden, Hornberg & Kühn 2009, S. 65-88).

Bei PIRLS 2006 demonstrierten die Fünftklässlerinnen und Fünftklässler an Primarschulen in Luxemburg im internationalen Vergleich sehr gute Lese-kompetenzen im deutschsprachigen Lesetest (Mittelwert: 557 Punkte auf der PIRLS-2006-Leseskala). Unter Berücksichtigung eines Migrationshintergrun-des der Kinder scheint allerdings ein ambivalentes Bild auf: Kinder, deren Eltern im Ausland geboren wurden, erreichten auf der PIRLS-2006-Leseska-la einen Mittelwert von 528 Punkten, Kinder mit nur einem im Ausland ge-borenen Elternteil dagegen einen Mittelwert von 567 Punkten (Freiberg u.a. 2007, S. 193). LESELUX bestätigt diese Befunde nur teilweise, wie Tabelle 1 zeigt:

Tabelle IV.1:   Lesekompetenzen von Mädchen und Jungen und Migrationshintergrund

	LESELUX (deu.)			LESELUX (fra.)		
	n	M	(SE)	n	M	(SE)
Beide Eltern im Inland geboren						
Mädchen	213	606	(4.6)	211	512	(5.4)
Jungen	202	608	(4.7)	200	497	(6.5)
Ein Elternteil im Ausland geboren						
Mädchen	81	594	(7.5)	77	525	(9.2)
Jungen	93	594	(6.9)	90	530	(8.9)
Beide Eltern im Ausland geboren						
Mädchen	208	565	(6.0)	205	534	(5.9)
Jungen	196	566	(5.0)	192	524	(5.7)

Bei LESELUX erreichen Jungen (Mittelwert: 608 Punkte) ohne Migrationshintergrund im deutschsprachigen Lesetest zwei Punkte mehr als Mädchen
(606 Punkte) auf der PIRLS-2006-Leseskala, dagegen Mädchen (Mittelwert:
512 Punkte) im französischsprachigen Lesetest 15 Punkte mehr als Jungen
(Mittelwert: 497 Punkte). Damit demonstrieren beide Geschlechter im französischsprachigen Test Leseleistungen, die deutlich unter den von ihnen im
deutschsprachigen Text erbrachten Leistungen liegen. Ein vergleichbares
Bild zeigt sich für Sechstklässlerinnen und -klässler mit einem im Ausland
geborenen Elternteil: Mädchen und Jungen, auf die dies zutrifft, erreichen
bei LESELUX im deutsprachigen Test einen Mittelwert von 594 Punkten,
und damit jeweils höhere Lesekompetenzwerte als im französischsprachigen Test. Jungen mit einem im Ausland geborenen Elternteil (Mittelwert:
530 Punkte) bearbeiteten den französischsprachigen Test im Mittel erfolg-
reicher als Mädchen (Mittelwert: 525 Punkte), deren Vater oder Mutter im
Ausland geboren wurde. Hervorsticht, dass Schülerinnen und Schüler, deren
Eltern im Ausland geboren wurden, im französischsprachigen Test insgesamt
bessere Werte dokumentieren als Kinder ohne Migrationshintergrund; Mädchen (Mittelwert: 534 Punkte) mit im Ausland geborenen Eltern erreichen
im französischsprachigen Test insgesamt die höchsten Werte, Jungen mit im
Ausland geborenen Eltern einen Mittelwert von 524 Punkten.

Die Luxemburger Bevölkerung und Schülerschaft ist von Mehrsprachigkeit geprägt. So gaben 46,1 Prozent der Eltern der an LESELUX beteiligten Kinder an, im häuslichen Kontext vor der Einschulung mit ihrem Kind
nur eine Sprache gesprochen zu haben (bei PIRLS 2006: 46,4%), 41,3 Prozent (PIRLS 2006: 34,9%) nannten zwei Sprachen und 12,5 Prozent (PIRLS
2006: 23,9%) mehr als zwei Sprachen (vgl. Abb. 1). Das heißt, dass etwa
die Hälfte der an LESELUX beteiligten Sechstklässlerinnen und -klässler
einsprachig aufgewachsen ist, immerhin gut 40,0 Prozent zweisprachig und
„nur" gut ein Zehntel von ihnen vor der Einschulung zuhause mehr als zwei
Sprachen gesprochen hat.

Wie stellen sich vor diesem Hintergrund die mit LESELUX erhobenen
Lesekompetenzen in den beiden Sprachen Deutsch und Französisch dar?
Einsprachig sozialisierte Kinder dokumentieren im deutschsprachigen Lesetest eine deutlich höhere Lesekompetenz (Mittelwert: 583 Punkte) als im
französischsprachigen Test (Mittelwert: 508 Punkte). Zweisprachig aufgewachsene Schülerinnen und Schüler erreichen sowohl im deutschsprachigen
Test (Mittelwert: 593 Punkte) als auch im französischsprachigen Test (Mittelwert: 522 Punkte) deutlich höhere Lesekompetenzwerte als einsprachig
sozialisierte Kinder. Mehrsprachig aufgewachsene Schülerinnen und Schüler zeigen hohe Lesekompetenzen sowohl im deutschsprachigen (Mittelwert:

Abbildung 1: Ein- und Mehrsprachigkeit im häuslichen Kontext aus Sicht der Schülerschaft und ihren Eltern sowie Leseleistungen auf der Gesamtskala Lesen im deutsch- und französischsprachigen Lesetest

	LESELUX (deu.)		LESELUX (fra.)		
	M	(SE)	M	(SE)	%
Einsprachig	583	(3.7)	508	(3.8)	46.1
					37.2
Zweisprachig	593	(3.8)	522	(4.6)	41.3
					37.5
Mehr als zweisprachig	586	(6.7)	531	(7.6)	12.5
					25.3

0   10   20   30   40   50

■ Elternangaben zu den zuhause gesprochenen Sprachen
□ Schülerangaben zu den zuhause gesprochenen Sprachen

IEA: Progress in International Reading Literacy Study   © LESELUX 2008

586 Punkte) als auch im französischsprachigen Test, in dem sie den höchsten überhaupt mit LESELUX ermittelten Wert erreichen (Mittelwert: 531 Punkte). Ein vertiefender Blick auf die Leseleistungen der Schülerinnen und Schüler im deutschsprachigen Lesetest unter Berücksichtigung der von ihnen zuhause gesprochenen Sprachen ergibt Folgendes (vgl. Tab. 2 und Tab. 3):

Vor ihrer Einschulung einsprachig Luxemburgisch sozialisierte Schülerinnen und Schüler erreichen im deutschsprachigen Lesetest einen Mittelwert von 599 Punkten und damit den höchsten ermittelten Wert. Einsprachig in französischer Sprache vor ihrer Einschulung sozialisierte Kinder dokumentieren eine durchschnittliche Leseleistung von 576 Punkten, portugiesischsprachig sozialisierte Schülerinnen und Schüler einen Mittelwert von 552 Punkten. Wenig überraschend zeigen einsprachig französischsprachig sozialisierte Schülerinnen und Schüler sehr gute Lesekompetenzen im französischsprachigen Test: Hier liegen ihre Leseleistungen mit einem Mittelwert von 578 Punkten weit über dem durchschnittlichen Lesekompetenzwert von 517 Punkten, allerdings dokumentieren weder die einsprachig französischsprachigen noch die einsprachig portugiesischsprachigen Schülerinnen und Schüler im französischsprachigen Test signifikant bessere Ergebnisse als im deutschsprachigen Lesetest. Einsprachig Luxemburgisch sozialisierte Kinder erreichen im französischsprachigen Lesetest lediglich einen Mittelwert von 498 Punkten, und damit den niedrigsten ermittelten Lesekompetenzmit-

Tabelle 2:   Sprachenkonstellationen der Schüler und Schülerinnen vor
               Einschulung in die Primärschule (Elternangaben) und Leistungen
               auf der Gesamtskala Lesen im deutschsprachigen Lesetest

	n	%	M	(SE)
Einsprachige Schüler				
Luxemburgisch	260	27.8	599	(4.4)
Deutsch	4	0.4	~	~
Französisch	34	3.6	576	(14.0)
Portugiesisch	98	10.5	552	(7.2)
Andere	35	3.7	559	(13.3)
Mehrsprachige Schüler				
Luxemburgisch und Deutsch	187	20.0	610	(5.6)
Luxemburgisch und Französisch	45	4.8	583	(10.6)
Luxemburgisch und Portugiesisch	44	4.7	567	(9.5)
Luxemburgisch und andere Sprache	50	5.3	603	(7.7)
Luxemburgisch, Deutsch und weitere Sprache	59	6.3	605	(8.3)
Luxemburgisch, Portugiesisch und weitere Sprache	39	4.2	567	(13.3)
Luxemburgisch, Französisch und weitere Sprache	3	0.3	~	~
Deutsch und Französisch	4	0.4	~	~
Deutsch und Portugiesisch	1	0.1	~	~
Deutsch, Französisch und weitere Sprache	5	0.5	~	~
Französisch und Portugiesisch	35	3.7	551	(11.6)
Französisch, Portugiesisch und weitere Sprache	1	0.1	~	~
Übrige Sprachkonstellationen	32	3.4	574	(12.0)

~ Die Fallzahlen (n < 15) sind für eine belastbare Angabe der Werte zu gering.

telwert unter allen einsprachig sozialisierten Schülerinnen und Schülern im
französischsprachigen Test.

Für vor ihrer Einschulung zweisprachig sozialisierte Schülerinnen und
Schüler ergibt sich folgendes Bild: Zweisprachig sozialisierte Kinder, die zuhause neben Luxemburgisch noch einen andere Sprache verwendeten, erreichen im deutschsprachigen Lesetest Kompetenzwerte über dem oder nahe am
Lesekompetenzmittelwert von 587 Punkten. Nur Schülerinnen und Schüler,
die zuhause Luxemburgisch und Portugiesisch verwendeten (Mittelwert: 567
Punkte), erreichen im deutschsprachigen Lesetest 20 Punkte weniger als der
Durchschnitt aller an LESELUX beteiligten Sechstklässlerinnen und Sechst-
klässler (Mittelwert: 587 Punkte). Und auch Schülerinnen und Schüler, die
zuhause Französisch und Portugiesisch sprachen (Mittelwert: 551 Punkte),

Tabelle 3:   Sprachenkonstellationen der Schüler und Schülerinnen vor
Einschulung in die Primärschule (Elternangaben) und Leistungen
auf der Gesamtskala Lesen im französischsprachigen Lesetest

	n	%	M	(SE)
Einsprachige Schüler				
Luxemburgisch	259	27.9	498	(5.1)
Deutsch	4	~	~	~
Französisch	32	3.4	578	(14.4)
Portugiesisch	98	10.6	518	(6.6)
Andere	36	3.9	490	(15.1)
Mehrsprachige Schüler				
Luxemburgisch und Deutsch	184	19.8	498	(6.8)
Luxemburgisch und Französisch	45	4.8	571	(10.7)
Luxemburgisch und Portugiesisch	45	4.8	528	(11.3)
Luxemburgisch und andere Sprache	46	5.0	527	(11.2)
Luxemburgisch, Deutsch und weitere Sprache	59	6.4	518	(11.5)
Luxemburgisch, Portugiesisch und weitere Sprache	40	4.3	553	(10.2)
Luxemburgisch, Französisch und weitere Sprache	3	0.3	~	~
Deutsch und Französisch	4	0.4	~	~
Deutsch und Portugisisch	1	0.1	~	~
Deutsch, Französisch und weitere Sprache	4	0.4	~	~
Französisch und Portugiesisch	35	3.8	554	(12.1)
Französisch, Portugiesisch und weitere Sprache	1	0.1	~	~
Übrige Sprachkonstellationen	32	3.4	538	(15.7)

~ Die Fallzahlen (n < 15) sind für eine belastbare Angabe der Werte zu gering.

erreichen im deutschsprachigen Lesetest einen deutlich unter dem Lesekompetenzmittelwert von 587 Punkten liegenden Wert.

Im Falle des französischsprachigen Tests dokumentieren wenig überraschend zwei- und mehrsprachig sozialisierte Kinder mit Französisch als einer Sprache Lesekompetenzwerte, die weit über dem Lesekompetenzmittelwert im deutschsprachigen Test liegen. Luxemburgisch-Französisch sprechende Sechstklässlerinnen und -klässlerinnen erreichen einen Mittelwert von 571 Punkten. Dies könnte auf einen Zusammenhang zwischen den typologischen Ähnlichkeiten der Erst- und Zweitsprachen hinweisen. Zu Hause monolingual oder als eine von zwei Sprachen erworbenes Luxemburgisch, das eine moselfränkische Sprachvarietät des Westmitteldeutschen darstellt, scheint die Deutschlesekompetenz positiv zu beeinflussen, während zu Hause erworbenes Französisch und/oder Portugiesisch, beides romanische Sprachen, sich auf die Lesekompetenz im Französischen positiv auszuwirken scheint. Insgesamt zeigt sich, dass unabhängig von den linguistischen Besonderheiten und gesellschaftlich-schulischen Verankerungen der involvierten Sprachen sowohl beim deutsch- wie auch beim französischsprachigen Lesetest viele vor ihrer Einschulung zwei- und mehrsprachig sozialisierte Schülerinnen und Schülern Lesekompetenzwerte erreichen, die deutlich über den der einsprachig sozialisierten Sechstklässlerinnen und –klässlern liegen. Diese Befunde könnten darauf hin deuten, dass Mehrsprachigkeit für den Erwerb von Lesekompetenz, insbesondere in einer Fremdsprache, keine Bürde, sondern ein bisher zu wenig berücksichtigtes kulturelles Kapital darstellt.

In eine ähnliche Richtung weisen auch für Deutschland repräsentative Befunde, die seit 2008 vorliegen und im Kontext der Schulleistungsstudie „Deutsch-Englisch-Schülerleistungen International" (DESI) gewonnen wurden (DESI-Konsortium 2008). DESI wurde zu Beginn und am Ende des Schuljahres 2003/2004 mit etwa 11.000 Neuntklässlerinnen und -klässlern aller Schulformen (mit Ausnahme von Förderschülerinnen und -schülern) in Deutschland durchgeführt; erhoben wurden reproduktive, produktive, schriftliche und mündliche Leistungen im Fach Deutsch und in der ersten Fremdsprache Englisch. Die Schülerinnen und Schüler bearbeiteten kriterienorientierte, d.h. an den Inhalten der Lehrpläne für die neunte Jahrgangsstufe der Sekundarstufe I in Deutschland ausgerichtete Aufgaben. Darüber hinaus wurden Schüler-, Eltern-, Lehrer- und Schulfragebögen eingesetzt, um Informationen über Unterrichtswahrnehmungen, familiäre und schulische Rahmenbedingungen zu gewinnen. Die Kompetenzen bilingual (Deutsch/Englisch) unterrichteter Schülerinnen und Schülerinnen wurden als ein Sonderaspekt erhoben, entsprechend gingen sie überproportional in die Stichprobe ein und damit auch Gymnasien, da diese Unterrichtsform vorrangig an dieser Schulform angeboten wird (vgl. Beck, Bundt & Gomolka 2008, S. 11-25).

DESI erbrachte im Hinblick auf die sprachlichen Kompetenzen von mehrsprachigen Jugendlichen und Jugendlichen nicht-deutscher Erstsprache folgende, hier interessierende Befunde (vgl. vertiefend Hesse, Göbel und Hartig 2008, S. 208-230). Insgesamt fast ein Fünftel (19,0%) der an DESI beteiligten Neunklässlerinnen und Neuntklässler gaben an, eine andere als die deutsche Sprache als Erstsprache erworben zu haben oder nennen neben Deutsch eine weitere oder mehrere Sprachen als Erstsprache(n) (ebd., S. 208). Als „mehrsprachig" wurden in DESI Schülerinnen und Schüler kategorisiert, die angaben, neben Deutsch eine oder mehrere Sprachen als Erstsprache(n) erworben zu haben; in diese Gruppe fallen 6,0 Prozent der DESI-Gesamtstichprobe. Weitere 13,0 Prozent gaben an, ausschließlich eine andere Sprache als Deutsch als Erstsprache erworben zu haben, sie werden als „nicht deutsch Erstsprachige" gefasst (ebd., S. 210). DESI erbrachte folgende, hier interessierende Befunde: Im Deutschen zeigt sich für die Teiltestleistung ‚Bewusstheit Deutsch' für Schülerinnen und Schüler an Gymnasien ein statistisch bedeutsamer Lernzuwachs, nicht deutsch Erstsprachige erreichen einen Zuwachs von 45 Punkten, deutsch Erstsprachige einen Zuwachs von 43 Punkten, Mehrsprachige ‚lediglich' einen Leistungszuwachs von 27 Punkten; letztere damit einen signifikant geringeren Zuwachs als die beiden erstgenannten Gruppen. Dem gegenüber erlangen Mehrsprachige jedoch im Englischen einen höheren Leistungszuwachs als die beiden anderen Gruppen, allerdings ist der Abstand nur zu den deutsch Erstsprachigen in der Realschule mit 17 Punkten signifikant (ebd., S. 214). Hesse, Göbel und Hartig haben auch Regressionsanalysen durchgeführt, und zwar zu den Effekten des sprachlichen Hintergrundes auf Kompetenzen im Deutschen und Englischen unter Kontrolle von Bildungsgang, sozioökonomischem Hintergrund, kognitiver Grundfähigkeit und Geschlecht der Neuntklässlerinnen und Neuntklässler. Kontrastiert wurden die Leistungen von Mehrsprachigen und nicht deutsch Erstsprachigen gegenüber deutsch Erstsprachigen zum Ende der Jahrgangsstufe. Dabei zeigte sich, dass unter Kontrolle dieser Faktoren „die Testleistungen derjenigen Schülerinnen und Schüler, die ausschließlich oder zusätzlich eine andere Erstsprache als Deutsch erworben haben, im Englischen deutlich besser, im Deutschen hingegen deutlich schlechter (ausfallen, S.H.) als die der Schülerinnen und Schüler, die nur Deutsch als Erstsprache erworben haben." (ebd., S. 216f.). Mehrsprachige Schülerinnen und Schüler erreichen ferner im Englischen hohe Testwerte beim Leseverstehen, bei der Grammatik der Sprachbewusstheit und beim Hörverstehen; nicht deutsch Erstsprachige erreichen hier deutlich bessere Testwerte als deutsch Erstsprachige. Im Rahmen von DESI wurde auch ein Test zur Soziopragmatik im Englischen (angemessener Gebrauch der Fremdsprache in Bezug auf Kontakt, Situation und Adressaten) eingesetzt sowie interkulturelle Kompetenz getestet. Die Auswertung der Daten erbrachte den interessanten Befund, dass es Mehrsprachigen offenbar besser gelingt als monolingual Erstsprachigen, Sprechintentionen zu erkennen und gedanklich einzuordnen, und es zeigte sich ein Zusammenhang zwischen der kulturellen Angemessenheit der Sprache und interkultureller Kompetenz. Hesse, Göbel und Hartig (ebd., S. 219) folgern aus diesen Ergebnissen, dass sie die Annahme stützen, „dass sich frühe Mehrsprachigkeit sowohl in Bezug auf den soziopragmatischen Aspekt des Fremdsprachengebrauchs als auch auf den Erwerb einer ethnorelativen interkulturellen Orientierung positiv auswirkt."

4. Ausblick

Die hier berichteten Befunde liefern Anhaltspunkte dafür, dass es lohnenswert sein könnte, an die von der EU eingesetzten ‚Intellektuellengruppe für den interkulturellen Dialog' angedeutete Richtung anzuknüpfen: Zwei- und Mehrsprachigkeit scheinen sich auf die Entwicklung von im weiteren Sinne sprachlich-interkulturelle und im engeren Sinne literale Kompetenzen positiv auszuwirken; Mehrsprachigkeit scheint den Erwerb von Literalität, von Fremdsprachenkompetenz und interkultureller Kompetenz zu fördern. Im Unterschied zu der Bundesrepublik Deutschland verfolgt Luxemburg eine explizite Mehrsprachigkeit, sowohl im öffentlichen Raum wie auch im Bildungs- und Schulsystem. Vor diesem Hintergrund und angesichts des wachsenden Wertes, den Mehrsprachigkeit in einer zunehmend internationalisierten Welt gewinnt, könnte es aus deutscher Sicht von Interesse sein, in Luxemburg verfolgte Ansätze in den Blick zu nehmen und über mögliche Adaptationsanlässe und -formen in Deutschland nachzudenken. Bilinguale Modelle könnten beispielsweise dort implementiert werden, wo bestimmte Migrantensprachen verbreitet vorkommen. Da es sich bei solchen Sprachen häufig um Nationalsprachen handelt und es dazu in den Herkunftsländern entwickelte, erprobte und etablierte Didaktiken gibt, könnte auch auf sie für eine Adaptation in deutschsprachigen schulischen Kontexten rekurriert werden. Einen weiteren Ansatzpunkt stellen die bisher von den nationalen Bildungssystemen in der EU vernachlässigten und von der EU betriebenen Europäischen Schulen dar, die seit mehr als einer halben Dekade nun schon Mehrsprachigkeit institutionell und curricular verankert haben (vgl. vertiefend hierzu Hornberg 2010). Es böten sich mithin – gegebenenfalls – mannigfaltige Anknüpfungspunkte für Pilotprojekte zur Förderung von Mehrsprachigkeit; sie wären wissenschaftlich zu begleiten und empirisch zu beforschen, um den mit ihnen verknüpften Gewinn, aber auch um Fallstricke identifizieren und einen wohl erprobten Transfer anbahnen zu können.

Literatur

Beck, Bärbel, Bundt, Svenja & Gomolka, Jens (2008): Ziele und Anlage der DESI-Studie. In: DESI-Konsortium 2008. Unterricht und Kompetenzerwerb in Deutsch und Englisch. Ergebnisse der DESI-Studie. Weinheim/Basel: Beltz, S. 11-25.

Berg, Charles, Bos, Wilfried, Hornberg, Sabine, Kühn, Peter, Martin, Romain, Reding, Pierre, Stubbe, Tobias C. & Valtin, Renate (Hrsg.) (2009): LESELUX Lesekompetenzen Luxemburger Schülerinnen und Schüler auf dem Prüfstand.

PIRLS-Zusatzstudie Deutsch/Französisch 2008. Münster/New York/München/ Berlin: Waxmann.

Berg, Charles, Bos, Wilfried, Hornberg, Sabine, Kühn, Peter, Reding, Pierre & Valtin, Renate (Hrsg.) (2007): Lesekompetenzen Luxemburger Schülerinnen und Schüler auf dem Prüfstand. Ergebnisse, Analysen und Perspektiven zu PIRLS 2006. Münster/New York/München/Berlin: Waxmann.

Bos, Wilfried, Valtin, Renate, Hornberg, Sabine, Buddeberg, Irmela, Goy, Martin & Voss, Andreas (2007). Internationaler Vergleich 2006: Lesekompetenzen von Schülerinnen und Schülern am Ende der vierten Jahrgangsstufe. In: Bos, Wilfried, Hornberg, Sabine, Arnold, Karl-Heinz, Faust, Gabriele, Fried, Lilian, Lankes, Eva-Maria, Schwippert, Knut & Valtin, Renate (Hrsg.): IGLU 2006. Lesekompetenzen von Grundschulkindern in Deutschland im internationalen Vergleich. Münster/New York/München/Berlin: Waxmann, S. 109-160.

Bourdieu, Pierre (1982). Ökonomisches Kapital, kulturelles Kapital, soziales Kapital. In: Kreckel, R. (Hrsg.): Soziale Ungleichheiten. (Soziale Welt, Sonderband 2). Göttingen, S. 183-198.

Cummins, Jim (1993). Bilingualism and second language learning. In: Annual Review of Applied Linguistics, 13, S. 51-70.

DESI-Konsortium (Hrsg.) (2008). Unterricht und Kompetenzerwerb in Deutsch und Englisch. Ergebnisse der DESI-Studie. Weinheim: Beltz.

Esser, Hartmut (2004). Soziologische Anstöße. Frankfurt a.M./New York: Campus.

Esser, Hartmut (2006). Sprache und Integration. Die sozialen Bedingungen und Folgen des Spracherwerbs von Migranten. Frankfurt a.M./New York: Campus.

Freiberg, Martin & Hornberg, Sabine (2007). Luxemburg im Vergleich mit den Teilnehmerländern der Europäischen Union. In: Berg, Charles, Bos, Wilfried, Hornberg, Sabine, Kühn, Peter, Reding. Pierre & Valtin, Renate (Hrsg.): Lesekompetenzen Luxemburger Schülerinnen und Schüler auf dem Prüfstand. Ergebnisse, Analysen und Perspektiven zu PIRLS 2006. Münster/New York/ München/Berlin: Waxmann, S. 43-66.

Freiberg, Martin, Hornberg, Sabine & Kühn, Peter (2007). Mehrsprachigkeit, Migration und soziale Heterogenität im Spiegel der Lesekompetenzen. In: Berg, Charles, Bos, Wilfried, Hornberg, Sabine, Kühn, Peter, Reding, Pierre. & Valtin, Renate (Hrsg.): Lesekompetenzen Luxemburger Schülerinnen und Schüler auf dem Prüfstand. Ergebnisse, Analysen und Perspektiven zu PIRLS 2006. Münster/New York/München/Berlin: Waxmann, S. 169-218.

Gogolin, Ingrid (1994). Der monolinguale Habitus der multilingualen Schule. Münster/New York/München/Berlin: Waxmann.

Gomolla, Mechthild & Radtke, Frank-Olaf (2002). Institutionelle Diskriminierung. Die Herstellung ethnischer Differenz in der Schule. Opladen: Leske + Budrich.

Hesse, Hermann-Günter, Göbel, Kerstin & Hartig, Johannes (2008). Sprachliche Kompetenzen von mehrsprachigen Jugendlichen und Jugendlichen nichtdeutscher Erstsprache. In: DESI-Konsortium (Hrsg.): Unterricht und Kompetenzerwerb in Deutsch und Englisch. Ergebnisse der DESI-Studie. Weinheim: Beltz, S. 208-230.

Hornberg, S. & Kühn, P. (2009): Lesekompetenzen im Spiegel von sozialer Heterogenität, Migration und Mehrsprachigkeit. In: Berg, C., Bos, W., Hornberg, S., Martin, R., Reding, P. & Valtin, R. (Hrsg.): LESELUX. Luxemburger Schülerinnen und Schüler auf dem Prüfstand. PIRLS-Zusatzstudie Deutsch/Französisch. Münster/New York/München/Berlin: Waxmann, S. 65-88.

Hornberg, Sabine (2010). Schule im Prozess der Internationalisierung von Bildung. Münster/New York/München/Berlin: Waxmann.

Kühn, P. & Reding, P. (2007). Lern- und Lehrbedingungen in der luxemburgischen Primärschule. In: C. Berg, W. Bos, S. Hornberg, P. Kühn, P. Reding & R. Valtin (Hrsg.): Lesekompetenzen Luxemburger Schülerinnen und Schüler auf dem Prüfstand. Ergebnisse, Analysen und Perspektiven zu PIRLS 2006. Münster/New York/München/Berlin: Waxmann, S. 13-41.

Presse- und Informationsamt der Bundesregierung (1998). Vertrag von Amsterdam. Bonn: Europa Union Verlag GmbH.

Ramm, Gesa, Prenzel, Manfred, Heidemeier, Heike & Walter, Oliver (2004). Soziokulturelle Herkunft: Migration. In: PISA-Konsortium Deutschland (Hrsg.): PISA 2003. Der Bildungsstand der Jugendlichen in Deutschland – Ergebnisse des zweiten internationalen Vergleichs. Münster/New York/München/Berlin: Waxmann, S. 254-282.

Ramm, Gesa, Walther, Oliver, Heidemeier, Heike & Prenzel, Manfred (2005). Soziokulturelle Herkunft und Migration im Ländervergleich. In: PISA-Konsortium Deutschland (Hrsg.): PISA 2003. Der zweite Vergleich der Länder in Deutschland. Was wissen Jugendliche. Münster/New York/München/Berlin: Waxmann, S. 269-298.

Reich, Hans H., Hohmann, Manfred, Boos-Nünning, Ursula & Wittek, Franz (1983). Aufnahmeunterricht, Muttersprachlicher Unterricht, Interkultureller Unterricht, München: Oldenbourg.

Schwippert, Knut, Hornberg, Sabine, Freiberg, Martin & Stubbe, Tobias C. (2007). Lesekompetenzen von Kindern mit Migrationshintergrund im internationalen Vergleich. In: Bos, Wilfried, Hornberg, Sabine, Arnold, Karl-Heinz, Faust, Gabriele, Fried, Lilian, Lankes, Eva-Maria, Schwippert, Knut & Valtin, Renate (Hrsg.): IGLU 2006. Lesekompetenzen von Grundschulkindern in Deutschland im internationalen Vergleich. Münster/New York/München/Berlin: Waxmann, S. 249-269.

Schwippert, Knut, Hornberg, Sabine & Goy, Martin (2008). Lesekompetenzen von Kindern mit Migrationshintergrund im nationalen Vergleich. In: Bos, Wilfried, Hornberg, Sabine, Arnold, Karl-Heinz, Faust, Gabriele, Fried, Lilian, Lankes, Eva-Maria, Schwippert, Knut & Valtin, Renate (Hrsg.): IGLU-E 2006. Die Länder der Bundesrepublik Deutschland im nationalen und internationalen Vergleich, Münster/New York/München/Berlin: Waxmann, S. 111-126.

Walter, Oliver & Taskinnen, Päivi (2007). Kompetenzen und bildungsrelevante Einstellungen von Jugendlichen mit Mgrationshintergrund in Deutschland: Ein Vergleich mit ausgewählten OECD-Staaten. In: PISA-Konsortium Deutschland (Hrsg.): PISA 2006. Die Ergebnisse der dritten internationalen Vergleichsstudie. Münster/New York/München/Berlin: Waxmann, S. 337-366.

Nicole Bellin

Die soziale Zusammensetzung der Schulklasse. Zum Einfluss von Kompositionsmerkmalen auf die Leseleistungen von Grundschulkindern

1. Einleitung

Die Untersuchungen zur geringeren Bildungsteilhabe von Schülerinnen und Schülern mit Migrationshintergrund[1] konzentrieren sich bezüglich der Ursachenzuschreibung auf individuelle Ressourcen und Merkmale des Schulsystems. Im Migrationskontext betrachtet hängen differenzielle Erfolge bei der Bildungsplatzierung wesentlich mit der Ausstattung an Ressourcen zusammen, die zum Teil spezifisch für die Aufnahmegesellschaft sind. Eine Beantwortung der Frage nach den Ursachen kann sich jedoch nicht nur auf die individuelle Ebene beschränken. In der Betrachtung des Schulsystems und der Entstehung und Reproduktion von Bildungsungleichheit aufgrund sozialer oder ethnischer Herkunft ist zu berücksichtigen, dass sowohl institutionelle Faktoren, Faktoren auf der Ebene des Unterrichts und der einzelnen Schule zusammenwirken. Der Beitrag verfolgt die Fragestellung, inwieweit die Klassenzusammensetzung als Einflussmerkmal zu berücksichtigen ist.

Für den Grundschulbereich sind verhältnismäßig wenige Daten zur Situation von Kindern mit Migrationshintergrund vorhanden. Daten auf Grundlage des Mikrozensus belegen, dass deutsche und ausländische Kinder in etwa gleichhäufig eine vorschulische Einrichtung besuchen (91,7% und 88,3%) (Avenarius u.a. 2003). Dies übt einen positiven Effekt auf sozial benachteiligte Kinder sowie auf Kinder mit Migrationshintergrund aus. Letztere erreichen dadurch die gleichen Bildungschancen wie Kinder ohne Migrationshintergrund, die keine vorschulische Einrichtung besucht haben (Becker & Lauterbach 2004; Gomolla & Radtke 2000). Auch für die Wahrscheinlichkeit ein Gymnasium zu besuchen, ist insbesondere für Kinder mit Migrationshintergrund der Besuch einer vorschulischen Einrichtung von Bedeutung. IGLU 2001 hat gezeigt, dass sich die Gruppen: ‚Kinder ohne Migrationshintergrund', ‚Kinder, von denen ein Elternteil im Ausland geboren wurde' und ‚Kinder, deren Eltern beide im Ausland geboren wurden' in der Lesekom-

---

[1] Das Merkmal Migrationshintergrund bezeichnet im Folgenden Schüler/innen, die selbst in Deutschland geboren wurden und von denen mindestens ein Elternteil nicht in Deutschland geboren wurde. Werden Zahlen aus amtlichen Statistiken berichtet, in denen zwischen „Deutschen" und „Ausländern" differenziert wird, dann bezeichnet letzteres Kinder ohne deutsche Staatsangehörigkeit.

petenz, in der Mathematikkompetenz sowie in der naturwissenschaftlichen
Kompetenz unterscheiden (Schwippert, Bos & Lankes 2003).

Schüler/innen ohne Migrationshintergrund schneiden dabei am besten
ab und Kinder, deren Eltern im Ausland geboren wurden, am schlechtesten.
Die Unterschiede zwischen den Gruppen sind für alle Kompetenzbereiche
signifikant. Weiterhin sind die Disparitäten zwischen Kindern mit und ohne
Migrationshintergrund mit mehr als einer halben Standardabweichung ebenfalls erheblich; Defizite in der deutschen Sprache wirken sich weniger stark
auf den mathematischen Kompetenzbereich aus als dies im Bereich Lesen
und Naturwissenschaft der Fall ist (ebd., S. 284f.). Insgesamt betrachtet und
auf den internationalen Vergleich bezogen fallen die Leistungen der Schülerinnen und Schüler überdurchschnittlich aus. Weiterhin ist auch die Leis-
tungsstreuung nicht sehr groß, sodass zumindest für den Grundschulbereich
ein positives Bild nahe liegt.

Soziologische Erklärungsansätze bezüglich sozialer Ungleichheiten im
Bildungssystem beziehen sich einerseits auf handlungstheoretische Ansätze
(Boudon 1974; Becker 2000; Breen & Goldthorpe 1997 und andererseits auf
konflikttheoretische Ansätze (Bourdieu & Passeron 1971). Für die Betrachtung der Leistungsentwicklung im Grundschulbereich und in Hinblick auf
die Selektionsentscheidungen am Ende der Grundschulzeit bietet sich der
Erklärungsansatz von Boudon an. Boudon geht in seinem Modell von zwei
Mechanismen aus: Der erste Mechanismus sind *primäre* Effekte, die daraus
resultieren, dass Kinder unterschiedlicher Schichten unterschiedliche Sozia-
lisationsfelder vorfinden, da die Familien über unterschiedliche finanzielle,
soziale und kulturelle Ressourcen verfügen. Somit bestehen Unterschiede
bereits vor dem Eintritt in die Schule. Der zweite Mechanismus besteht in
der Wirkung von *sekundären* Effekten. Diese werden an den Übergängen im
Bildungssystem wirksam. Hierbei werden die Entscheidungen und die Hand-
lungsalternativen vom Bildungssystem bereits vorgegeben. Je nach Position im Statussystem bedeutet die Wahl der Alternativen und deren Nutzen
in Abhängigkeit von den Kosten für die einzelnen Akteure aufgrund ihrer
sozialen Position etwas Unterschiedliches. Ein wichtiger Zusatz besteht in
der Annahme, dass die Akteure nicht nur rational abwägen, sondern in ein
Entscheidungsumfeld eingebunden sind und die Wahrnehmung der Alternativen dadurch beeinflusst wird. Geht man von den theoretischen Annahmen
aus, dass Bildungsungleichheit durch primäre und sekundäre Effekte bedingt
wird, dann stellt sich die Frage, inwieweit es insbesondere im Grundschulbereich gelingt, vor der ersten wichtigen Selektionsschwelle eine Nivellierung
von Disparitäten der primären Herkunftseffekte zwischen Kindern mit und
ohne Migrationshintergrund zu erreichen.

Auch wenn die Einflussfaktoren auf schulischen Erfolg, wie sie in verschiedenen empirischen Untersuchungen nachgewiesen worden sind (vgl. u.a. Weinert & Helmke 1997; Lehmann & Peek 1997), auf der individuellen Ebene wirksam werden, ist es für den Abbau von Bildungsungleichheit aufgrund sozialer oder auch ethnischer Herkunft unerlässlich, das Schulsystem mit in die Betrachtung einzubeziehen, da hier sekundäre Herkunftseffekte wirksam werden. Darüber hinaus werden mittlerweile auch sozial-räumliche Gegebenheiten als Einflussfaktoren untersucht (Ditton 1992; Ditton & Krüsken 2006). Dahinter steht die Annahme, dass die Zusammensetzung der Schule oder der Klasse über die individuellen Merkmale hinaus einen Einfluss ausübt. Diese Effekte konnten in Deutschland für den Sekundarbereich nachgewiesen werden (Baumert, Stanat & Watermann 2006). Es zeigt sich aufgrund der leistungs- und fähigkeitsbezogenen Zusammensetzung der Schülerschaft, dass sich insbesondere an Hauptschulen differenzielle Lern- und Entwicklungsmilieus ausbilden.

2. Zum Einfluss von Kompositionsmerkmalen

Wenn in der einschlägigen Forschung Kompositionseffekte untersucht werden, dann handelt es sich um Effekte, die aufgrund individueller Merkmale zustande kommen, wie zum Beispiel die durchschnittliche kognitive Leistungsfähigkeit oder der prozentuale Anteil von Kindern mit Migrationshintergrund in einer Schule oder Klasse. Für die Beschreibung dieser Merkmale wird in der Literatur häufig auch der Begriff Kontextmerkmal verwendet. Harker und Tymms (2004) differenzieren zwischen Kompositions- und Kontextmerkmalen. So werden unter Kompositionsmerkmalen aggregierte Individualmerkmale und unter Kontextmerkmalen weitere Merkmale des Schul- oder Klassenkontextes, wie zum Beispiel Merkmale der Lehrkräfte oder auch Klassengröße gefasst. In der Untersuchung von Kompositionseffekten existieren zwei Forschungsschwerpunkte: Dies sind zum einen Untersuchungen zu sozialen Kompositionsfaktoren (hierunter fallen hauptsächlich Merkmale wie der sozioökonomische Status und der Migrationshintergrund) und zum anderen Untersuchungen zu Merkmalen der Leistungszusammensetzung von Schulen oder Klassen. Die Variable „sozioökonomischer Status" ist hierbei die am häufigsten untersuchte Kompositionsvariable.

Weiterhin gibt es auch länderspezifische Unterschiede in der Untersuchung von Kompositionseffekten, wobei diese je nach Land unterschiedlich gefasst und operationalisiert werden. Während in Deutschland vergleichsweise wenige Untersuchungen zur Bedeutung der sozialen Zusammensetzung von Schulen und Klassen vorliegen, gibt es Vielzahl von Ergebnissen aus Ländern wie Großbritannien, den Niederlanden und den USA (vgl. Schofield 2006). Erst in den letzten Jahren hat das Interesse an Kompositions- bzw. Kontextmerkmalen, über das Merkmal Klassengröße hinaus, im deutschsprachigen Raum zugenommen. Auf Grundlage der IEA-Literacy-Studie untersucht Rüesch (1998) für die Schweiz, inwieweit die Zusammensetzung der Schülerschaft in Schulklassen die Leseleistung von Kindern der 3. Jahrgangstufe beeinflusst. Als Indikator für den Migrationshintergrund wird die Muttersprache der Schülerinnen und Schüler verwendet. In Mehrebenenanalysen zeigt sich, dass in Schulen mit einem höheren Anteil von Kindern mit Migrationshintergrund das Leistungsniveau insgesamt geringer und der Leistungsnachteil für diese Kinder größer ist. Bei Kontrolle des mittleren sozioökonomischen Status verschwindet dieser Effekt jedoch vollständig. Die geringeren Leistungen von Kindern mit Migrationshintergrund scheinen also eher durch die Zusammensetzung anhand des sozioökonomischen Status bedingt zu sein als durch den Migrantenanteil an den Schulen selbst. Die Ergebnisse der Auswertung der Orientierungsarbeiten an Berliner Grundschulen weisen in die gleiche Richtung (Ditton & Krüsken 2006). Studien, welche auch die Klassenzusammensetzung anhand der kognitiven Leistungsfähigkeit berücksichtigen, zeigen für den Grundschulbereich, dass dies ebenfalls als Kompositionsmerkmal nachgewiesen werden kann (Tiedemann & Billmann-Mahecha 2004). Somit lässt sich zusammenfassend feststellen, dass Effekte der sozialen und fähigkeitsbezogenen Zusammensetzung nachgewiesen werden können. Über deren Entstehung und der Frage nach Wirkungszusammenhängen gibt es hingegen keine eindeutigen Antworten.

Eine Kategorisierung der Prozesse führt zu drei möglichen Vermittlungsprozessen (Dar & Resh 1994; Dreeben & Barr 1988; Hallinan 1988; Pallas, Entwisle, Alexander & Slutka 1994). Erklärungen, die auf *Unterrichtsmerkmale* abzielen, gehen davon aus, dass Schüler/innen in Klassen mit hoher kognitiver Leistungsfähigkeit mehr und besseren Unterricht erhalten, stärker motivierte Lehrkräfte haben und dass in den Klassen ein besseres Lernklima herrscht. *Soziologische Erklärungsansätze* gehen davon aus, dass in Klassen mit einer hohen kognitiven Leistungsfähigkeit oder auch einem hohen durchschnittlichen sozioökonomischen Status ein positives normatives Klima bezüglich der Bildungsaspirationen der Mitschülerinnen und Mitschüler bzw. deren Eltern herrscht und damit höhere schulische Selbstkonzepte. Diese Klassen können auch einen verstärkten positiven Referenzrahmen für Vergleichprozesse der Schüler/innen untereinander darstellen. *Psychologische Ansätze* argumentieren, dass die Lehrkräfte eine unangemessen niedrige Erwartungshaltung gegenüber Klassen haben, in denen Kinder mit geringen

Kenntnissen lernen, oder dass dies über Stigmataprozesse die Lernhaltung der Schüler/innen beeinflusst. Hinsichtlich der Wirkmechanismen ist die Befundlage jedoch gering; zur Erklärung der Effekte wären weitergehende Analysen von Prozess- und Interaktionsstrukturen notwendig (Ditton & Krüsken 2006). Somit besteht im Nachweis eines Kompositionseffektes keineswegs auch eine Erklärung über dessen Wirkungsweise (Hauser 1971; ein Vermittlungsmodell von Kompositionsmerkmalen liegt von Baumert, Stanat und Watermann vor, 2006, S. 126).

Die Übersicht über den Forschungsstand verdeutlicht die Uneinheitlichkeit der Befunde bezüglich der Effekte von Kompositionsmerkmalen. Dies ist unter anderem dadurch begründet, dass nicht immer alle relevanten Merkmale in den Untersuchungen berücksichtigt werden konnten. In der Zusammenschau ist davon auszugehen, dass sowohl die soziale Zusammensetzung als auch die Zusammensetzung bezüglich der kognitiven Leistungsfähigkeit einen Einfluss ausübt.

Die Fragestellung lautet demnach, ob im Grundschulbereich auch Merkmale der Klassenebene, also Merkmale über die Individualebene hinaus, Disparitäten erzeugen und gegebenenfalls verstärken. Es wird dabei davon ausgegangen, dass bei höheren Anteilen von Schüler/inn/en mit ungünstigen Lernvoraussetzungen weniger hohe Leistungen zu erwarten sind. Diese Effekte der sozialen Zusammensetzung sollten einen Einfluss über die individuellen Herkunftsmerkmale hinaus aufweisen. Weiterhin wird die Annahme überprüft, ob differenzielle Effekte von Kompositionsmerkmalen vorhanden sind, d.h. ob die Effekte nur für eine bestimmte Gruppe von Schüler/inn/en zutreffen. Die Analysen werden jedoch nicht auf der Schul-, sondern auf der Klassenebene durchgeführt, da davon ausgegangen werden kann, dass die Klasse der relevante Lehr- und Lernkontext für Schüler/innen und Lehrer/innen ist (Dar & Resh 1986).

3. Design und Daten der Untersuchung

Die vorliegende Analyse basiert auf dem Datensatz der „Berliner Längsschnittstudie zur Lesekompetenzentwicklung von Grundschulkindern" (BeLesen) des Interdisziplinären Zentrums für Lehr-Lernforschung der Freien Universität (IZLL) im Auftrag der Berliner Senatsverwaltung für Bildung, Jugend und Sport unter der Leitung von Prof. Dr. Hans Merkens (Freie Universität Berlin) und Prof. Dr. Agi Schründer-Lenzen (Universität Potsdam).[2] Das Projekt untersucht insbesondere den Schriftspracherwerb bei Kindern

---

2 Siehe unter anderem: Merkens (2005).

mit Migrationshintergrund, da gerade für diese Zielgruppe kaum Längsschnittstudien vorliegen. Die Studie ist, wie im Titel bereits deutlich wird, als Längsschnittstudie konzipiert und verfolgt die Leistungsentwicklung der untersuchten Schülerinnen und Schüler von der 1. bis zur 4. Grundschulklasse in den Schuljahren 2003/04 bis 2006/07. Es wurden halbjährlich Erhebungen durchgeführt, sodass insgesamt acht Messzeitpunkte (zwei pro Schuljahr) realisiert werden konnten. Eingesetzt wurden Tests in den Bereichen Mathematik, Sachkunde, Sprachverständnis und mehrere Verfahren zur Erhebung des Leseverständnisses. Neben den Leistungstests wurde zum ersten Erhebungszeitpunkt weiterhin der CFT 1 (Cattell, Weiß & Osterland 1997) zur Erhebung der kognitiven Leistungsfähigkeit durchgeführt. Der CFT 1 stellt eine teilweise Adaptation des „Culture Fair Intelligence Tests – Scale 1" dar und ermöglicht mit seinen fünf Untertests die Bestimmung dieser Grundintelligenz, d.h. der Fähigkeit des Kindes, Regeln zu erkennen, Merkmale zu identifizieren und rasch wahrzunehmen. Der Test gibt darüber Aufschluss, bis zu welchem Komplexitätsgrad das Kind bereits in der Lage ist, hauptsächlich nonverbale Problemstellungen zu erfassen. Insbesondere durch die Sprachfreiheit sollte gewährleistet werden, dass die kognitive Leistungsfähigkeit von Kindern nichtdeutscher Herkunftssprache ohne Verzerrungen erhoben werden konnte. In der BeLesen-Studie wurden drei der fünf Untertests eingesetzt.

Die teilnehmenden 26 Grundschulen befinden sich in sozialschwachen Bezirken Berlins und die 52 Klassen weisen einen Anteil von 30 Prozent und mehr (bis 100%) an Kindern mit Migrationshintergrund auf. Nach dem Sozialindex von Berlin (Sozialstrukturatlas, Senatsverwaltung für Gesundheit 1999) zur Erfassung der räumlichen sozialen Unterschiede verteilen sich die Schulen zum größten Teil auf Verkehrszellen mit den Werten 6 und 7 (zu 69%). Die Teilnahme der Schüler/innen über die Grundschulzeit weist eine hohe Fluktuation auf. Zu Beginn der Studie nahmen 1.233 Schüler/innen teil, über den Längsschnitt betrachtet verbleiben 922 Schüler/innen. Die Zu- und Abgänge sind über die Messzeitpunkte ausgeglichen; teilweise sind die Schüler/innen, die hinzukommen, identisch mit denen, die die Klassen wieder verlassen.

Für die vorliegende Analyse wurden 36 Klassen mit insgesamt 627 Schüler/inne/n ausgewählt, die in ihrer Zusammensetzung über die ersten vier Jahre der Grundschulzeit stabil geblieben sind, also weder von Klassenauflösungen noch von starker Fluktuation betroffen sind. Als abhängige Variable wird in dieser Analyse das basale Leseverständnis betrachtet. Dieses wurde anhand der Würzburger Leise Leseprobe (Küspert & Schneider 2000) erfasst und zum ersten Mal am Ende der ersten Klasse und dann halbjährlich erhoben. Dieser Speed-Test misst die Dekodier(=Lese-)geschwindigkeit, indem geschriebenen Wörtern jeweils vier Bildalternativen gegenübergestellt sind und die Schüler/innen das korrespondierende Bild anstreichen. Befunde für schwache Leser/innen zeigen, dass die Defizite weniger in der Lesegenauigkeit als vielmehr in der Lesegeschwindigkeit zu verorten sind. Dieser Test kann von Beginn bis zum Ende der Grundschulzeit eingesetzt werden.

Auf Individualebene wird in die Auswertung neben den Ergebnissen jedes Schülers und jeder Schülerin das Geschlecht, die kognitive Leistungsfähigkeit sowie Bildungsabschluss und Erwerbsstatuts der Eltern (als Operationalisierung des sozioökonomischen Status) und die Herkunft der Schüler/innen einbezogen. Hierfür wurde der Migrationshintergrund über das Herkunftsland der Mutter operationalisiert. Dadurch ergeben sich drei Herkunftsgruppen: Kinder deutscher Herkunftssprache (N = 202), Kinder türkischer Herkunftssprache (N = 238) und Kinder anderer Herkunftssprache (N = 187). Diese Kategorisierung musste aufgrund statistischer Erwägungen getroffen werden, da in der Kategorie „Andere" insgesamt 59 verschiedene Herkunftsgruppen vertreten sind. Für die Auswertung auf Klassenebene wird der prozentuale Anteil von Schüler/inne/n nichtdeutscher Herkunftssprache verwendet sowie die Individualwerte der kognitiven Leistungsfähigkeit und des sozioökonomischen Status auf Klassenebene aggregiert.

4. Ergebnisse

Im Folgenden werden für die Leistungen im basalen Lesen die Ergebnisse auf deskriptiver Ebene für die Individual- und Klassenebene dargestellt. Im Anschluss daran werden die Ergebnisse der Mehrebenenanalyse berichtet.

4.1 Ergebnisse auf Individualebene

Bei Betrachtung der Herkunft und den erreichten Punktzahlen in der Lesegeschwindigkeit (siehe Abb. 1) wird deutlich, dass Schüler/innen deutscher Herkunftssprache ihren Vorsprung, den sie bereits zum Messzeitpunkt zwei, also zum Ende der ersten Klasse aufweisen, zu den folgenden Messzeitpunkten gegenüber den anderen beiden Herkunftsgruppen beibehalten.

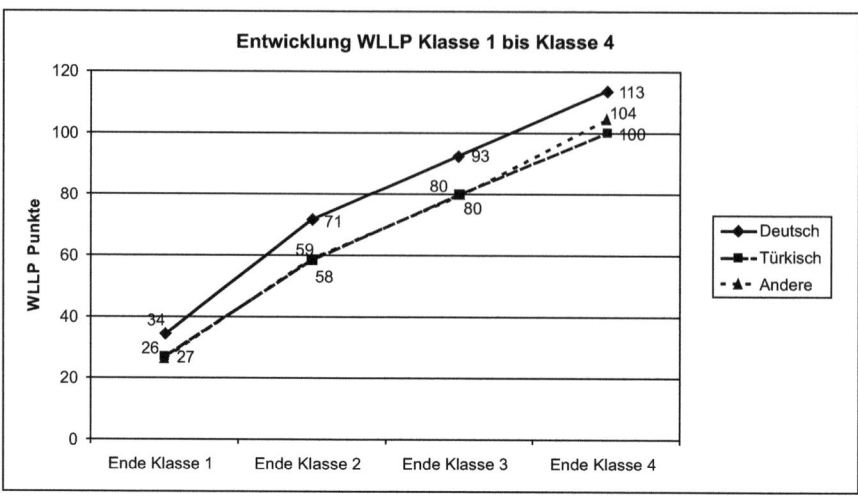

Abbildung 1: Herkunftsgruppen und Entwicklung der Leseleistung

Weiterhin sind diese Testwerte über die Messzeitpunkte sehr stabil, wie Tabelle 1 verdeutlicht. Schüler/innen mit hohen Leistungen bereits zu Beginn der Untersuchung erzielen ebenfalls hohe Leistungen zum Ende der vierten Klasse.

Tabelle 1: Korrelationen zwischen der Lesegeschwindigkeit als Funktion des Messzeitpunktes

WLLP	MZP 2	MZP 3	MZP 4	MZP 5	MZP 6	MZP 7	MZP 8
MZP 2	1	.76	.67	.66	.66	.63	.61
MZP 3		1	.78	.73	.70	.70	.69
MZP 4			1	.79	.73	.79	.76
MZP 5				1	.82	.79	.79
MZP 6					1	.78	.79
MZP 7						1	.88
MZP 8							1

$p < 0.01$, alle Korrelationen sind signifikant

Die Zusammenhänge zwischen den Merkmalen auf Individualebene und den Leseleistungen sind ebenfalls bedeutsam. Die stärksten Korrelationen zeigen sich für die kognitive Leistungsfähigkeit. Eine signifikante Korrelation zeigt sich auch für den sozioökonomischen Status und die Leseleistung. Schüler/

innen mit einer hohen Ausprägung auf dieser Variable erreichen höhere Testwerte.

Tabelle 2: Korrelation der Leseleistung mit Individualmerkmalen

Merkmal	WLLP MZP 2	WLLP MZP 3	WLLP MZP 4	WLLP MZP 5	WLLP MZP 6	WLLP MZP 7	WLLP MZP 8
(1) Kognitive Leistungsfähigkeit	.41**	.41**	.40**	.41**	.37**	.40**	.40**
(2) Sozioökonomischer Status	.22**	.24**	.24**	.22**	.25**	.27**	.26**

**. Die Korrelation ist auf dem Niveau von 0.01 signifikant

4.2 Ergebnisse auf Klassenebene

Für die Klassenebene zeigt sich bei deskriptiver Betrachtung eine große Heterogenität zwischen den Klassen bereits zum Ende der ersten Klasse, wie Abbildung 2 verdeutlicht.

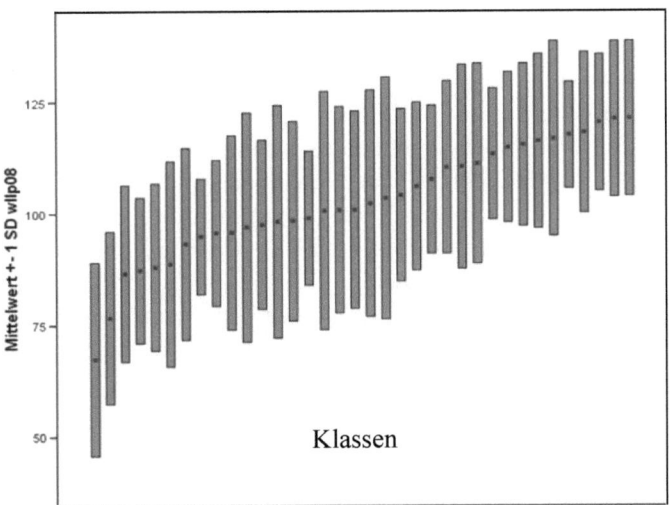

Abbildung 2: Klassenmittelwerte und Streuung zum Ende der 1. Klasse

Deutlich werden hier die Unterschiede zwischen den Klassen sowohl bezüglich der durchschnittlichen Leseleistung (Quadrate) als auch der Streuung
(Balken, in denen sich 68% der Werte befinden). Es gibt demnach Klassen,
die eine hohe durchschnittliche Leistung mit einer geringen Streuung aufweisen, und Klassen, in denen dies nicht der Fall ist. Die Unterschiede zwischen
den Klassen lassen sich in der so genannten Intra-Class-Correlation (Bryk
& Raudenbush 1992) ausdrücken. Tabelle 3 gibt die entsprechenden Werte
wieder, wobei die größte Varianz auf Schülerebene zu verorten ist und ein
kleinerer Anteil auf Klassenebene.

Tabelle 3: Varianzanteile auf Schüler- und Klassenebene zum Ende der ersten Klasse

	WLLP
Schülermittelwert zu Beginn des Tests	28.47***
	(1.30)
Varianz auf Schüler/innenebene	209.36
Varianz auf Klassenebene	50.50***

Für die Leseleistung beträgt die ICC 19 Prozent. Dies bedeutet, dass ein
nicht unerheblicher Teil an Varianz zwischen den Klassen liegt und es somit einen bedeutenden Unterschied macht, in welcher Klasse ein Schüler
oder eine Schülerin sich befindet. Auch auf Klassenebene zeigen sich signifikante Korrelationen zwischen den Kompositionsmerkmalen. Der Anteil
von Schüler/inne/n nichtdeutscher Herkunftssprache variiert zwischen den
Klassen von 30 Prozent bis 100 Prozent und liegt im Mittel bei 71 Prozent.
Weiterhin zeigen sich auch signifikante Zusammenhänge zwischen dem pro-
zentualen Anteil von Schüler/inne/n nichtdeutscher Herkunftssprache auf
Klassenebene und den Leistungen (am Ende der vierten Klasse beträgt die
Korrelation -.46). Dies bedeutet jedoch nicht, dass die Zusammensetzung der
Klassen diesbezüglich auch ursächlich für die unterschiedlichen Leistungen
auf Klassenebene ist. In den nachfolgenden Analysen wird der Anteil von
Kindern nichtdeutscher Herkunftssprache als eine kontinuierliche Variable
verwendet.

4.3 Ergebnisse einer mehrebenenanalytischen Betrachtung

In der mehrebenenanalytischen Betrachtung werden für die Leseleistung über die Individualmerkmale hinaus die Kompositionsmerkmale in das Modell aufgenommen. Dies wird nacheinander vorgenommen, um so den jeweiligen Einfluss der Kompositionsmerkmale abzuschätzen. Im ersten Modell sind nur die Individualmerkmale vorhanden. Im Anschluss wird auf Klassenebene der prozentuale Anteil von Kindern nichtdeutscher Herkunftssprache aufgenommen, der mittlere sozioökonomische Status und als letztes die durchschnittliche kognitive Leistungsfähigkeit der Klasse. Die Referenzkategorie bilden die Schüler/innen deutscher Herkunftssprache. Für das erste Modell (Tab. 4) zeigen sich die – bereits in der deskriptiven Darstellung deutlich gewordenen – Disparitäten in der Leseleistung zwischen Kindern mit und ohne Migrationshintergrund in den Ausgangswerten. Kinder nichtdeutscher Herkunftssprache liegen in den Lesewerten am Ende der ersten Klasse 3.5 Punkte bzw. etwas mehr als 5 Punkte zurück. Es zeigt sich weiterhin der positive Einfluss des sozioökonomischen Status und der kognitiven Leistungsfähigkeit auf die erreichten Leistungen. Diese Ergebnisse sind bereits vielfach dokumentiert (u.a. Weinert & Helmke 1997). Interessanter sind im ersten Modell jedoch die Ergebnisse für den Lernzuwachs über die erhobenen Messzeitpunkte. Hieran wird deutlich, dass Schüler/innen mit Migrationshintergrund einen gleich hohen Lernzuwachs wie Kinder deutscher Herkunftssprache über die ersten Jahre der Grundschule aufweisen. Dies ist einerseits ein positiver Befund, zeigt andererseits aber auch, dass die Disparitäten, die zu Beginn der Untersuchung bestehen, über die Schulzeit nicht abgebaut werden können.

Tabelle 4: Mehrebenen-Analyse und Kompositionsmerkmale

	Null-modell	Modell 1	Modell 2 + SNDH	Modell 3 2+ soz. Status	Modell 4 3 + kognitive Leistungsfähigkeit
Ausgangswert	33.02*** (1.39)	36.43*** (1.49)	41.89*** (3.28)	19.37*** (12.02)	4.78 (12.66)
Andere		-3.51*** (1.46)	-2.95* (1.46)	-2.93* (1.47)	-3.01* (1.45)
Türkisch		-5.17*** (1.33)	-4.47** (1.31)	-4.45** (1.30)	-4.57** (1.28)
Kognitive Leistungsfähigkeit		0.95*** (0.14)	0.94*** (0.11)	0.92*** (0.11)	0.86*** (0.11)
Sozioökonomischer Status		2.78*** (0.91)	2.82** (0.99)	2.55** (0.99)	2.57** (0.99)
Prädiktoren auf Klassenebene					
SNDH (Klassenebene)			-0.09** (0.04)	n.s.	n.s.
Sozioökonomischer Status (Klassenebene)				9.37** (4.59)	n.s.
Kognitive Leistungsfähigkeit (Klassenebene)					0.84** (0.34)
Lernzuwachs	12.16*** (0.23)	12.47*** (0.30)	13.59*** (0.67)	13.59*** (0.67)	13.11*** (3.25)
Andere		n.s.	n.s.	n.s.	n.s.
Türkisch		n.s.	n.s.	n.s.	n.s.
Kognitive Leistungsfähigkeit		0.05*** (0.02)	0.05** (0.02)	0.05** (0.02)	0.05** (0.02)
Varianzkomponenten					
Ausgangswert (Schülerebene)	162.14***	133.71***	133.46***	133.37***	133.17***
Lernzuwachs (Schülerebene)	3.22***	3.14***	3.13***	3.13***	3.13**
Ausgangswert (Klassenebene)	57.09***	22.53***	20.11***	18.95***	14.93**
Lernzuwachs (Klassenebene)	1.56***	1.34***	1.26***	1.26***	1.26**

Im Modell zwei wird nun überprüft, ob der prozentuale Anteil von Kindern mit Migrationshintergrund (SNDH-Anteil) einen Einfluss auf die Leistungen ausübt. Es zeigt sich zwar ein negativer Effekt, dieser ist aber nicht mehr bedeutsam nach Einbeziehung der kognitiven Leistungsfähigkeit; der gleiche Befund trifft auf den sozioökonomischen Status zu. Durch die Berücksichtigung der Klassenzusammensetzung ist ein Rückgang der Varianz in den Ausgangswerten zu verzeichnen.

Für die Überprüfung differenzieller Effekte von Kompositionsmerkmalen ist in Tabelle 5 der Interaktionseffekt zwischen dem Anteil von Kindern nichtdeutscher Herkunftssprache auf Klassenebene und Schüler/innen türkischer Herkunftssprache abgetragen.

Tabelle 5: Interaktion SNDH-Anteil und Schüler türkischer Herkunftssprache

	Modell 1 Interaktionen
Ausgangswert	12.81 (10.45)
Andere	-2.89 (1.42)
Türkisch	-4.54** (1.14)
Kognitive Leistungsfähigkeit	0.87** (0.11)
Sozioökonomischer Status	2.73* (0.93)
SNDH (Klassenebene)	n.s.
Kognitive Leistungsfähigkeit (Klassenebene)	1.00** (0.32)
Lernzuwachs	13.25*** (0.73)
Andere	n.s.
Türkisch	n.s.
Kognitive Leistungsfähigkeit	0.05* (0.02)
SNDH (Klassenebene)	n.s.
Interaktion Türkisch*SNDH	-0.03* (0.01)
Varianzkomponenten	
Ausgangswert (Schülerebene)	133.77**
Lernzuwachs (Schülerebene)	3.09**
Ausgangswert (Klassenebene)	15.13***
Lernzuwachs (Klassenebene)	1.27***

Auch wenn sich für Schüler/innen deutscher und anderer Herkunftssprache keine geringere Leseleistung unter Berücksichtigung des SNDH- Anteils auf Klassenebene zeigt, ergeben sich für Schüler/innen türkischer Herkunftssprache geringere Lernzuwächse. Dies bedeutet, dass in Klassen, in denen der Anteil von Schüler/inne/n nichtdeutscher Herkunftssprache über 70 Prozent liegt, Schüler/innen mit einem türkischen Migrationshintergrund zu jedem Messzeitpunkt einen signifikant geringeren Lernzuwachs aufweisen.

Zusammenfassend lässt sich festhalten, dass die Ergebnisse für die Lesegeschwindigkeit verdeutlichen, dass sich auf Individualebene Effekte der

Herkunft, der kognitiven Leistungsfähigkeit und des sozioökonomischen Status zeigen. Darüber hinaus ergibt sich ein Kompositionseffekt für die kognitive Leistungsfähigkeit. In Klassen, die bezüglich der intellektuellen Fähigkeiten positiv zusammengesetzt sind, ergeben sich höhere Leseleistungen. Nachteile ergeben sich für Kinder türkischer Herkunftssprache, wenn sie in Klassen mit einem hohen Anteil an Kindern mit Migrationshintergrund lernen. Diese dargestellten Effekte erlauben jedoch noch keine Rückschlüsse auf die Wirkungsweise. Auch wenn die kognitive Leistungsfähigkeit zu Beginn der Studie erhoben wurde (und somit die Weiterentwicklung nicht erfasst wird), ist der Befund, dass die Eingangsvoraussetzungen der Schüler/ innen sich als langfristig bedeutsam zeigen, bemerkenswert. Es wäre möglich, dass in Klassen in denen viele Schüler/innen über hohe kognitive Fähigkeiten verfügen, die Lehrkraft ein höheres Unterrichtstempo und einen stärker anregenden Unterricht durchführen kann, obwohl es in der Forschung bislang nicht geklärt ist, inwieweit Lehrkräfte sich in ihrer Unterrichtsgestaltung an der Zusammensetzung der Klasse orientieren.

5. Diskussion

Erfolge und Misserfolge in der schulischen Bildung von Kindern mit Migrationshintergrund erreichten durch die PISA-Studien verstärkt Aufmerksamkeit. Schüler/innen aus Zuwandererfamilien erzielen schlechtere Ergebnisse als Schüler/innen ohne Migrationshintergrund und verlassen das deutsche Bildungssystem häufiger ohne einen Schulabschluss (u.a. Alba, Handl & Müller 1994). Dies hat weiterhin Folgen für die Platzierung auf dem Arbeitsmarkt. Für die Erklärung ethnischer Unterschiede im Bildungswesen lassen sich einerseits Befunde nachweisen, die auf die individuellen Ressourcen der Familien hinweisen (Kristen & Granato 2004). Es zeigt sich, dass die in den Familien gesammelte Bildungserfahrung und berufliche Positionierung von großer Bedeutung für den Bildungserfolg sind. Ebenfalls wurde der zentrale Stellenwert der Verkehrssprache Deutsch für die Bildungsteilhabe hervorgehoben. Schüler/innen, insbesondere mit einem türkischen Migrationshintergrund, erzielen schlechtere Leistungen, da sie über unzureichende Sprachkenntnisse verfügen, welche die Schule in ihrer monolingualen und monokulturellen Prägung aber voraussetzt (Gogolin 1994). Die PISA-Ergebnisse und weitere Grundschuluntersuchungen wie IGLU oder LAU an Hamburger Grundschulen, weisen den engen Zusammenhang zwischen sozialer und ethnischer Herkunft im deutschen Bildungswesen nach. Gleichzeitig wird jedoch auch deutlich, dass strukturelle Merkmale des Bildungssystems Ungleichheiten hervorbringen und verstärken. Es zeigt sich, dass die Leistungen über alle Schulformen streuen und die Zuweisung auf den jeweiligen Sekundarschultyp von Bundesland zu Bundesland unterschiedlich ist (vgl. Bos, Lankes & Prenzel 2004; Lehmann & Peek 1997).

In letzter Zeit fanden Merkmale der Schul- bzw. Klassenzusammensetzung im deutschsprachigen Raum in der Forschung verstärkt Berücksichtigung. Die Ergebnisse zeigen die Einflüsse von Merkmalen, die in der sozialen und intellektuellen Zusammensetzung begründet sind und über individuelle Merkmale hinaus wirken. In der vorliegenden Auswertung der basalen Leseleistung, erfasst durch die Würzburger Leise Leseprobe, zeigt sich, dass Kinder deutscher Herkunftssprache und Kinder mit Migrationshintergrund bereits zum Ende der ersten Klasse Disparitäten in ihren Leistungen aufweisen. Die stärksten Rückstände weisen Schüler/innen mit einem türkischen Migrationshintergrund auf. Dieser Befund zeigt, dass Kinder deutscher Herkunftssprache vermutlich bereits zu Hause an das Lesen in deutscher Sprache herangeführt werden. In der Betrachtung des Lernzuwachses über die Grundschulzeit zeigen sich aber keine weiteren Disparitäten, d.h. Kinder mit Migrationshintergrund erzielen den gleichen Lernzuwachs wie Kinder ohne Migrationshintergrund. In den ersten vier Jahren der Grundschulzeit bleibt das Muster der Disparitäten dadurch weitestgehend stabil.

Unter Berücksichtigung der Klassenzusammensetzung zeigt sich, dass Klassen mit einer positiven Zusammensetzung bezüglich der intellektuellen Fähigkeiten der Schüler/innen höhere Lesewerte erzielen. Auch für die Zusammensetzung bezüglich des Anteils von Kindern mit Migrationshintergrund ergeben sich Effekte. Türkische Kinder erzielen weniger gute Leistungen in Klassen, in denen der Anteil an Kindern mit Migrationshintergrund über 71 Prozent liegt. Dieser Einfluss der ethnischen Konzentration spiegelt vermutlich Effekte der sozial-räumlichen Zusammensetzung wider. Die Effekte dieser Kompositionsfaktoren zeigen sich dann insbesondere an der ersten Selektionsschwelle nach der Grundschule und verschärfen somit die institutionellen Hürden. Bezüglich der Auswirkungen der ethnischen Konzentration gibt es lediglich Vermutungen über deren Wirkungsweise. Die Befunde werden einerseits in Richtung eines positiven Effekts gedeutet, sodass Kinder in leistungsschwächeren Klassen eher bessere Übergangsempfehlungen erhalten (Lehmann & Peek 1997). Andererseits gibt es Interpretationen dahingehend, dass die ethnische Konzentration zu geringeren Lernleistungen führt und somit zu weniger Empfehlungen für weiterführende Schulen (Esser 2001). Der Einfluss der Leistungen auf die Übergangsempfehlungen der Lehrkräfte wurde in der vorliegenden Analyse nicht erhoben. Für die Einordnung des Ergebnisses ist es jedoch notwendig, die strukturellen Bedingungen unter denen die Segregation der Schülerschaft zu Stande kommt, zu berücksichtigen. Radtke (2004) weist darauf hin, dass Mechanismen der sozialräumlichen Verteilung existieren, welche die Desintegration von Schulen stabilisieren aber auch befördern können: „[...] dazu gehört nicht zuletzt das in ressourcentheoretischer Perspektive immer wieder hervorgehobene Schulwahlverhalten der Eltern, das sich auf soziales und kulturelles Kapital stützt, sich aber erst vor dem Tableau des administrativ bereitgestellten Schulangebots entfalten kann." (Radtke 2004, S. 163). Durch bildungspolitische Maßnahmen, wie die Aufhebung der Schuleinzugsbereiche und Anreize zur Profilbildung der Einzelschule werden die Segregation und der Wettbewerb um die Schülerklientel weiter verstärkt. Dies wirkt sich nicht nur auf die ethnische Zusammensetzung der Schulen bzw. Klassen aus; Lernumwelten profitieren in jeder Hinsicht von einer heterogenen Zusammensetzung der Schülerschaft.

Literatur

Alba, Richard, Handl, Johann & Müller, Walter (1994). Ethnische Ungleichheit im deutschen Bildungssystem. In: Kölner Zeitschrift für Soziologie und Sozialpsychologie, H. 46, S. 209-237.

Avenarius, Hermann, Ditton, Hartmut, Döbert, Hans, Klemm, Klaus & Klieme, Eckhard u.a. (2003). Bildungsbericht für Deutschland. Erste Befunde. Opladen: Leske + Budrich.

Baumert, Jürgen, Stanat, Petra & Watermann, Rainer (2006). Schulstruktur und die Entstehung differenzieller Lern- und Entwicklungsmilieus. In: Baumert, Jürgen, Stanat, Petra & Watermann, Rainer (Hrsg.): Disparitäten im Bildungswesen (S. 95-188). Wiesbaden: VS Verlag für Sozialwissenschaften.

Becker, Rolf (2000). Klassenlage und Bildungsentscheidungen. Eine empirische Anwendung der Wert-Erwartungstheorie. In: Kölner Zeitschrift für Soziologie und Sozialpsychologie, H. 52, S. 450-474.

Becker, Rolf & Lauterbach, Wolfgang (2004). Dauerhafte Bildungsungleichheiten – Ursachen, Mechanismen, Prozesse und Wirkungen. In: Becker, Rolf & Lauterbach, Wolfgang (Hrsg.): Bildung als Privileg? Erklärungen und Befunde zu den Ursachen der Bildungsungleichheit. Wiesbaden: VS Verlag für Sozialwissenschaften, S. 9-30.

Bos, Wilfried, Lankes, Eva-Maria & Prenzel, Manfred (2004). IGLU. Einige Länder der Bundesrepublik Deutschland im nationalen und internationalen Vergleich. Münster/New York/München/Berlin: Waxmann.

Boudon, Raymond (1974). Education, Opportunity and Social Inequality. Changing Prospects in Western Society. New York: John Wiley.

Bourdieu, Pierre & Passeron, Jean-Claude (1971). Die Illusion der Chancengleichheit. Stuttgart: Klett-Cotta.

Breen, Richard & Goldthorpe, John (1997). Explaining educational differentials. Towards a formal rational action theory. In: Rationality and Society, H. 9, S. 275-305.

Bryk, Anthony S. & Raudenbush, Stephen (1992). Hierarchical Linear Models: Applications and Data Analysis Methods. Newbury Park, CA: Sage.

Cattell, Raymond B., Weiß, Rudolf H. & Osterland, Jürgen (1997). CFT 1 Grundintelligenztest Skala 1. (5. Auflage) Göttingen: Hogrefe.

Dar, Yehezkel & Resh, Nura (1986). Classroom Composition and Pupil Achievement: a study of the effects of ability based classes. New York: Gordon and Breach Science Publishers.

Dar, Yehezkel & Resh, Nura (1994). Separating and Mixing Students for Learning. In: Pedagogisch tijdschrift, H. 19, S. 109-126.

Ditton, Hartmut & Krüsken, Jan (2006). Sozialer Kontext und schulische Leistungen – zur Bildungsrelevanz segregierter Armut. In: Zeitschrift für Erziehungswissenschaft, H. 26, S. 135-157.

Ditton, Hartmut (1992). Ungleichheit und Mobilität durch Bildung. Theorie und empirische Untersuchung über sozialräumliche Aspekte von Bildungsentscheidungen. Weinheim: Juventa.

Dreeben, Robert & Barr, Rebecca (1988). Classroom Composition and the Design of Instruction. In: Sociology of Education, H. 61, S. 129-142.

Gogolin, Ingrid (1994). Der monolinguale Habitus der multilingualen Schule. Münster/New York/München/Berlin: Waxmann.

Esser, Hartmut (2001). Integration und ethnische Schichtung. Mannheim: MZES.

Gomolla, Mechthild & Radtke, Frank-Olaf (2000). Mechanismen institutionalisierter Diskriminierung in der Schule. In: Gogolin, Ingrid & Nauck, Bernhard (Hrsg.): Migration, gesellschaftliche Differenzierung und Bildung. Opladen: Leske + Budrich, S. 321-341.

Hallinan, M.T. (1988). School Composition and Learning: A Critique of the Dreeben-Barr Model. In: Sociology of Education, H. 61, S. 143-146.

Harker, Richard & Tymms, Peter (2004). The Effects of Student Composition on School Outcomes. In: School Effectiveness and School Improvement, H. 15, S. 177-199.

Hauser, Richard (1971). Socioeconomic Background and Educational Performance. Washington, D.C.: American Sociological Association.

Kristen, Cornelia & Granato, Nadia (2004). Bildungsinvestitionen in Migrantenfamilien. In: Bade, Klaus & Bommes, Michael (Hrsg.): Migration – Integration – Bildung, IMIS-Beiträge, H. 23, Osnabrück, S. 121-141.

Küspert, Petra & Schneider, Wolfgang (2000). Die Würzburger Leise Leseprobe (WLLP). In: Hasselhorn, Marcus, Schneider, Wolfgang & Marx, Harald (Hrsg.): Diagnostik von Lese-Rechtschreibschwierigkeiten. Göttingen: Hogrefe, S. 81-89.

Lehmann, Rainer H. & Peek, Rainer (1997). Aspekte der Lernausgangslage und der Lernentwicklung von Schülerinnen und Schülern der fünften Klassen an Hamburger Schulen (LAU 5). Hamburg.

Merkens, Hans (2005). Schulkarrieren von Kindern mit Migrationshintergrund in den ersten drei Jahren der Grundschule. Berichte aus der Arbeit des Arbeitsbereichs Empirische Erziehungswissenschaft. Berlin.

Pallas, Aaron, Entwisle, Doris, Alexander, Karl & Slutka, Michael (1994). Ability-group Effects: Instructional, social, or institutional? In: Sociology of Education, H. 67, S. 27-46.

Radtke, Frank-Olaf (1994). Die Illusion der meritokratischen Schule. Lokale Konstellationen der Produktion von Ungleichheit im Erziehungssystem. Bildungsinvestitionen in Migrantenfamilien. In: Bade, Klaus & Bommes, Michael (Hrsg.): Migration – Integration – Bildung, IMIS-Beiträge, H. 23, Osnabrück, S. 121-141.

Rüesch, Peter (1998). Spielt die Schule eine Rolle? Bern: Peter Lang.

Schofield, Janet (2006). Leistungsgruppierung, Kompositionseffekte und Leistungsentwicklung. In: Schofield, Janet (Hrsg.): Migrationshintergrund, Minderheitenzugehörigkeit und Bildungserfolg. Forschungsergebnisse der pädagogischen Entwicklungs- und Sozialpsychologie. AKI Forschungsbilanz. Arbeitsstelle Interkulturelle Konflikte und gesellschaftliche Integration; Wissenschaftszentrum Berlin für Sozialforschung, S. 71-105.

Schwippert, Knut, Bos, Wilfried & Lankes, Eva-Maria (2003). Heterogenität und Chancengleichheit am Ende der vierten Jahrgangsstufe im internationalen Vergleich. In: Bos, Wilfried, Lankes, Eva-Maria, Prenzel, Manfred, Schwippert, Knut, Walther, Gerd & Valtin, Renate (Hrsg.): Erste Ergebnisse aus IGLU – Schülerleistungen am Ende der vierten Jahrgangsstufe im internationalen Vergleich. Münster/New York/München/Berlin: Waxmann, S. 265-302.

Senatsverwaltung für Gesundheit, Soziales und Verbraucherschutz (1999). Sozialstrukturatlas Berlin 1999. Eine soziale Diagnose für Berlin. Berlin.

Tiedemann, Joachim & Billmann-Mahecha, Elfriede (2004). Kontextfaktoren der Schulleistung im Grundschulalter. Ergebnisse aus der Hannoverschen Grundschulstudie. In: Zeitschrift für Pädagogische Psychologie, H. 16, S. 113-124.

Weinert, Franz E. & Helmke, Andreas (1997). Entwicklung im Grundschulalter. Weinheim: Psychologische Verlagsunion.

Sara Fürstenau, Max von Redecker

„Hier sind die Leute schon gewöhnt an Roma." Verhältnisse der Anerkennung zwischen Schule und Roma-Familien

In unserem Beitrag geht es um die schulische Arbeit mit Schüler/inne/n aus Roma-Familien. Das Zitat im Titel bezieht sich auf eine Hamburger Grundschule, die wir im Rahmen einer Fallstudie vorstellen. Eine Mutter, selbst Romni, hat im Interview gesagt, ihre Kinder hätten diese Schule lieber besucht als andere Schulen im selben Stadtteil und dies auf Nachfrage folgendermaßen begründet: „Hier sind die Leute schon gewöhnt an Roma, und da (an den anderen Schulen) sagen sie immer, die Roma und die Sinti machen Ärger." Fokus der Fallstudie sind Erfolg versprechende Strategien der Schule bei der Zusammenarbeit mit Roma-Familien.[1]

Im Folgenden skizzieren wir zunächst die konfliktbeladene Situation von Kindern aus Roma-Familien in deutschen Schulen unter Berücksichtigung der historischen, politisch-rechtlichen und linguistischen Hintergründe und stellen weiterhin den Ansatz dar, Romanes in der Schule als Herkunftssprache zu unterrichten (1.). Als theoretische Grundlage für die Fallstudie skizzieren wir sodann ein Konzept der ‚Anerkennung der Anderen' (2.). Es folgen Einblicke in die Prozesse in der Fallschule; die Analyse verweist auf die besondere Rolle, die ein Rom als Lehrer für die Anerkennungsverhältnisse zwischen Schule und Roma-Familien spielen kann (3.). Im Ausblick fragen wir nach der Verallgemeinerbarkeit dieser Erfahrung und nach der Bedeutung von Lehrkräften aus ethnischen Minderheiten in deutschen Schulen (4.).

1. Kinder aus Roma-Familien in deutschen Schulen

1.1 Historische, politisch-rechtliche und linguistische Hintergründe

In Deutschland leben zurzeit offiziell etwa 70.000 deutsche Sinti und Roma als anerkannte ethnische Minderheit; hinzu kommen Flüchtlinge mit einem prekären Aufenthaltsstatus. Zu den Roma gehören verschiedene Bevölke-

---

1 Die Fallstudie stammt aus dem Forschungsprojekt „Schulqualität im Kontext sprachlich-kultureller Heterogenität. Fallstudien von Grundschulen", das von der DFG gefördert und von 2004-2007 unter der Leitung von Dr. Sara Fürstenau an der Universität Hamburg durchgeführt wurde.

rungsgruppen, die ursprünglich aus mehreren Regionen in Indien nach Europa gewandert sind. Die in Deutschland übliche Bezeichnung „Sinti und Roma" verweist vor allem auf unterschiedliche Zeitpunkte der Zuwanderung. Die Sinti, die als eine der vielen Untergruppen der Roma gelten, kamen bereits im späten Mittelalter nach Europa und sind seit über 600 Jahren in Deutschland ansässig. Mit dem Begriff Roma werden in Deutschland meistens später zugewanderte sowie die bis heute vor allem in Südosteuropa lebenden Gruppen bezeichnet. Diese kamen im 19. Jahrhundert aus Ungarn, seit den 1970er Jahren aus dem ehemaligen Jugoslawien und seit 1990 aus verschiedenen osteuropäischen Ländern nach Deutschland. Die Bezeichnung „Zigeuner" ist politisch belastet und wird vom Zentralrat Deutscher Sinti und Roma abgelehnt.

In Europa hat die Diskriminierung, Ausgrenzung und Verfolgung der Sinti und Roma eine traurige Tradition. Seit ihrer Ankunft im mitteleuropäischen Raum wurden die Sinti und Roma mit Argwohn betrachtet und sehr bald per Gesetz ausgegrenzt und vertrieben (vgl. Randjelović 2007, S. 267). Ihren Höhepunkt erreichte die Verfolgung von staatlicher Seite in der Vernichtungspolitik des Nationalsozialismus. Die Schule hat in ihrer Funktion als staatliche Bildungsinstitution in Deutschland schon früh zur Diskriminierung der Sinti und Roma beigetragen. Versuchte die Obrigkeit bis ins 18. Jahrhundert in erster Linie, die Sinti und Roma aus den deutschen Gebieten zu vertreiben, wurde im Zuge der Industrialisierung damit begonnen, Angehörige dieser Gruppen als potenzielle Arbeitskräfte ‚umzuerziehen' (vgl. ebd., S. 268). Mit diesem Ziel wurde die Schulpflicht auch für die Kinder der Sinti und Roma eingeführt. Das erklärte Ziel bestand darin, sich ihrer ‚Andersartigkeit' nun durch Assimilation und ‚Umerziehung', statt durch Vertreibung zu entledigen. Seit der Reichsgründung 1871 gab es mehrere Erlasse zur „Fürsorge-(Zwangs-)Erziehung" von Sinti- und Roma-Kindern (Krause 1989, S. 76ff.). Krause spricht von einer „Verfolgung durch Erziehung" und erklärt so die bis heute vorhandene und aus Krauses Sicht in Teilen immer noch berechtigte Befürchtung vieler Roma-Familien, die Schule würde ihre Kinder der sprachlich-kulturellen Herkunft der Familie entfremden (ebd., S.13ff.). Diese Strategie wurde zunächst auch während des Nationalsozialismus verfolgt, bis dazu übergegangen wurde, Sinti und Roma als Angehörige einer der Rassenideologie nach minderwertigen ‚Rasse' in Konzentrationslagern zu ermorden. Im Nachkriegsdeutschland wurde es versäumt, mit der staatlichen Behandlung der Sinti und Roma als ‚Fremde' zu brechen, auch wenn Familien seit Generationen in Deutschland lebten. Die nationalsozialistischen Verbrechen an den Sinti und Roma wurden erst im Jahr 1982 offiziell als Völkermord anerkannt. Heute sind die Sinti und Roma eine offiziell anerkannte ethnische Minderheit in Deutschland.

Für die Identifikation als ethnische Minderheit spielt im Falle der Sinti und Roma die Sprache eine große Rolle. Alle Sinti- und Roma-Gruppen gebrauchen eine der in Europa etwa 60 gesprochenen Varietäten der Sprache Romanes, die sich durch einen gemeinsamen indischen Ursprung und eine Verwandtschaft zum Sanskrit auszeichnen (vgl. Matras 2003). Im Wortschatz greifen die Varietäten des Romanes auf die jeweiligen europäischen Landessprachen zurück. Romanes ist in keinem Land der Welt eine offizielle Amtssprache und wurde bis ins 20. Jahrhundert vor allem mündlich überliefert (vgl. ebd.). Frühe Verschriftlichungen des Romanes wurden meistens von Angehörigen anderer Sprachgruppen angefertigt, z.B. in den osteuropäischen Staaten als Teil staatlicher Propaganda. Erst im 20. Jahrhundert, in den 1970er Jahren, begann eine Gruppe von Roma-Intellektuellen eine eigene Standardisierung und Verschriftlichung des Romanes zu erarbeiten, um die Sprache als vereinendes Identitätssymbol zu institutionalisieren (vgl. ebd., S. 260). In Europa wurde und wird Romanes als Sprache einer diskriminierten Minderheit und als traditionell mündlich überlieferte Sprache sozial und kulturell stigmatisiert. Der Status des Romanes als Sprache einer ethnischen Minderheit bleibt für die Bildungs- und Schulpolitik in Deutschland – abgesehen von vereinzelten Unterrichtsangeboten im Rahmen zusätzlichen Herkunftssprachenunterrichts (s.u.) – bisher folgenlos (vgl. Krüger-Potratz 2005, S. 81).

Eine Sprachenerhebung an den Grundschulen in Hamburg verweist auf eine im Vergleich mit anderen Minderheitensprachen besonders hohe Vitalität des Romanes (Fürstenau, Gogolin & Yağmur 2003): Kinder, die in ihren Familien eine Varietät des Romanes gebrauchen, gaben am häufigsten an, „ihre Herkunftssprache zu *verstehen*, sie *am liebsten* und *am besten* zu sprechen und sie meistens in Gesprächen mit der Mutter zu gebrauchen. Diese Angaben stehen für eine hohe Identifikation mit der Herkunftssprache" (ebd., S. 136; Hervorhebungen im Original).

1.2 Benachteiligung der Sinti und Roma im deutschen Bildungssystem

Die schulische Situation der Sinti- und Roma-Kinder in Deutschland ist erst seit Beginn der 1980er Jahre, als man allmählich auf die Benachteiligung dieser Gruppe im deutschen Schulsystem aufmerksam wurde, Gegenstand wissenschaftlicher Untersuchungen. Seitdem wird die Benachteiligung durch jede Studie zum Thema erneut diagnostiziert: Schüler/innen aus Sinti- und

Roma-Familien erreichen in Deutschland kaum reguläre Schulabschlüsse, die Mehrheit von ihnen wird an Sonderschulen unterrichtet, und die Analphabeten- sowie Schulabbrecherquoten sind in dieser Gruppe überproportional hoch (vgl. Hundesalz 1978; Krause 1989; Thomas 2000; EUMAP 2002; Zentrum für Antisemitismusforschung 2007). Die extrem ungünstige Situation der Kinder aus Sinti- und Roma-Familien wird in den Untersuchungen bis heute einhellig auf Versäumnisse von Seiten der Schulen zurückgeführt.

Vehemente Kritik an der Institution Schule übt Krause (1989), die in ihrer exemplarisch-empirischen Untersuchung zur Schulsituation der Sinti- und Roma-Kinder in Hamburg die schulpolitische Strategie der „Vernichtung" der kulturellen Identität der Sinti und Roma beschreibt. Krause charakterisiert das Verhältnis zwischen Schule und Lebenswelt der Sinti und Roma auch gegen Ende des 20. Jahrhunderts als spannungsreich. Aufgrund von Stigmatisierung in der Schule würden immer noch viele Sinti- und Roma-Familien am Nutzen des Schulbesuchs zweifeln (vgl. auch EUMAP 2002, S. 104). Die in der Schule vorherrschende Unkenntnis über die kulturellen Hintergründe der Sinti und Roma führe dazu, dass es nicht gelinge, die Eltern von der Notwendigkeit des Schulbesuchs zu überzeugen. Ein besonderes Problem bestehe im Schulabsentismus, der bei Sinti- und Roma-Kindern von Seiten der Schule häufig unreflektiert auf fehlendes Interesse am Lernen zurückgeführt und als „typisches Verhalten" hingenommen werde (Krause 1989, S. 132). Eine solche Haltung kann unseres Erachtens als direkte institutionelle Diskriminierung bezeichnet werden, denn Schulabsentismus erhöht die Gefahr der sozialen Marginalisierung von Jugendlichen (vgl. Stamm 2007, S. 51). Thomas (2000) spricht von einer „katastrophale(n) Vernachlässigung" der Sinti und Roma in der Schule und sieht in der verbreiteten Charakterisierung der Familien als „bildungsunwillig" oder gar „bildungsunfähig" eine Strategie der Lehrkräfte, sich aus der Verantwortung zu ziehen (ebd., S. 153). Die jüngsten Untersuchungen geben keinesfalls Anlass für Entwarnung: Für die Gruppe der seit 1990 nach Deutschland zugewanderten Roma ist gerade nachgewiesen worden, dass sie in besonderem Maße negativ von der Selektivität des deutschen Schulsystems betroffen ist (Zentrum für Antisemitismusforschung 2007, S. 30), und in einer im Jahr 2006 vom Zentralrat deutscher Sinti und Roma erstmalig durchgeführten Umfrage gaben 40% der befragten Sinti- und Roma-Familien an, dass ihre Kinder in der Schule unter Diskriminierungen durch Mitschüler/innen und Lehrkräfte leiden (vgl. Zentralrat Deutscher Sinti und Roma 2006).

Die Ergebnisse, die seit dreißig Jahren die verheerende Situation der Schüler/innen aus einer national anerkannten ethnischen Minderheit in deutschen Schulen bestätigen, sind immerhin nicht ganz wirkungslos geblieben.

Seitens der Schulverwaltungen einzelner Bundesländer gibt es Bemühungen, die Bildungsbeteiligung der Sinti und Roma in den Schulen zu verbessern (vgl. Garrett Dikkers 2006). Entsprechende Konzepte werden vereinzelt auf Schulebene entwickelt und erprobt (vgl. Lindemann 2005).

1.3 Herkunftssprachlicher Unterricht für Sinti und Roma

Das Spannungsverhältnis zwischen der Institution Schule und der Gruppe der Sinti und Roma in Deutschland wird bis heute u.a. auf die Diskrepanz zwischen dem schulischen Anspruch schriftsprachlicher Bildung im Deutschen und der auf mündlicher romanessprachiger Überlieferung beruhenden sprachlich-kulturellen Tradition der Sinti und Roma zurückgeführt (vgl. Randjelovič 2007, S. 276). Vor diesem Hintergrund spielt der Ansatz, Romanes als Herkunftssprache in der Schule zu unterrichten, in der Diskussion über Strategien zur Verbesserung der Bildungsbeteiligung von Sinti und Roma eine herausragende Rolle.

Aufgrund der Vielfalt der sprachlichen Varietäten und der vor allem mündlichen Tradition des Romanes ist die Konzeption von Romanesunterricht vor besondere Herausforderungen gestellt. Ein vergleichsweise innovativer Ansatz wird im Hamburger Bildungssystem verfolgt (vgl. Garrett Dikkers 2006, S. 145). In Hamburg sind an acht von rund 245 Grundschulen Roma als Lehrer/innen oder Schulsozialarbeiter/innen beschäftigt, die Romanesunterricht für Kinder aus Roma-Familien anbieten. In einem Arbeitskreis entwickeln sie schriftliches Unterrichtsmaterial und berücksichtigen dabei verschiedene Varietäten des Romanes. Das Material, das als Grundlage für die Alphabetisierung im Romanesunterricht dient, wird in enger Orientierung am sprachlichen Anfangsunterricht in Deutsch entwickelt.

Die Akzeptanz des Romanesunterrichts in deutschen Schulen ist innerhalb der Sinti- und Roma-Gruppen unterschiedlich. Auch heute noch verfolgen viele Sinti- und Roma-Familien in Deutschland die Strategie, ihre ethnische Zugehörigkeit in der gesellschaftlichen Öffentlichkeit aus Angst vor Diskriminierung zu verheimlichen (vgl. Zentralrat Deutscher Sinti und Roma 2006). Einige Eltern begegnen dem speziellen Angebot des Romanesunterrichts für ihre Kinder mit Skepsis oder Vorsicht, weil für sie der Wunsch im Vordergrund steht, dass ihre Kinder in der Schule genauso wie alle anderen deutschen Kinder behandelt werden. Ein weiterer Vorbehalt gegenüber Romanesunterricht ergibt sich daraus, dass insbesondere Vertreter/innen der deutschen Sinti die Verschriftlichung des Romanes und die damit verbundene Normierung der Sprache ablehnen. Da Romanes so gut wie gar nicht von

Angehörigen der Mehrheitsgesellschaft erlernt wird, wird die Sprache fast
ausschließlich innerhalb der Sinti- und Roma-Gemeinschaften gebraucht und
von einigen Sinti und Roma als ihre ‚Geheimsprache' betrachtet (vgl. Matras
2003, S. 231f.). Vor diesem Hintergrund wird die Vermittlung von Romanes
als Schriftsprache in der deutschen Schule von einigen Vertreter/inne/n der
Sinti und Roma als Einmischung in die eigene Kultur empfunden. Einige
Vertretungen der Roma, so z.b. der RCU Hamburg (Rom und Cinti Union),
befürworten demgegenüber den schulischen Romanesunterricht und die Ausweitung des Gebrauchs der Sprache auf Bereiche außerhalb der Sinti- und
Roma-Gemeinschaften.

Die wenigen wissenschaftlichen Arbeiten, die sich mit dem Stellenwert
von Romanesunterricht beschäftigen, beschreiben ein Angebot innerhalb der
Regelschulen als außerordentlich sinnvoll (vgl. Baranowski 1994; Wurr &
Träbing-Butzmann 1998; Krause 1989; Garrett Dikkers 2006). Aus einer
gesamtgesellschaftlichen Perspektive wird argumentiert, dass Romanesunterricht in deutschen Schulen zu einer Integration der Sinti und Roma bei
gleichzeitiger Beibehaltung ihrer sprachlich-kulturellen Identität beitrage.
Mit Blick auf die sprachlichen Bildungsvoraussetzungen der Kinder aus Sin-
ti- und Roma-Familien besteht außerdem Einigkeit darüber, dass Romanesunterricht einen grundlegenden Beitrag zur Sprachbildung der Kinder darstellen kann. Für die meisten dieser Kinder ist eine Varietät des Romanes
bei Schuleintritt die dominante Sprache, während sie häufig nur über geringe
Deutschkenntnisse verfügen (vgl. Baranowski 1994, S. 11; Wurr & Träbing-
Butzmann 1998, S. 91; EUMAP 2002, S. 100; Fürstenau, Gogolin & Yağmur
2003, S. 105f.). Da es nach den Erkenntnissen der Forschung zur sprachlichen und kognitiven Entwicklung zweisprachiger Kinder förderlich ist, die
sprachlichen Vorerfahrungen in der Erstsprache in der schulischen Sprachbildung zu berücksichtigen, kann der Romanesunterricht die Bildungschancen von Sinti und Roma verbessern. Eine Erhebung zur Sprachförderung im
Hamburger Schulsystem belegt, dass Kinder mit Romanes als Erstsprache in
der additiven Sprachförderung Deutsch deutlich überrepräsentiert sind (vgl.
May & Büchner 2007, S. 23).

2. Theoretischer Rahmen: Die ‚Anerkennung der Anderen'

In der Erziehungswissenschaft wird ‚Anerkennung' meistens als ein in pädagogischen Kontexten grundsätzlich positiv zu bewertender Handlungsansatz
begriffen, denn anerkennendes pädagogisches Handeln gilt als ein Akt der
Wertschätzung. Eine Deutung in diesem Sinne wird jedoch in der Diskus-

sion über die ‚Anerkennung der Anderen' als Leitmotiv der Interkulturellen Pädagogik hinterfragt (vgl. Auernheimer 2006). In der folgenden Fallstudie gehen wir von theoretischen Ansätzen aus, die sich mit den unauflösbaren Ambivalenzen von Anerkennung in pädagogischen Prozessen im Allgemeinen (vgl. Balzer & Künkler 2007) und im Umgang mit sprachlich-kultureller Heterogenität im Besonderen (vgl. Mecheril 2005) befassen.

Balzer und Künkler (2007) konturieren die Kategorie Anerkennung ausgehend von Judith Butlers Begriff der Subjektivation. Butlers Begriff beschreibt die Begegnung mit den Anderen als konstitutiven Bestandteil von Subjektwerdung. Das Konzept der Subjektivation unterlaufe die Dichotomie zwischen Individuum und Gesellschaft (ebd., S. 84ff.). Jede intersubjektive Begegnung ist demnach eine Form der Anerkennung, die die Beteiligten in ihrer Existenz bestätigt, und dazu gehören bei Weitem nicht nur intendierte, wertschätzende Handlungen.

Mecheril (2005) kritisiert den Begriff der Anerkennung im pädagogischen Diskurs über kulturelle Differenz. In seiner Kritik wird die unvermeidliche Ambivalenz des Anerkennungsansatzes darauf zurückgeführt, dass bei der ‚Anerkennung der Anderen' zwangsläufig Unterscheidungen zwischen gesellschaftlichen Gruppen (z.B. anhand der Kategorie ‚Kultur') getroffen werden. Mecheril formuliert zwei Kritikpunkte (S. 323ff.): 1. Die ‚Anerkennung der Anderen' laufe Gefahr, eine Marginalisierung sozial benachteiligter Gruppen zu verstärken, so zum Beispiel in pädagogischen Kontexten, wenn Fragen der gesellschaftlichen Teilhabe ausgeblendet würden. Eine Anerkennung und Bestätigung der ‚Andersartigkeit' kultureller Praktiken bestimmter Gruppen schränke die Handlungsfähigkeit der Gruppenangehörigen ein, wenn ihnen dadurch ein Zugang zu gesellschaftlich hoch bewerteten Praktiken verschlossen bleibe. 2. Die ‚Anerkennung der Anderen' reproduziere gesellschaftliche Ungleichheitsverhältnisse auch dadurch, dass sie ‚das Andere' bestätigt und festschreibt. Da der Definition ‚der Anderen' zwangsläufig gesellschaftlich dominante Kategorien der Unterscheidung zugrunde lägen (z.B. ‚zugewandert' vs. ‚alteingesessen'), trage die ‚Anerkennung der Anderen' zur Festschreibung von ‚Wir'- und ‚Nicht-Wir'-Gruppen bei.

Sowohl Balzer und Künkler als auch Mecheril postulieren die Reproduktion gesellschaftlicher Normen und Machtverhältnisse in pädagogischen Anerkennungsprozessen. Unter dieser Voraussetzung bedeutet der Anspruch, allen Kindern dennoch gleichermaßen als Handlungssubjekte begegnen zu wollen, ein Dilemma. Im Umgang mit diesem Dilemma kann ‚Anerkennung' als eine aufmerksame (Balzer & Künkler), bedächtige und reflexive (Mecheril) Haltung im pädagogischen Handeln gefasst werden. Das ist ein Fazit aus der theoretischen Debatte, die hier nicht in ihrer Komplexität dargestellt wer-

den kann. Stattdessen sollen ihre Implikationen im Folgenden auf den konkreten Fall des schulischen Umgangs mit Roma-Familien bezogen werden.
Bereits in diesem Vorhaben offenbart sich die Ambivalenz der ‚Anerkennung
der Anderen', denn es reproduziert die Konstruktion von Roma-Familien als
eine problembehaftete gesellschaftliche Gruppe, mit der Schulen einen speziellen ‚Umgang' suchen. Dieses Dilemma können wir im Forschungsprozess
reflektieren, aber wir können es nicht aufheben, solange wir die schulische
Situation von Kindern aus Roma-Familien untersuchen wollen. Der Haupt-
grund für unser Forschungsinteresse, ebenso wie für die Suche nach einem
angemessenen ‚Umgang' mit Kindern aus Roma-Familien in der Fallschule,
ist die Benachteiligung dieser Kinder in der Schule. Damit die ‚Anerkennung der Anderen' diese Benachteiligung nicht fortsetzt sondern überwindet,
bedarf es – wie die folgende Fallstudie zeigt – in der Tat einer aufmerksamen, bedächtigen und reflexiven Haltung. Unter Berücksichtigung der un-
vermeidlichen Ambivalenz des Anerkennungsansatzes fungiert das Konzept
einer ‚reflexiven Anerkennung', das wir positiv bewerten, im Folgenden als
normativer Rahmen.

3. Die Fallstudie

Wir geben Einblick in eine Schulfallstudie, die auf ethnographischer Feldforschung basiert, während derer teilnehmende Beobachtung und Leitfaden-
Interviews mit Lehrkräften und Eltern durchgeführt wurden. Auch in der
Fallschule – wir nennen sie „Kastanienstraße" – wurde die Erfahrung, dass
Roma-Eltern der Institution Schule bisweilen skeptisch gegenüberstehen, von
den interviewten Lehrkräften beschrieben und im Gespräch mit Roma-Eltern
zum Teil bestätigt. Das trifft vor allem auf Eltern zu, die selbst überwie-
gend schlechte Schulerfahrungen gemacht haben und denen ein Zugang zur
Schriftsprache während der eigenen Schulzeit verschlossen geblieben ist. Im
Folgenden stellen wir dar, in welcher Weise die Schule den Roma-Familien
in diesem Spannungsverhältnis begegnet.
   An der Schule Kastanienstraße gehört die Mehrheit der „Kinder aus Roma-Familien" zu einer Gruppe, die erst in jüngerer Zeit aus einem osteuropäischen Land zugewandert ist; daneben gibt es einzelne Kinder aus anderen
Roma- oder Sinti-Gruppen. Wir verwenden die Bezeichnung „Roma" im Folgenden, wie es im internationalen Sprachgebrauch üblich ist, als Oberbegriff,
der auch die Gruppe der Sinti einschließt. Wenn Unterschiede zwischen den
einzelnen Gruppen relevant sind, weisen wir explizit darauf hin.

3.1 Einblicke in die Schule Kastanienstraße

Einleitend skizzieren wir die Herausforderung einer reflexiven ‚Anerkennung der Anderen' ausgehend von einem Zitat der Schulleiterin. Darin berichtet die Schulleiterin von einem Gespräch über die Situation von Roma-Kindern mit anderen Schulleiter/inne/n:

> „Wir gehen inzwischen auch viel gelassener damit um. Die (anderen Schulen) sind noch so auf dem Stand, die Roma-Kinder müssen das alles genauso machen, wie die das von in Deutschland sozialisierten Kindern erwarten: pünktlich in die Schule kommen, regelmäßig Hausaufgaben machen, eifrig Lesen und Schreiben lernen wollen. Und dieses Verständnis dafür, wie schwierig das für diese Roma-Kinder ist, sich zurechtzufinden und aus einer Kultur zu kommen, für die Schule ganz ganz weit weg war und ganz ganz nebensächlich und gar keine Rolle gespielt hat – das müssen die (anderen Schulen) erst lernen. Und auch die Lehrerrolle sich klar machen, dass man mit Druck und Forderung überhaupt nicht weiterkommt, sondern nur mit ganz viel Geduld und auch mit viel Toleranz. Es geht die Welt nicht unter, wenn sie später kommen oder langsamer lernen. (...) Man muss in Generationen denken. Wenn die Kinder unserer jetzigen Kinder einmal regelmäßig zur Schule kommen, dann hat man etwas erreicht. Aber wenn man jetzt ganz viel Druck macht – und man hat ja gar nicht die Mittel um ganz viel Druck zu machen – dann bringt das nur ganz viele Unerfreulichkeiten."

Während der Feldforschung haben wir die Schulleiterin als eine Pädagogin kennengelernt, die sich durch einen höchst differenzierten Blick auf die Kinder und ihre Familien auszeichnet, und es geht uns keinesfalls darum, ihre Aussagen als Beispiel für die Fallstricke der ‚Anerkennung der Anderen' in der schulischen Praxis vorzuführen. Wir wollen mit dem Zitat vielmehr die Dilemmata aufzeigen, die sich immer dann ergeben, wenn sich der pädagogische und auch unser forschende Blick auf die Angehörigen einer ethnischen Minderheit als Gruppe richten. Durch das Sprechen über die Situation ‚der' Kinder aus Roma-Familien als vermeintlich einheitliche Gruppe sind Zuschreibungen und Verallgemeinerungen angelegt. In dem Zitat erfolgen sie entlang der Unterscheidungskategorie ‚Kultur', mit der die Distanz der Gruppe der Roma-Familien zur Institution Schule erklärt wird. Mit der Verwendung dieser Kategorie wird die Aussage im interkulturellen Diskurs situiert; eine andere Setzung wäre z.B. der Verweis auf den sozioökonomischen Status oder die Bildungserfahrungen der Eltern, mit denen eine Distanz zur Institution Schule ebenso erklärt werden könnte. Die Schulleiterin begründet es mit der ‚Kultur' der Roma-Kinder, dass diese Kinder nicht den

Erwartungen an ‚in Deutschland sozialisierte Kinder' entsprechen. Der hier angestrebte Vergleich enthält Anhaltspunkte für eine reflexive ‚Anerkennung der Anderen'. Die im dominanten gesellschaftlichen und schulischen Diskurs durchaus übliche Unterscheidung zwischen ‚deutschen' Kindern und ‚anderen' Kindern wird hier gerade nicht reproduziert. Mit ihrer Formulierung verweist die Schulleiterin vielmehr auf die Existenz dieses Diskurses („wie die (Schulleiter/innen) das von in Deutschland sozialisierten Kindern erwarten") und distanziert sich gleichzeitig davon. Sie selbst teilt die dominanten Erwartungen an ‚in Deutschland sozialisierte Kinder' offensichtlich nicht, vielleicht deshalb, weil sich die Elternschaft an der Schule Kastanienstraße unabhängig von ethnischer Zugehörigkeit mehrheitlich durch eine Distanz zur Institution Schule auszeichnet. Die Markierung der Kategorie ‚Kultur' im Falle der Roma-Familien verweist möglicherweise auf die historisch besondere Problematik der Beziehung zwischen Sinti und Roma und der deutschen Schule; dieser Zusammenhang geht zwar aus dem Zitat nicht hervor, liegt aber angesichts der Erfahrung der Schule nahe. Die Schulleiterin erkennt die besondere Problematik an, indem sie für „Verständnis", „Geduld", „Toleranz" und „Gelassenheit" beim schulischen Umgang mit Kindern aus Roma-Familien plädiert. Die hier zum Ausdruck gebrachte Haltung der Anerkennung ist insofern reflexiv, als sie eine Infragestellung schulischer Normen und Selbstverständlichkeiten impliziert: Regelmäßiger Schulbesuch und Pünktlichkeit seien nicht mit „Druck" durchzusetzen. Aber auch in dieser Haltung scheint ein grundsätzliches Dilemma der ‚Anerkennung der Anderen' auf: Betonte Gelassenheit bei der Vermittlung und Einforderung gesellschaftlich hoch bewerteter Praktiken kann auch als Gleichgültigkeit gegenüber den sozialen Partizipationschancen der betroffenen Schüler/innen gedeutet werden („Es geht die Welt nicht unter, wenn sie (Roma-Kinder) später kommen oder langsamer lernen"). In dem Zitat der Schulleiterin klingt allerdings an, was bei dem folgenden Einblick in die Schule Kastanienstraße deutlich werden soll: Die Schule möchte bei den Kindern aus Roma-Familien „etwas erreichen". Dieser Anspruch ist, wie die Forschung über Kinder aus Roma-Familien in deutschen Schulen zeigt, keine Selbstverständlichkeit, sondern etwas Besonderes (vgl. Kap. 2). Anders als in vielen Schulen in Deutschland werden Schulabsentismus und funktionaler Analphabetismus bei Roma-Kindern in der Schule Kastanienstraße nicht hingenommen, sondern als Herausforderung für die schulische Arbeit begriffen.

Nach Balzer und Künkler (2007, S. 89) kann Nichtbeachtung als eigentliches Gegenteil von Anerkennung angesehen werden. Demgegenüber stelle eine widerständige Auseinandersetzung, in der die Lehrkräfte den Kindern ein Gegenüber sind, eine Form der Anerkennung dar. Durch diese Art der aufmerksamen Beachtung, und nicht mittels „Druck", möchte die Schule Kastanienstraße Kindern aus Roma-Familien Handlungsoptionen innerhalb schulischer und gesellschaftlicher Normen eröffnen.

In der erziehungswissenschaftlichen Diskussion wird das Spannungsverhältnis zwischen den Normen der Institution Schule und den Lebenswelten der Sinti und Roma an zwei zentralen Bereichen festgemacht: An der (Un-) Regelmäßigkeit des Schulbesuchs und am Schriftspracherwerb bzw. an den Problemen Schulabsentismus und funktionaler Analphabetismus. Auch in der Schule Kastanienstraße wird über die Fehlzeiten von Kindern aus Roma-Familien und über ihre Schwierigkeiten beim Erwerb der Schriftsprache gesprochen. Allerdings betonen viele Befragte, dass es in beiden Bereichen eine positive Entwicklung gegeben habe. Als wichtigster Grund dafür wird die Tätigkeit eines Romaneslehrers benannt. Zum Zeitpunkt der Untersuchung war dieser Lehrer – wir nennen ihn Herrn Kaminski –, der in seinem osteuropäischen Herkunftsland eine Ausbildung als Grundschullehrer absolviert hat, als Honorarkraft angestellt. Trotz seines prekären Arbeitsverhältnisses hatte Herr Kaminski innerhalb des Kollegiums der Schule einen guten Stand. Die Schulleiterin brachte seiner Tätigkeit große Wertschätzung entgegen und setzte sich seit Jahren bei der Schulbehörde für eine Festanstellung ein. Uns gegenüber betonte sie das besondere Engagement des Romaneslehrers, dessen Honorarvertrag in ihren Worten „eine schreckliche Ausbeutung" darstelle. Zu den Arbeitsbereichen von Herrn Kaminski gehörten die Zusammenarbeit mit Roma-Eltern und der Romanesunterricht für Kinder aus Roma-Familien.

Herr Kaminski sagte von sich, er sei „Bindeglied und Mediator zwischen der Schule und den Roma-Familien". Durch ihn erführen die Familien, was sie über die Schule wissen müssten, und den Lehrer/inne/n eröffne er Einblicke in die familiären Verhältnisse der Kinder. Herr Kaminski ermöglichte zuallererst eine funktionierende Kommunikation zwischen Schule und Roma-Familien. Er kannte die Roma-Familien im Umfeld der Schule und wusste, welche Familienmitglieder lesen und schreiben konnten. Häufig übersetzte er Informationen der Schulbehörde oder der Schule vom Deutschen ins Romanes. Herr Kaminski unterstütze darüber hinaus auch die inhaltliche Verständigung. Er erklärte uns, dass viele Roma-Eltern aus dem Umfeld der Schule die offiziellen Klassen-Elternabende nicht besuchen wollten. In Absprache mit den anderen Lehrkräften veranstaltete er deshalb spezielle romanessprachige Elternabende bei sich zu Hause. Da er „einer von ihnen" sei, so Herr Kaminski, begegneten ihm die Roma-Eltern mit Vertrauen und empfänden die Ansprüche der Schule weniger stark als Einmischung in ihr Erziehungsverhalten, wenn er sie vermittle. Für ihn selbst sei es allerdings manchmal

schwierig, „den Spagat zwischen Schule und Eltern gut hinzubekommen"
und gleichzeitig „gewisse Erwartungen" an einen Rom zu erfüllen. In Herrn
Kaminskis Einschätzung gebe es durchaus Fälle, in denen das Traditionsbe-
wusstsein von Roma-Familien dem Schulerfolg der Kinder nicht förderlich
sei. So sehe er sich z.B. manchmal vor die Aufgabe gestellt, Eltern vom Wert
des Lesens und Schreibens als Kulturtechnik zu überzeugen. Auf der anderen
Seite gelinge es Herrn Kaminski auch, den Kolleg/inne/n in der Schule die
Perspektiven und Interessen der Roma-Familien zu vermitteln. Ein Beispiel
dafür sei der besondere Wert der Familie für die meisten Roma. Die Lehrkräfte an der Schule Kastanienstraße hätten verstanden, dass der Zusammenhalt der Familie für viele Roma weitaus wichtiger sei als die Belange der
Schule. In einem konkreten Fall, als einige Kinder aus einer Roma-Familie
längere Zeit unentschuldigt fehlten, war die Erkrankung eines weit entfernt
lebenden Verwandten eine für die Klassenlehrer/innen nachvollziehbare Erklärung; die Familie war mit den Kindern zu dem Verwandten gereist, ohne
die Schule zu benachrichtigen.

Im Romanesunterricht alphabetisiert Herr Kaminski die Kinder aus Roma-Familien nach dem Hamburger Modell (vgl. 2.3). Kinder, die von Haus
aus Romanes sprechen, werden ab Klasse 1 einzeln oder in Kleingruppen
stundenweise parallel zum Regelunterricht unterrichtet. Dabei kooperiert
Herr Kaminski eng mit den Deutschlehrer/inne/n. An der Schule Kastanienstraße lernen die meisten Kinder aus Roma-Familien das Lesen und Schreiben zunächst auf Romanes und erst im Anschluss daran auf Deutsch. Das sei
in der langjährigen Erfahrung der Schule der beste Weg, Kindern aus Roma-
Familien überhaupt einen Zugang zur Schriftsprache zu eröffnen. Herrn Kaminski zufolge begrüße die große Mehrheit der Roma-Eltern an der Schule
Kastanienstraße den Romanesunterricht. Dabei handelt es sich um Eltern, die
aus demselben osteuropäischen Land stammen, wie der Lehrer, und bei deren Familiensprache es sich um die Varietät des Romanes handelt, die der
Lehrer unterrichtet. Für diese Eltern sei der Romanesunterricht ein Zeichen
dafür, dass die Schule ihre Kinder der sprachlich-kulturellen Herkunft der
Familie nicht entfremde. Herr Kaminski selbst bezeichnet seinen Unterricht
als „Spracherhaltunterricht" und möchte damit einen Beitrag zur Stärkung
der „kulturellen Identität" von Kindern aus Roma-Familien leisten.

Die Schule Kastanienstraße führe keine Statistik über die Schulerfolge
der Kinder aus Roma-Familien. Zwar seien die Herkunftsländer aller Kinder, aber nicht immer die ethnische Zugehörigkeit bekannt. Eine Statistik sei
auch deshalb nicht erwünscht, weil einige Kinder einen prekären rechtlichen
Aufenthaltsstatus in Deutschland hätten. Wie oben bereits erwähnt, haben im
Falle der Roma-Kinder aber einige Befragte Erfolg versprechende Entwick-

lungen beobachtet. Aus der Sicht der Schulleiterin eröffnet der Romanesunterricht vielen Kindern einen Zugang zur Schriftsprache:

> „In ihrer Sprache lernen Roma-Kinder viel schneller Lesen. Den Lehrer für Romanes haben wir noch nicht so lange. Wir haben früher bei manchem Kind vier Jahre gekämpft, mit sehr wenig Erfolg. Die haben ja immer noch sehr viele Fehlzeiten zwischendurch. Da fängt man alle paar Wochen wieder bei Null an. Aber seitdem der Romaneslehrer ihnen das Lesen in ihrer Sprache beibringt, klappt das viel besser."

Der Sozialpädagoge der Schule ist der Überzeugung, dass die Kinder aus Roma-Familien seltener in der Schule fehlen als früher:

> „Das Fehlen ist weniger geworden (…), die Schüler kommen jetzt auch freiwillig und gerne in die Schule (…), auch aus Eigenmotivation, und das ist eigentlich so das Beste. (…) Die Kinder schieben die Eltern an, sie wollen in die Schule, sie fordern es ein."

Schulfreundinnen und -freunde sind ist in der Beschreibung des Sozialpädagogen das beste Mittel gegen Schulabsentismus.

Wir ziehen folgendes Fazit: Ausgehend von der Prämisse, dass der Schulbesuch nicht für alle Menschen einen Wert an sich darstellt, hat es sich die Schule Kastanienstraße zur Aufgabe gemacht, dass Kinder aus Roma-Familien den regelmäßigen Schulbesuch als wertvoll erfahren. Schulische Normen werden nicht mit Druck durchgesetzt, sondern innerhalb von reflexiven Anerkennungsverhältnissen vermittelt. Dadurch, dass spezielle Lernausgangslagen im Romanesunterricht beachtet werden, ermöglicht die Schule den Kindern Erfolgserlebnisse beim Lesen- und Schreibenlernen. Die hier zusammengefassten Erfolg versprechenden Momente der Arbeit mit Kindern aus Roma-Familien hängen maßgeblich von der Tätigkeit des Romaneslehrers ab.

3.2 Die Bedeutung des Romaneslehrers bei der Schaffung von Anerkennungsverhältnissen zwischen Schule und Roma-Familien

In unserem Forschungsprojekt haben wir die besondere Rolle des Romaneslehrers in einem Vergleich der Schule Kastanienstraße mit einer zweiten Fallschule – wir nennen sie „Birkenstraße" – herausgearbeitet (vgl. von Redecker 2007). Auch die Schule Birkenstraße zeigt eine große Bereitschaft, sich mit speziellen Bedürfnissen von Roma-Familien konstruktiv auseinanderzusetzen, und auch hier kann die Arbeit mit Kindern aus Roma-Familien im Vergleich zu der in der Forschung belegten ‚normalen' Praxis als fortschrittlich bezeichnet werden. Ein grundlegender Unterschied zur Schule

Kastanienstraße besteht allerdings darin, dass in der Birkenstraße kein Rom als Lehrer tätig ist. Wir führen es auf diesen Unterschied zurück, dass die Anerkennungsverhältnisse zwischen Schule und Roma-Familien in der Schule Birkenstraße im Vergleich zur Schule Kastanienstraße begrenzt sind. Die Ergebnisse des Vergleichs seien hier kurz zusammengefasst.

Insgesamt zeichnet sich die Arbeit mit Kindern aus Roma-Familien in der Schule Birkenstraße durch Engagement, aber auch durch eine pragmatische Grundhaltung aus: Auch hier werden Bedingungen geschaffen, die den regelmäßigen Schulbesuch von Kindern aus Roma-Familien unterstützen. So wird dem Bericht des Schulleiters zufolge z.B. Rücksicht darauf genommen, wenn Kinder im (Vor-)Schulalter noch von ihren Müttern gestillt werden, und den Müttern älterer Kinder wird gestattet, den Vormittag auf dem Schulgelände in der Nähe ihrer Kinder zu verbringen. Im Umgang mit hohen Fehlzeiten von Kindern aus Roma-Familien bringen die interviewten Lehrkräfte eine Bereitschaft zu Kompromissen und Zugeständnissen zum Ausdruck, die sie zum Teil mit einer toleranten Haltung, zum Teil aber auch mit einer ohnmächtigen Haltung begründen. Ein Lehrer z.B. nehme das vorübergehende Fehlen seiner Roma-Schüler/innen in Kauf, weil er die Erfahrung gemacht habe, daran nichts ändern zu können. Die Bereitschaft, die Prinzipien der Schule flexibel zu handhaben, geht hier mit Abstrichen von den pädagogischen Zielen einher. Im Vergleich können die Lehrkräfte in der Schule Kastanienstraße die Gründe für das Fehlen von Kindern aus Roma-Familien aufgrund der Vermittlungstätigkeit des Romaneslehrers besser nachvollziehen. Die vertrauensbildende Arbeit des Romaneslehrers, wie z.B. romanessprachige Elternabende in der Wohnung des Lehrers, trägt außerdem dazu bei, die Fehlzeiten zu verringern. In der Schule Birkenstraße erzählten uns demgegenüber einige Lehrkräfte von einem Konflikt, in dem der Stadtteilpolizist die Rolle des Vermittlers zwischen der Schule und einzelnen Sinti-Familien übernommen habe. Zwar sehe der Stadtteilpolizist, wie er uns in einem Interview versicherte, seine Aufgabe eher in präventiven Gesprächen als in Sanktionen. Trotzdem liegt es nahe, dass sein Eingreifen das Vertrauen in die staatlichen Institutionen auf Seiten der Sinti und Roma beeinträchtigt, da es an die Kriminalisierung dieser ethnischen Minderheit im dominanten gesellschaftlichen Diskurs erinnert (vgl. Randjelović 2007). Ein Hinweis darauf, dass einige Sinti- und Roma-Eltern der Schule Birkenstraße nur begrenztes Vertrauen entgegenbringen, ist die von mehreren Lehrkräften geschilderte Erfahrung, von diesen Eltern mit dem Vorwurf der ‚Ausländerfeindlichkeit' konfrontiert zu werden.

Im Fall der Schule Birkenstraße sprechen wir von einer toleranten Haltung im Umgang mit Sinti- und Roma-Familien. Die Bedeutung des Toleranzbegriffs reicht vom „Ertragen" oder „Erdulden" der kulturellen Praktiken einer sozialen Minderheit bis zu einer „aktiven Toleranz" im Sinne einer Befürwortung von Differenz (vgl. Karakaşoğlu 2006). Innerhalb des Machtungleichgewichts von Mehrheit und Minderheit ist eine tolerante Haltung den Angehörigen der Mehrheit vorbehalten und kann verschiedene Ziele haben. Eine tolerante Haltung kann angenommen werden, um Konflikte zu vermeiden, um keine Position beziehen zu müssen oder weil sie Teil der moralischen Prinzipien ist. In der Schule Birkenstraße heißt Toleranz, dass die vermeintliche Andersheit der Sinti Roma akzeptiert wird, wobei das Nichterreichen der schulischen pädagogischen Ziele bisweilen in Kauf genommen wird. Die tolerante Haltung kann zu einer Festschreibung der ‚Andersheit' der Sinti und Roma betragen und – im Falle des tolerierten Schulabsentismus – zur Folge haben, dass den Kindern das Erlangen bestimmter Kompetenzen verwährt bleibt.

Die Schule Kastanienstraße hat demgegenüber durch die Tätigkeit des Lehrers, der selbst Angehöriger der Minderheitengruppe ist, andere Möglichkeiten, aufmerksam und bedächtig auf die Roma einzugehen. Die Schule hat dadurch das Vertrauen vieler Roma-Familien gewonnen, was wiederum eine Voraussetzung dafür war, dass diese Familien ihre Kinder gerne in die Schule schicken und viele Ansprüche der Schule anerkennen. Das Ergebnis ist eine gegenseitige Anerkennung, die in der Bereitschaft sowohl der Schule als auch der Roma-Familien zum Ausdruck kommt, gewohnte Muster zu verändern. Deshalb sprechen wir im Fall der Schule Kastanienstraße nicht von einer toleranten, sondern von einer anerkennenden Haltung. Durch die vermittelnde, vertrauensbildende Arbeit und den Herkunftssprachenunterricht prägt der Romaneslehrer Anerkennungsverhältnisse zwischen Schule und Roma-Familien maßgeblich. Dies bringt die Schulleiterin in ihrem Resümee zur Rolle des Romaneslehrers deutlich zum Ausdruck:

> „Es war auch sehr deutlich, wie es das Selbstbewusstsein der Kinder gestärkt hat, dass sie einen Lehrer in ihrer Sprache haben. Wie sie also richtig so gerade gestanden haben, ‚Wo ist unser Lehrer (betont und deutlich)?'. Und auch, dass sie dann auf einmal in ihrer Sprache viel leichter Lesen lernen konnten (...), das war für den Lehrer und für die Kinder damals wirklich eine sehr gute Erfahrung. Auch diese Vorbildfunktion, dass da einer ist, der zu unserem Volk gehört und aber auch so eine angesehene Stellung in der Schule hat und ein Lehrer ist und das alles kann. Das hat eine sehr positive Wirkung gehabt."

4. Ausblick: Lehrkräfte aus ethnischen Minderheiten
    in deutschen Schulen

Auch wenn zur Zeit nur etwa 1% der Lehrkräfte in deutschen Schulen ei-
nen Migrationshintergrund haben, ist die Forderung, Lehrer/innen aus zu-
gewanderten ethnischen Minderheiten zu beschäftigen nicht neu, und ihre
Dringlichkeit wird heute kaum noch in Frage gestellt (vgl. Krüger-Potratz
2007). Allerdings wird die schulische Arbeit mit einer ethnisch gemischten
Schülerschaft nicht zwangsläufig und nicht allein dadurch verbessert, dass
Lehrkräfte aus ethnischen Minderheiten in der Schule tätig sind (vgl. ebd.).
Ausgehend von der oben dargestellten Fallstudie wollen wir als Ausblick
Bedingungen betrachten, die die erfolgreiche Arbeit von Lehrkräften aus et-
nischen Minderheiten begünstigen, und wir wollen einige Fragen aufwerfen,
die die Rolle dieser Lehrkräfte in deutschen Schulen betreffen.

4.1 Persönliche Voraussetzungen und Qualifikation der Lehrkräfte

Aufgrund ihrer persönlichen Voraussetzungen können Lehrkräfte aus ethnischen Minderheiten dazu beitragen, dass Erfahrungen und Lernausgangslagen
von Schüler/inne/n, die von den traditionell dominanten schulischen Normen
abweichen, in der Schule stärker berücksichtigt und aufgewertet werden. Das
können sie z.B. dadurch, dass sie selbst mehrsprachig aufgewachsen sind,
dass sie über eine von Schüler/inne/n gebrauchte Minderheitensprache verfügen, dass sie eigene oder familiale Migrationserfahrungen haben und mit
unterschiedlichen Norm- und Wertesystemen vertraut sind. In welchem Maße
solche persönlichen Voraussetzungen genutzt werden können, um Schüler/
inne/n aus ethnischen Minderheiten Identifikationsangebote in der Schule zu
bieten und ihre Lernerfolge positiv zu beeinflussen, zeigt der Fall des Romaneslehrers an der Schule Kastanienstraße, der über dieselbe sprachliche Varietät der Roma-Familien im Umfeld der Schule verfügt und aus demselben
Herkunftsland stammt. Wir führen die Erfolge des Romaneslehrers jedoch
nicht nur auf seine persönlichen Voraussetzungen, sondern auch auf seine
Qualifikation für die Arbeit mit Kindern im Kontext ethnischer und sprachlich-kultureller Heterogenität zurück. Für diese Arbeit ist der Lehrer oder die
Lehrerin sowohl durch Weiterbildung in einem speziellen Arbeitskreis für
Romaneslehrer als auch durch gemeinsame Fortbildungen und einen regen
Austausch auf Schulebene qualifiziert. Wir wollen festhalten, dass es für eine
Verbesserung der Bildungschancen von Schüler/inne/n nicht ausreicht, Lehr-
kräfte aus ethnischen Minderheiten in deutschen Schulen zu beschäftigen.

Hinzukommen muss ein Aus- und Weiterbildungsangebot, das alle Lehrer/innen, unabhängig von ihrer Herkunft, auf die Herausforderungen einer Tätigkeit im Kontext ethnischer und sprachlich-kultureller Heterogenität vorbereitet.

4.2 Status und Aufgaben der Lehrkräfte in der Schule

Der Romaneslehrer der Fallschule ist als Lehrer für Herkunftssprachenunterricht beschäftigt und arbeitet deshalb in der Rolle eines speziellen Lehrers für Kinder aus einer ethnischen Minderheit. Da er im Ausland und nicht im Inland als Grundschullehrer ausgebildet wurde, hat er einen arbeitsrechtlich weitaus schlechteren Status als seine Kolleg/inn/en in der Schule. Das sind insgesamt ungünstige strukturelle Voraussetzungen für die Schaffung von mehr Gleichberechtigung unter Schüler/inne/n unterschiedlicher ethnischer Herkünfte und für eine Veränderung schulischer Normen, die an sprachlich-kultureller Homogenität ausgerichtet sind. Diese Ziele können langfristig nur verfolgt werden, wenn die Autorität aller Lehrkräfte, unabhängig von ihrer Herkunft, arbeitsrechtlich und durch den inhaltlichen Aufgabenbereich abgesichert ist. Die Fallstudie zeigt, dass eine Lehrkraft als Angehörige und Repräsentantin einer ethnischen Minderheit die gegenseitige Anerkennung zwischen Schule und ethnischen Minderheiten ebenso wie die Schulerfolgschancen von Kindern verbessern kann. Zur Normalität wird ethnische Heterogenität in der Schule aber erst dann, wenn alle Lehrkräfte alle Schüler/innen unabhängig von ihrer Herkunft regulär unterrichten.

Innerhalb der Fallschule ist der Romaneslehrer trotz struktureller Benachteiligung mit Autorität ausgestattet. Wir führen das zum Einen auf die Schulkultur zurück, in der die oben skizzierte Haltung einer reflexiven Anerkennung verankert ist. Diese Haltung prägt nicht nur den Umgang mit Schüler/inne/n, sondern auch die Kooperation innerhalb des Kollegiums. Zum Anderen ist an der Fallschule eine weitere wichtige Kontextbedingung für die erfolgreiche Arbeit von Lehrkräften aus ethnischen Minderheiten erfüllt: Die Gestaltung ethnischer Heterogenität und die Verbesserung der Bildungschancen aller Kinder in diesem Kontext werden nicht als zusätzliche Aufgabe an spezielle Lehrkräfte delegiert, sondern als Herausforderung für alle regulären schulischen Prozesse begriffen. In die Entwicklung entsprechender Konzepte, z.B. für den Religionsunterricht oder für die sprachliche Bildung, ist das gesamte Kollegium einbezogen (vgl. Fürstenau 2010). Für den Austausch untereinander und die Reflexion der eigenen Arbeit wurde in der Schule Kastanienstraße Raum geschaffen, indem man eine wöchentliche

Präsenzzeit eingerichtet hat: An einem Nachmittag der Woche bleiben die Lehrer/innen in der Schule und können sich den Belangen widmen, die über den eigentlichen Unterricht hinaus relevant sind. In diesem Kontext gelingt es den meisten Lehrkräften, den Beitrag des Romaneslehrers zur Verständigung zwischen Roma-Familien und Schule für die eigene Arbeit mit Roma-Kindern zu nutzen, statt ihre ,Zuständigkeit' für diese Kinder abzugeben.

Innerhalb einer solchen Schulkultur, das zeigt die Fallstudie, kann die Tätigkeit von Lehrkräften aus ethnischen Minderheiten schulischen Wandel (mit) anstoßen.

Literatur

Auernheimer, Georg (2006). Das Postulat der Anerkennung am Beispiel der Minderheitensprachen. In: Mecheril, Paul & Quehl, Thomas (Hrsg.): Die Macht der Sprachen. Englische Perspektiven auf die mehrsprachige Schule. Münster/ New York/München/Berlin: Waxmann, S. 262-266.

Balzer, Nicole & Künkler, Tobias (2007). Von ,Kuschelpädagogen' und ,Leistungsapologeten'. Anmerkungen zum Zusammenhang von Anerkennung und Lernen. In: Ricken, Norbert (Hrsg.): Über die Verachtung der Pädagogik. Analysen – Materialien – Perspektiven. Wiesbaden: VS Verlag für Sozialwissenschaften, S. 262-266.

Baranowski, Horst (1994). Probleme der Verschriftlichung des Romanes als Aspekt der sozialen Arbeit mit Zigeunern. Diplomarbeit Kiel.

EUMAP (2002). Monitoring des Minderheitenschutzes in der Europäischen Union: Die Lage der Sinti und Roma in Deutschland. Göttingen: Gesellschaft für bedrohte Völker.

Fürstenau, Sara, Gogolin, Ingrid & Yağmur, Kutlay (Hrsg.) (2003). Mehrsprachigkeit in Hamburg. Ergebnisse einer Sprachenerhebung an den Grundschulen in Hamburg. Münster/New York/München/Berlin: Waxmann.

Fürstenau, Sara (2010). Schulqualität im Kontext sprachlich-kultureller Heterogenität: Das Beispiel durchgängiger Sprachförderung an einer Grundschule. In: Gogolin, Ingrid & Lange, Imke (Hrsg.): Durchgängige Sprachförderung – das Konzept des Modellprogramms FörMig. Münster/New York/München/Berlin: Waxmann (in Vorbereitung).

Garrett Dikkers, Amy E. (2006). The Education of Roma Children in Germany. Choosing among Alternative Programs. Dissertation. Minnesota: Bisher unveröffentlicht.

Hundsalz, Andreas (1978). Zigeunerkinder – Eine Sozialpsychologische Untersuchung schulrelevanter Verhaltensmerkmale. Dissertation Universität Bonn.

Karakaşoğlu, Yasemin (2006). Das Kopftuch als Herausforderung für den pädagogischen Umgang mit Toleranz. ein empirisch fundierter Beitrag zur Kopftuchdebatte. In: Bildungsforschung 3, H. 2.

Krause, Mareile (1989). Verfolgung durch Erziehung. Eine Untersuchung über die jahrhundertelange Kontinuität staatlicher Erziehungsmaßnahmen im Dienste der Vernichtung kultureller Identität von Rom und Sinti. Dissertation. Hamburg: Verlag an der Lottbek.

Krüger-Potratz, Marianne (2005). Interkulturelle Bildung. Eine Einführung. Münster/New York/München/Berlin: Waxmann.

Krüger-Potratz, Marianne (2007). „Mehr Lehrkräfte mit Zuwanderungsgeschichte in Nordrhein-Westfalen". Ein Diskussionsbeitrag aus der Hochschulperspektive. Verfügbar unter: http://www.uni-muenster.de/InterkulturPaedagogik/. Stand: 21.11.2007.

Lindemann, Florian (2005). „Schule muss schmecken!" Ermutigende Erfahrungen junger Roma im deutschen Bildungswesen. Weinheim und Basel: Beltz.

Matras, Yaron (2003). Die Sprache der Roma: Ein historischer Umriss. In: Matras, Yaron, Winterberg, Hans & Zimmermann, Michael (Hrsg.): Sinti, Roma, Gypsies. Sprache – Geschichte – Gegenwart. Berlin: Metropol, S. 231-261.

May, Peter & Büchner, Inge (2007). Sprachförderkonzept. Ergebnisse des Monitorings. Hamburg: Behörde für Bildung und Sport.

Mecheril, Paul (2005). Pädagogik der Anerkennung. Eine programmatische Kritik. In: Hamburger, Franz, Badawia, T. & Hummrich, M. (Hrsg.): Migration und Bildung. Über das Verhältnis von Anerkennung und Zumutung in der Einwanderungsgesellschaft. Wiesbaden: VS Verlag für Sozialwissenschaften, S. 311-328.

Randjelovič, Isidora (2007). „Auf vielen Hochzeiten spielen": Strategien und Orte widerständiger Geschichte(n) und Gegenwart(en) in Roma Communities. In: Ha, Kien Ngh,i Lauré al Samarai, Nicola & Mysorekar, Sheila (Hrsg.): re/visionen. Postkoloniale Perspektiven von People of Color auf Rassismus, Kulturpolitik und Widerstand in Deutschland. Münster: UNRAST, S. 311-328.

Stamm, Margrit (2007). Schulabsentismus. Eine unterschätzte pädagogische Herausforderung. In: Die Deutsche Schule 99, H. 1, S. 50-61.

Thomas, Christina (2000). Integration durch Achtung und Anerkennung der Differenz: Erfahrungen aus der Praxis im deutschen Bildungssystem. In: Hornberg, Sabine (Hrsg.) (2000): Die Schulsituation der Sinti und Roma in Europa. Frankfurt/M: IKO – Verlag für Interkulturelle Kommunikation, S. 127-158.

von Redecker, Max (2007). „Hier sind die Leute schon gewöhnt an Roma." Zwei Fallstudien über Kinder aus Roma-Familien in einer Hamburger Schule. Staatsexamensarbeit. Hamburg: Universität Hamburg, Fachbereich Erziehungswissenschaft.

Wurr, Rüdiger & Träbing-Butzmann, Sylvia (1998). Schattenkämpfe. Widerstände und Perspektiven der schulischen Emanzipation deutscher Sinti. Kiel: Agimos.

Zentralrat Deutscher Sinti und Roma (2006). Ergebnisse der Repräsentativumfrage des Zentralrats Deutscher Sinti und Roma über den Rassismus gegen Sinti und Roma in Deutschland. Verfügbar unter: http://zentralrat.sintiund roma.de/content/downloads/stellungnahmen/UmfrageRassismus06.pdf. Stand: 21.9.2007.

Zentrum für Antisemitismusforschung der Technischen Universität Berlin (Hrsg.) (2007). Zur Lage von Kindern aus Roma-Familien in Deutschland.

Bernd Wagner

Fremdsein und Statuspassage. Perspektiven für Bildungsangebote mit der Zielgruppe Neuzuwandernde

630-stündige Integrationskurse für Neuzuwanderer und Neuzuwanderinnen sind im Kontext einer schwierigen politischen Entscheidungsfindung mit dem Zuwanderungsgesetz in der Bundesrepublik Deutschland ab dem 1. Januar 2005 eingeführt worden. In diesem Gesetzeswerk wird die Bundesrepublik Deutschland erstmals offiziell als Zuwanderungsland bezeichnet. Die öffentliche Anerkennung der faktischen Realität von Zuwanderung stellt einen wichtigen Paradigmenwechsel in der bundesrepublikanischen Innenpolitik dar.[1] Die Bundesrepublik Deutschland ist mit großer Verzögerung, nicht ohne innere Widerstände und unter dem Druck nationaler sowie internationaler Dependenzgeflechte zu einem Selbstverständnis als Zuwanderungsland gekommen. In der Praxis aber ist die Bundesrepublik Deutschland nicht erst seit der neuen Zuwanderungsregelung gezwungen, ein Einwanderungsland zu sein, das längerfristige Bleibeperspektiven eröffnen muss (Hoffmann-Nowotny 2002). Wie können diese Bleibeperspektiven Neuzuwandernden schon in den ersten Monaten nach der Einreise vermittelt werden? Im Folgenden möchte ich Ressourcen und Potentiale der Zielgruppe *Neuzuwandernde* aufzeigen und darüber nachdenken, wie adäquate Bildungsangebote im Ankommensprozess gestaltet werden können. Zunächst diskutiere ich vorhandene Angebote kritisch und entwerfe dann Alternativen, die vom Durchlaufen einer *Statuspassage* zum Neubürger ausgehen. Die Orientierung der Bildungsangebote an der beabsichtigten Einbürgerung sowie die affirmative Unterstützung durch rituelle Inszenierungen und Repräsentationsmöglichkeiten im gesellschaftlichen Alltag werden angeregt.

1. Kompensatorisch orientierte Integrationshilfen

Die im Zuwanderungsgesetz vorgesehenen staatlichen Integrationsmaßnahmen beinhalten derzeit 600–900 Stunden Sprachunterricht und 30 Stunden staatsbürgerlichen Unterricht, eine noch unzureichend beschriebene sozial-

---

1   Bereits seit den 1970er Jahren gibt es in der Bundesrepublik Deutschland Beratungs- und Sprachkursangebote für Migrant/inn/en, die jedoch nicht auf bundesweite, integrationspolitische Initiativen zurückzuführen sind, sondern regional sehr unterschiedliche Fördermaßnahmen darstellen, die unzureichend auf den langfristigen Verbleib von Zuwanderern in der Bundesrepublik Deutschland ausgelegt worden sind.

pädagogische Betreuung und Migrationserstberatung (für Jugendliche besondere Angebote in Form des ausbildungsmarktbezogenen Jugendmigrationsdienstes) sowie die Absichtserklärung für die Entwicklung eines übergreifenden, bundesweiten Integrationsprogramms. Auch im neuen Zuwanderungsgesetz werden weiterhin Gruppen von Zuwanderern voneinander abgegrenzt, unterschieden und mit bevorzugenden bzw. benachteiligenden Ausgangsvoraussetzungen ausgestattet. Junge, qualifizierte, auf dem deutschen Arbeitsmarkt benötigte Arbeitskräfte, die bereits mit Arbeitsvertrag einzureisen wünschen, bzw. finanzkräftige Investoren und Geschäftspartner oder deren Familienmitglieder werden mit Erleichterungen der Einreise in die Bundesrepublik Deutschland bedacht und frühzeitig mit einem Anspruch auf die vollen Bürgerrechten ausgestattet. Andererseits verschärft sich im Rahmen des neuen Gesetzes die aufenthaltsrechtliche Situation für viele Zuwanderinnen und Zuwanderer, da verstärkt kurzfristige, unsichere Aufenthaltsgenehmigungen erteilt werden – etwa durch die verstärkte Anwendung des aufenthaltsrechtlichen Instrumentes der *Duldung*, das einen sehr unsicheren Bleibestatus von zumeist 3–6 Monaten mit Verlängerungsoption bzw. anschließender Ausreiseaufforderung beinhaltet. Die Entscheidungen über die längerfristige *Aufenthalts-* und *Niederlassungserlaubnis* sowie abschließende *Ermessenseinbürgerung* werden weiterhin in für Neuzuwandernde unüberschaubaren und zeitaufwendigen Einzelfallverfahren getroffen, in deren Verlauf sich verschiedenste Institutionen der Bundesrepublik Deutschland personenbezogene Überprüfungen, Kontrollen regelmäßiger Steuerzahlungen sowie Sprachfähigkeits- und staatsbürgerliche Wissenstests[2] vorbehalten.

Eine umfassende Neuregelung, die Aufenthaltssicherheit, schnelle Partizipation an staatsbürgerlichen Rechten und *ein vereinfachtes Angebot der Einbürgerung* (Puskeppeleit & Thränhardt 1990) erlaubt, ist bisher ausgeblieben. Auch die Ende der 1990er Jahre begonnene Reform des Staatsangehörigkeitsrechts bleibt auf halber Strecke stecken. Zwar ist erstmals das Territorialprinzip (Ius Soli) für Kinder eingeführt worden, die in der Bundesrepublik Deutschland geboren worden sind, jedoch greift diese rechtliche Erleichterung nur für eine kleine Teilgruppe von ohnehin mit langfristigen Aufenthaltstiteln ausgestatteten Zuwanderfamilien. Der Aufenthalt von Kindern wird weiterhin über den Status der Eltern – Kriterien sind ausreichendes Einkommen und langjähriger, legaler Aufenthalt in der Bundesrepublik Deutschland – definiert. Die von Migrantenorganisationen geforderte doppelte Staatsbürgerschaft wird faktisch erschwert und nur über Umwege

---

2   Die behördlichen Maßnahmen zur Feststellung der Deutschkenntnisse von Zuwanderern wurden im Regelfall nach *willkürlichen Kontrollgesichtspunkten* (Albayrak 2004) entwickelt, die testtheoretische Gütekriterien kaum berücksichtigten.

in der Verwaltungspraxis einzelner Bundesländer vorübergehend inoffiziell möglich. Für viele der schon längerfristig Zugewanderten bleibt das Abstammungsprinzip (Ius Sanguinis) einbürgerungsrechtliche Grundlage. Insbesondere die Aufenthaltsstatus der im Rahmen von Heiratsmigration nachziehenden Ehepartner/inne/n, die mehrere Jahre aufenthaltsrechtlich an den Partner oder die Partnerin gekoppelt bleiben, sind prekär. Die Folge des bisher nicht umgesetzten Paradigmenwechsels und der somit weiterhin bestehenden zuwanderungsunfreundlichen Regelungen ist, dass die rechtliche Stellung einer Mehrzahl von Neuzuwandernden über Jahre unsicher bleibt, obwohl sie legal mit einem längerfristigen Bleibewunsch einreisen. Die ungelöste Frage der Aufenthaltssicherheit ist kontraproduktiv und steht im offenen Widerspruch zu den im Zuwanderungsgesetz formulierten Ansprüchen an ein gezieltes Integrationsangebot, dass auf einen längerfristigen Aufenthalt vorbereiten möchte.

Trotz der weiterhin aufrechterhaltenen ausländerrechtlichen Komplikationen gibt es Bestrebungen bundesrepublikanischer Institutionen, legale Neuzuwanderer und Neuzuwanderinnen anzusprechen und ihnen das Zuwanderungsland möglichst bald nach der erfolgten Einreise vorzustellen. Vor allem von den Ausländerbeauftragten der Länder und des Bundes sind vielfältige Publikationen und diverses herkunftsprachliches Begrüßungsmaterial erstellt worden. Eine schnellere Integration über eine identifikatorische Anbindung an das Zuwanderungsland – insbesondere an seine Normen und Werte – wird mit diesen Publikationen angestrebt. Erklärtes integrationspolitisches Ziel ist es, potentielle Zuwanderinnen und Zuwanderer gezielter auszuwählen, den Prozess der Erstförderung[3] mit Qualitätsstandards zu versehen und den gesamten Zuwanderungsprozess besser steuern zu können. Die im neuen Zuwanderungsgesetz formulierte, öffentliche Anerkennung von Zuwanderung[4] ist ein wichtiger innenpolitischer Meilenstein in der Bundesrepublik Deutschland. Mit der öffentlichen Anerkennung der Tatsache der faktischen Existenz von Zuwanderung in die Bundesrepublik Deutschland werden erstmals einheitliche, gesetzlich verankerte, bundesweite Fördermaßnahmen für

---

3   Der Begriff *Erstförderung* nimmt auf die Inhalte des Zuwanderungsgesetzes Bezug. Er ist genau wie die Integrationsvokabel kritisch zu betrachten. Sicher ist es nötig, einen Bildungsprozess anzuregen, der auch die Aufnahmegesellschaft einbezieht und nicht nur einseitige Assimilationsforderungen an Neuzuwandernde stellt. Der Begriff Erstförderung kann meines Erachtens nur in einem übergreifenden Kontext Sinn machen, der die vorhandenen Bildungsangebote mit Potentialen und Ressourcen der Zielgruppe Neuzuwandernde verbindet.

4   Georg Auernheimer (2003) versteht das Prinzip Anerkennung als einen der wichtigsten Grundsätze der Interkulturellen Pädagogik, auf dem die Leitmotive der Befähigung zum interkulturellen Verstehen und interkulturellem Dialog beruhen. Ohne eine Berücksichtung der berechtigten Anerkennungsforderungen von Neuzuwanderern können meines Erachtens keine nachhaltigen Bildungsangebote für Zuwandernde entwickelt werden.

Zuwanderinnen und Zuwanderer proklamiert. Mit dieser Regelung ist die Hoffnung verbunden worden, dass die bisherige Fragmentierung der Integrationspolitik aufgebrochen und eine selektive, von regionalen Schwerpunkten bestimmte Wahrnehmung der Probleme und Lebenslagen von Zuwanderern beendet wird. Mit der Neuausrichtung der staatlichen Integrationsförderung sind Zuständigkeiten von verschiedenen föderalen Institutionen auf das Bundesministerium des Innern sowie das neu geschaffene, untergeordnete Bundesamt für Migration und Flüchtlinge übertragen worden. Das Bundesministerium des Innern sieht sich vor allem für die *Erstförderung nach Einreise und sprachliche Basisqualifikation* zuständig. Die Verlagerung der Verantwortung auf ein überregionales Ministerium führt gleichzeitig zur Betonung nationalstaatlicher Interessen bei der Ausgestaltung der Integrationskurse.

Der integrationspolitische Paradigmenwechsel ist, wie ich im Folgenden aufzeigen werde, weiterhin an assimilationistische und kompensatorische Strukturen gebunden, die für eine erfolgreiche Einbindung von Zuwanderern nicht förderlich sind. Im neu entstandenen Praxisfeld *Integrationskurse* werden relevante Theorieentwicklungen aus Migrationssoziologie und Interkultureller Pädagogik nur unzureichend berücksichtigt. Zunächst zeigen die vom Bundesamt für Migration und Flüchtlinge selbst in Auftrag gegebenen, im Dezember 2006 veröffentlichten Evaluationen der Integrationskurse insbesondere im Bereich des Kurserfolgs (Zielerreichung des B1 Sprachniveaus) und der Anbindung des Orientierungskursanteils an den Sprachunterricht Schwierigkeiten auf. Es ist augenfällig, dass das Bundesministerium des Inneren unter Integrationshilfen für Neuzuwandernde eine Vielzahl von Kursen für Erwachsene versteht, die spezifisch für einzelne Anforderungen an Neuzuwandernde – Spracherwerb, Orientierung und Einbürgerung – entwickelt worden sind. Das Verständnis, Integration durch den Ausgleich eines (*sonderpädagogischen*) Nachschulbedarfs zu befördern, lässt sich auf die kompensatorisch orientierte Ausländerpädagogik zurückführen. Meine These ist, dass die Ausgestaltung des Erstförderungsangebotes *Integrationskurse* an Bildungsangebote für Neuzuwandernde anschließt, die seit mehreren Jahrzehnten teilweise unter völlig anderen Prämissen – nicht der Neuzuwanderung, sondern der Rückkehr von angeworbenen Gastarbeitern und ihrer Familien – entwickelt worden sind. Die Tradition, einen spezifischen Nachschulungsbedarf für Zuwanderinnen und Zuwanderer zu postulieren, lässt sich bereits zu Beginn der angeworbenen Arbeitsmigration in den schulpädagogischen Überlegungen für Kinder nicht deutscher Herkunft nachweisen.

Ein Blick auf die Ausländerpädagogik der 1970er Jahre zeigt, dass die bisherige Ausgestaltung des geplanten Integrationsangebotes mit ihrem Schwerpunkt auf Spracherwerb und Kulturvermittlung weder überrascht noch den aktuellen Forschungsstand widerspiegelt. Die seit der Ausländer-pädagogik bestehende Tradition einer *starken Defizitorientierung mit kompensatorischer Erziehungsstrategie* (Jungk 1999) der Bildungsmaßnahmen für *Ausländer/innen* ist ein Phänomen, das besonders in der Bundesrepublik Deutschland kultiviert worden ist. Die inhärente Defizitorientierung manifestiert sich in der *Ausländersonderpädagogik* und *Assimilationspädagogik*, die gemeinsam mit der Einführung des muttersprachlichen Unterrichts die politisch favorisierte Rückkehr der Arbeitsmigranten bis in die 1980er Jahre hinein unterstützen sollte. Defizite von Zuwanderinnen und Zuwanderer sollten durch pädagogische Maßnahmen möglichst schnell reduziert und auf das Niveau der Einheimischen gebracht werden (Treibel 1990). Bei der Beurteilung einer individuellen Behandlungsbedürftigkeit avancierten die deutschen Sprachkenntnisse und der schulische Bildungserfolg zu einseitigen Beurteilungskriterien, die strukturelle Ursachen und Interdependenzen unzureichend berücksichtigten (Griese 1984). Die Folge war die Entwicklung von pädagogischen Konzepten, die zunächst der Sonderpädagogik[5] entlehnt wurden, um dem angenommenen besonderen Bedarf an Eingliederungshilfen – die vornehmlich beim Spracherwerb verortet wurden – gerecht zu werden. Die Ausländerpädagogik rekurriert auf ein Gesellschaftsmodell, das, wie auch Nohl (2006, S. 30f.) gezeigt hat, von sozialem Zusammenhalt durch verbindliche Normen und Werte ausgeht. Diese Bewertung erschwert es, Fremdheit und Differenz zu akzeptieren, was zu einseitigen Assimilationsforderungen an *Integrationskerne* (wie z.B. das Grundgesetz) und einer unnötigen Verlängerung des Statusübergangs zum Neubürger geführt hat. Zwar wird vom Bundesamt für Migration und Flüchtlinge eine „Didaktik, die Lernprozesse so gestaltet, dass individuelles Lernen ermöglicht wird und autonome Erwerbsstrategien berücksichtigt werden (Ermöglichungsdidaktik) ..." (BAMF 2005, S. 10) gefordert. Eine konsequente, an Bedürfnissen und Eigenverantwortung der Teilnehmer anknüpfende Erstförderung und zielgruppenspezifische Erwachsenenbildung wird jedoch nicht weitergehend ausformuliert. Gerade die Zielgruppe jedoch sollte im Zentrum der Bildungsangebote stehen. Aus diesem Grunde möchte ich zunächst Neuzuwandernde in der Ankommensphase näher beschreiben. Im Anschluss werde ich den Ankommensprozess von Neuzuwandernden im Gesamtzusammenhang einer Statuspassage betrachten.

---

5   Nach wie vor sind Strategien der Integration von Zuwandererinnen und Zuwanderer und der Integration von Menschen mit Behinderung unzureichend voneinander abgegrenzt (Prengel 1995). Als Beispiel dafür kann die momentane Struktur der Arbeitsagenturen (u.a. Land Berlin) dienen: Arbeitsmarktbezogene Integrationsförderung für Personen mit Rehabilitationsanspruch und für Jugendliche mit Migrationshintergrund ist weiterhin in einem Zuständigkeitsbereich organisatorisch verortet.

2. Die Statuspassage als Grundkonzeption von Bildungsangeboten
    für Neuzuwandernde

Um eine adäquate Ansprache zu Beginn der Zuwanderung zu gewährleisten,
ist es notwendig, die Ressourcen und Potentiale der Zielgruppe *Neuzuwandernde* für die Gestaltung eines kohäsiven Angliederungsprozesses zu nutzen. Meines Erachtens birgt der Ankommensprozess von Neuzuwandernden
ungenutzte Chancen für den weiteren Zuwanderungsverlauf. Dreh- und An-
gelpunkt meiner folgenden Überlegungen ist der Rückbezug auf migrationssoziologische Überlegungen Simmels, die die Bedeutung der Wandererfahrung für den Zuwanderungsprozess hervorheben.

Simmel beschreibt *Fremdsein* als *eine ganze positive Beziehung, eine besondere Wechselwirkungsform* (1992, S. 765), womit kompensatorische, so-
zialpädagogische und normative Integrationsansätze in Frage gestellt werden
und am Potential elementarer zwischenmenschlicher Beziehungsqualitäten
angeknüpft wird. Fremdsein – verstanden als ein Oszillieren zwischen *Ferne
und Nähe* (ebd., S. 766) – stellt ein Transformationsstadium dar, das von der
Aufnahmegesellschaft akzeptiert und in der Konzeption von Bildungsangeboten aufgegriffen werden kann. Neuzuwandernde befinden sich in einem
Zustand des Fremdseins, der in ihnen Potentiale zur Bewältigung des Sta-
tusüberganges freisetzt. Ein aufmerksamer, kreativer Umgang mit Fremdsein
ermöglicht es, im Kontakt mit Neuzuwandernden an diese wanderungsbe-
dingten Potentiale anzuschließen. *Fremde* bringen nach Simmel eine *„Außensicht"* (ebd., S. 767f.) mit und können daher gesellschaftliche Gegebenheiten
objektiver wahrnehmen. Distanzierte Perspektiven auf gesellschaftliche Gegebenheiten, von Simmel als *„Objektivitätschance des fremden Blicks"* konzipiert, können für *Horizonterweiterungen* (Gadamer 1986) in der Aufnahmegesellschaft fruchtbar gemacht werden. In der *Objektivität* des Fremden nach
Simmel liegt das entscheidende Potential, wanderungsbedingte Belastungen
auszugleichen, die durch erlebte Ablehnung und *Fremdenfeindlichkeit* im
Aufnahmeland verstärkt werden. Diese Qualität ermöglicht es, Wandererfahrungen kreativ umzusetzen und zu einem gestärkten Selbstbewusstsein in der
ersten Phase der Zuwanderung zu kommen.[6] Das reflexive Potential bleibt
in den bisherigen Erstförderungsmaßnahmen größtenteils ungenutzt, wie bereits für die interkulturellen Kompetenzen und mehrsprachigen Ressourcen
von Zuwanderern gezeigt worden ist (Gogolin 1994). Die von Simmel beschriebenen Qualitäten des Fremdseins, die eine *Außensicht* und einen Per-

---

6   „Der Zügel der Muttersprache beraubt, ist der Fremde, der eine neue Sprache lernt, in ihr
    zu den unvorhergesehensten Kühnheiten fähig: intellektueller wie obszöner Art. Der Frem-
    de kann Anstößiges sagen, ohne dass ihn Widerwille oder auch nur Erregung erfasst, denn
    sein Unbewusstes verbirgt sich auf der anderen Seite der Grenze." (Kristeva 1990, S. 7)

spektivenwechsel ermöglichen, legen den Grundstein für Bildungsangebote, die auch auf die Mehrheitsgesellschaft rückwirken. Die Einbeziehung dieser kreativen Potentiale stärkt somit die strukturelle Verankerung des Paradigmenwechsels zum Zuwanderungsland in der Bundesrepublik Deutschland. Bestehende gesellschaftspolitische Bewertungen von Zuwanderung, die Neuzuwandernde diskreditieren, können im Rahmen der Erstförderung kritisch hinterfragt werden. Um eine überzeugende, wertschätzende Ansprache von Neuzuwandernden abzusichern, kann auf Bewertungen von Zuwanderung als ökonomisches Risiko (Räthzel 1997), Exklusionsprozesse nach staatsbürgerrechtlichen und Langansässigkeits-Gesichtspunkten (Elias & Scotson 1990) sowie kompensatorische Erwachsenenbildungsangebote verzichtet werden. Auch einseitige Repräsentationen[7] eines von Sprache und Kultur gestützten, ethnisch konzipierten Nationalstaates sollten vermieden werden. Eine grundlegende Forderung für nachhaltig angelegte Bildungsangebote ist stattdessen, Neuzuwandernden Repräsentationsmöglichkeiten in der gesellschaftlichen Öffentlichkeit bereitzustellen.

Wie kann nun die Repräsentation von Wandererfahrungen und Zuwandererlebensentwürfen aufgegriffen werden? Zunächst möchte ich einige theoretische Vorüberlegungen mit Referenz auf Stephen Greenblatts Begriff der *mimetischen Zirkulation* einführen. Greenblatt (1994) nimmt den *Gabenaustausch* (Mauss 1990) von Repräsentationsmitteln als Ausgangspunkt, um zu zeigen, dass ein eurozentrischer Bias und Herrschaftsanspruch auch in zunächst unbedenklich erscheinendem, empathischem Bewundern von Fremden zum Ausdruck kommen kann. Mimetische Zirkulation kennzeichnet für Greenblatt geschlossene Prozesse der Hervorbringung von Repräsentationsformen in Wechselwirkung mit gesellschaftlichen Ordnungsstrukturen. Greenblatt beschäftigt sich eingehend mit Möglichkeiten des Zugangs zu Repräsentationsmitteln, die seines Erachtens im interkulturellen Kontakt erschwert, in sich geschlossenen Gesellschaftsformen streng reglementiert

---

7 Repräsentation verstehe ich als eine theoretisch nicht eindeutig bestimmbare, komplexe soziale Praxis, die sich über Effekte der Rezeption und bei den Rezipienten beschreiben lässt. Repräsentationen sind mehr als nur Abbildungen oder Selbstdarstellungen, sie bieten eine Art „*symbolischen Rahmen für innergesellschaftliche Positionierungen*" (Supik 2005). Sie transportieren auf einer konnotativen Ebene Haltungen, Stimmungen, Überzeugungen, gruppenbezogene Formationen und partizipatorische, politische Ausdrucksformen. Gesellschaftspolitische Auseinandersetzungen um die Repräsentationen des Verhältnisses zwischen *Eigenem* und *Fremden* sind von zentraler Bedeutung. Die Herstellung und Aufrechterhaltung von Differenz wird im Kontext von Repräsentationstechniken und -regimen als umkämpfter Ort permanenter Auseinandersetzungen um Bedeutungen und gesellschaftliche Einflussmöglichkeiten betrachtet (Hall 2001).

und zensiert sind.[8] Seine Analyse zeigt missglückte interkulturelle Kommunikationsprozesse anhand geschlossener, gruppenspezifischer Repräsentationssysteme. Ein gelungener Erstkontakt mit Neuzuwandernden erfordert die grundsätzliche Akzeptanz von Alterität und einen sensiblen Umgang mit Differenzerfahrungen. Es genügt jedoch nicht die Absichtserklärung, Neuzuwandernde im Aufnahmeland anzuerkennen. Dies sollte auch überzeugend im gesellschaftlichen Alltag dargestellt (Soeffner 1995) und in den diskursiven Repräsentationsformen widergespiegelt werden. Gerade die sensiblen Wandererfahrungen von Neuzuwandernden können vorhandene Repräsentationsformen relativieren, kritisch betrachten, und schließlich dazu beitragen, gruppenbezogene Abgrenzungsdynamiken zu verringern. So schildert beispielsweise die Schriftstellerin Özdamar Irritationen und Auseinandersetzungen durch die Überlagerung von Repräsentationsformen in ihrem Roman *Brücke vom Goldenen Horn*. Sie benutzt Verfremdungseffekte und bildet verblüffende Metaphern über Alltagssituationen und Denkgewohnheiten im Zuwanderungsland. Nicht eine Begegnung der Kulturen, sondern Sprachmissverständnisse stehen im Mittelpunkt des Romans. Der „*beleidigte Bahnhof*" wird ein selbst gewählter Orientierungspunkt in der *fremden* Stadt. Die Protagonistin erschließt sich die neue Sprache durch Wortspiele, die gleichzeitig ungewohnte Perspektiven auf das Zuwanderungsland ermöglichen.

Deprivierende Eindrücke zu Beginn der Migration, die zur Ausbildung einer *Defensivkultur* (Tan & Waldhoff 1999) sollten möglichst in Bildungsangeboten für Neuzuwandernde vermieden werden. Eine wertschätzende Kontaktaufnahme und Formen persönlicher Anerkennung ermutigen Neuzuwandernde, sich aktiver im Zuwanderungsland einzubringen. Der für die interkulturelle Pädagogik zentrale Begriff der Anerkennung ist von Honneth (1992), Auernheimer (2003), Mecheril (2004) und Stojanov (2006) ausführlich bearbeitet worden. Das Prinzip *Anerkennung* als Ausgangspunkt von Bildungsangeboten erfordert die Ablösung von Exklusionsdynamiken, die u.a. durch ein über Ethnizität konstruiertes Nationalstaatsverständnis[9] verstärkt werden können. Unreflektierte Zuschreibungen von Ethnizität können keine problemlos verwendbaren Kategorien von Gesellschaftsbeschreibungen sein (Treichler 2002). Die Vermittlung von Handlungskompetenzen in

---

8   „Selbst in hochgradig beweglichen Kulturen wie der unseren gibt es solche Zwänge und eine implizite Kontrolle darüber, was dargestellt werden kann und wer zu den Repräsentationsmitteln Zugang hat." (Greenblatt 1994, S. 184)

9   Der moderne Nationalstaat besteht aus einer funktionalen Verbindung einer abgegrenzten Lokalisierung (das Territorium) und einer bestimmten Rechtsordnung, über die Ordnungsfunktionen aufgebaut und *automatische Regeln der Einschreibung* (Agamben 2002) bei den Bürgern vorgenommen werden. In der Debatte um Globalisierungsprozesse werden die Auflösung und der Verlust nationalstaatlicher Souveränität (*Leaking Container*, Taylor 1993) im Rahmen einer *Fragmentierung* (Beck 1997) diskutiert.

nachhaltig angelegten Bildungsangeboten für Neuzuwanderer kann von gesellschaftlicher Heterogenität und kulturelle Hybridisierung ausgehen. Der sensible Umgang mit Heterogenität und Differenz ist ein gesamtgesellschaftliches Bildungsanliegen. Die Stärkung von Bildungsangeboten der *Citizenship Education* (Gundara 2000) – auch für Mitglieder der Aufnahmegesellschaft – stützt einen klugen Umgang mit Differenz (Schiffauer 2002). Ein offener Umgang mit gesellschaftlicher Heterogenität ist im Zuge des Paradigmenwechsels zum Zuwanderungsland notwendig und wird auch im Rahmen des Globalisierungsdiskurses wiederholt als Anforderungen formuliert (Wulf 2006). Unreflektierte und eindimensionale Assimilierungsforderungen an eine Aufnahmegesellschaft, die im Vergleich zu den Herkunftsländern als modern bewertet wird, sind keine zeitgemäßen Bildungsstrategien. Zielgruppengemäße Inhalte, die Entwicklung kreativer Ausdrucksformen sowie die wertschätzende Anerkennung des Bleibewunsches[10] sind meines Erachtens Schwerpunkte von Bildungsangeboten für Neuzuwandernde. Um das in der Ankommensphase vorhandene Potential auszuschöpfen, bietet sich ein kreativer Rollentausch (Staat – Neuzuwandernde) der Repräsentationsformen in der Phase des Statusübergangs an. Darstellungen der Aufnahmegesellschaft und deren staatlicher Institutionen in Integrationskursen können um Repräsentationen der Erfahrungen und Erlebnisse seitens der Neuzuwandernden ergänzt und kritisch reflektiert werden. Neuzuwandernde sollten die Möglichkeit bekommen, Inhalte der Erstförderung aktiv mitzugestalten und die kreativen Potentiale der Ankommensphase für den Statusübergang zu entfalten.

Einseitige Repräsentationen der bundesrepublikanischen Mehrheitsgesellschaft, kompensatorisch orientierte Integrationshilfen und die unzureichende, öffentliche Interessensvertretung haben den Erfolg einer zeitlich klar strukturierten, partizipativen Eingliederung von Neuzuwandernden erschwert. Bildungsangebote, die an Potentialen von Neuzuwandernden ansetzen, können Exklusionsmechanismen und Partizipationshemmnisse reduzieren. Wenn Bildungskonzeptionen für Neuzuwandernde an der beabsichtigten Einbürgerung orientiert werden, bietet sich der Begriff der *Statuspassage* für die Beschreibung des Übergangs an. Dieser ist im Bereich der ethnologischen

---

10 Fremdsein muss relational verstanden werden, als eine angenommene, zugeschriebene oder tatsächliche Beziehung zu einem Gegenüber, mit dem man bereits in einer Form von Kommunikation steht. Der Bleibewunsch im Aufnahmeland grenzt den Fremden vom gänzlich Unbekannten oder einfach nur Durchreisenden ab. „... die Bewohner des Sirius sind uns nicht eigentlich fremd – dies wenigstens nicht in einem soziologisch in Betracht kommenden Sinne des Wortes – sondern sie existieren überhaupt nicht für uns, sie stehen jenseits von Fern und Nah. Der Fremde ist ein Element der Gruppe selbst, [...] ein Element, dessen immanente und Gliedstellung zugleich ein Außerhalb und Gegenüber einschließt." (Simmel 1992, S. 765)

Migrationsforschung von Wolbert (1995) für lebenslaufbedingte Übergänge und als soziologische Kategorie des Übergangs junger Erwachsener von der Schule in den Beruf (Schittenhelm 2005) angewandt worden. Der Begriff *Statuspassage* kann auf den Übergang zum Neubürger bezogen und unter dem Fokus der sozialen Kohäsion, nach Luchtenberg (2004, S. 267) einem Grundanliegen der *Citizenship Education*, betrachtet werden. Konzepte sozialer Kohäsion legen den Schwerpunkt nicht ausschließlich auf den sprachlichen Austausch, sondern berücksichtigt auch andere Formen wechselseitiger Repräsentationen, die in Auseinandersetzungen um Klassifikations- und Ordnungssysteme (Bourdieu 1982) wahrgenommen werden. Bildungskonzeptionen für Neuzuwandernde sollten sich gerade auf Anwendungsbereiche der erworbenen Sprachkenntnisse und die Möglichkeiten aktiver Interaktion im Alltag beziehen (Wagner 2007, S. 21f.).

Die Ausrichtung der Statuspassage an der beabsichtigten Einbürgerung stellt Grundannahmen der bisherigen Integrationskurscurricula in Frage. So wird etwa die Bedeutung der gemeinsamen Sprache für den gesellschaftlichen Zusammenhalt relativiert. Auch die Vermittlung von *Kultur* steht im Gesamtkontext der Statuspassage unter anderen Prämissen. Mit Hall (2001) kann nicht nur belegt werden, dass ein homogener Kulturbegriff als inhaltlicher Schwerpunkt der Integrationskurse kritisch betrachtet werden muss. Vielmehr ist zu fordern, dass Neuzuwandernden einen Einzug in die Repräsentation ermöglicht und dies in den sensiblen Erstkontakten vorbereitet wird. Wenn sich Zusammengehörigkeit vornehmlich als *Imagined Community* (Anderson 1983) manifestiert, ist es wichtig, dass in diese vorgestellte Gemeinschaft auch kulturelle Repräsentationen der Zuwanderer einbezogen werden. Die Artikulation, Anerkennung und Repräsentation von Lebensentwürfen von Zuwanderinnen und Zuwanderer in der bundesrepublikanischen Öffentlichkeit sind wesentliche Anliegen einer zielgruppenspezifischen Erwachsenenbildung. Die kreative Erarbeitung und (selbst-)kritische Reflexion von Repräsentationsformen ermöglicht Neuzuwandernden in der Aufnahmegesellschaft zu partizipieren und ihre Potentiale zu entwickeln, die eine Distanz zu Deutungsmustern und Machtstrukturen im Alltag ermöglichen. In Bildungsangeboten können daher Ausstellungen mit immigrationsstadienbedingten Deutschlandbildern angeregt werden, die Erfahrungen von Neuzuwandernden diskutieren. Die Erstellung von Repräsentationsformen fördert die Auseinandersetzung mit vorherrschenden Diskursen und leistet eine *Kritik der Repräsentationsverhältnisse* (Broden & Mecheril 2007), die ein wesentliches Element emanzipatorischer Erwachsenenbildung darstellt. Betrachtet man den Ankommensprozess von Neuzuwandernden als Statuspassage, liegt es nahe diese anhand eines Etappenmodells zu entwerfen. Ein solches Etappenmodell mit verbindlichen Abschnitten ermutigt Neuzuwandernde, einzelne Module von Integrationshilfen selbst auszuwählen und die Schritte bis zur Einbürgerung mitzubestimmen. Diese Rhythmisierung des Einbürgerungsprozesses zeigt den gegenseitigen Willen von Aufnahmegesellschaft und Neuzuwandernden, das Durchlaufen der Statuspassage voranzubringen. Sie kann über die Bestärkung des Bleibewunsches gestützt und in prospektive Abschnitte aufgeteilt werden. Es steht also nicht eine retrospektive Verleihung, die an Auflagen gebunden ist und willkürlich erfolgen kann, sondern ein klar strukturierter, etappenartig aufgebauter Übergang im Vordergrund, der mit gegenseitigen Versprechen einhergeht.

Ziel der Statuspassage zum Neubürger ist die *zunehmende Beanspruchung, Gewährung und Wahrnehmung von Inländerrechten* (Hoffmann & Even 1984). Das Konzept der Statuspassage zum Neubürger gewinnt im Kontext des erwarteten bundesweiten Integrationsprogramms an Bedeutung. Im Rahmen des Integrationsprogramms sollen Erstförderung und weitere Integrationshilfen konzeptionell geordnet werden. Laut Bundesamt für Migration und Flüchtlinge soll erstmalig ein umfassendes, strategisches Konzept zur Integrationsförderung in der Bundesrepublik Deutschland präsentiert werden. In den bisherigen Veröffentlichungen zum Integrationsprogramm wird die *politische Partizipation* (vgl. Puskeppeleit & Thränhardt 1990), d.h. die nachhaltige Einbindung von Zuwanderern in gesellschaftliche Entscheidungs- und Entwicklungsprozesse, als Indikator für gelungene Integration hervorgehoben. Grundvoraussetzung für ein überzeugendes politisches Partizipationsangebot sind gerade diskursive Repräsentationsmöglichkeiten, die Neuzuwandernde bisher nicht in ausreichendem Maße wahrnehmen können. Häufig fehlen Ausdrucksmöglichkeiten und eine gesellschaftliche Öffentlichkeit. Dies möchte ich an einem Beispiel aus der Praxis erläutern: Während eines Ausflugs zur Kuppel des Berliner Reichstagsgebäudes entdeckten Zuwanderer mit ungeklärtem Aufenthaltsstatus, größtenteils aus dem anglo- und frankophonen Westafrika, in der Berliner U-Bahn-Station *Hallesches Tor* ein Foto aus dem Jahr 1913, auf dem ein Schaffner aus Kamerun abgebildet ist. So sehr dieses Bild auch eine koloniale Realität – der Schaffner wird von einem größeren, höherrangigen weißen Angestellten verdeckt – wiedergibt, war es doch für die Neuankömmlinge faszinierend, Spuren eines Kameruners in Berlin auf einer öffentlichen Schautafel zu erkennen. Das Bild wurde Thema interessierter Gespräche und Überlegungen der in ihrem Bleibewunsch nicht bestätigten Zuwanderer. Es fungiert gewissermaßen als Zeichen und Beweis, dass ein kamerunscher Lebensentwurf in Berlin einmal möglich war und auch weiterhin existiert. Man könnte formulieren, dass die geringe öffentliche Repräsentation afrodeutschen Lebens in Berlin dazu führt, dass selbst kolonial geprägte Abbildungen aus der Kaiserzeit von Zuwanderern unter Umständen positiv wahrgenommen werden.

3. Rituelle Inszenierungen unterstützen den Zuwanderungsprozess

Fremdsein bringt eine gesteigerte Sensibilität gegenüber Konstruktionen gesellschaftlicher Wirklichkeit und den Aushandlungsprozessen gesellschaftlicher Normen und Werte mit sich (Simmel 1923). Diese *Doppelperspektivität* ist ein Potential von Neuzuwandernden und kann als Ausgangspunkt für Konzeptionen neuer Bildungsangebote dienen, die im Kontext einer Übergangsphase verortet werden. Grenzüberschreitungen und eine dadurch mögliche kreative Erprobung von Grenzziehungen sind Hauptthemen der liminalen Übergangsphase (Turner 1969), in der eine besondere Form der Verbundenheit der Akteure erzeugt werden kann. Die Wanderung per se inszeniert eine Trennungsphase, die Zuwandernde aus den gewohnten gesellschaftlichen Strukturen löst (*rites de séperation*, Van Gennep 1909). Gerade an diesem Punkt setzt meine Argumentation für die Nutzung ritueller Inszenierungen in Bildungsangeboten für Neuzuwandernde ein.

Performative, rituelle Inszenierungen, die im Alltag zeitliche und räumliche Strukturen vorgeben (Wulf et al. 2001), ermöglichen es, sensible, interkulturelle Dialogprozesse zu stabilisieren. Trotz bestehender Machtasymmetrien erlauben es rituelle Inszenierungen, gegenseitige Anerkennung und Akzeptanz auszudrücken und zu verstärken. Sie legen einen eigenen Begegnungsraum fest, der Kontakt zwischen Aufnahmegesellschaft und Neuzuwandernden ermöglicht und die kommunikativen Wechselwirkungsprozesse bearbeitet. Ich verwende einen Ritualbegriff der vom Sonderforschungsbereich *Kulturen des Performativen* an der FU-Berlin geprägt worden ist und sich mit spielerischen Formen ritueller Handlungsweisen auseinandersetzt, die gesellschaftliche Repräsentationsformen kritisch hinterfragen und neu ordnen können. Dieser Ritualbegriff grenzt sich von statischen, eindimensional entworfenen Machtdemonstrationen ab, die dazu dienen, ein etabliertes, rigides Repräsentationsregime aufrechtzuerhalten. Er setzt viel mehr auf den dynamischen, spielerischen Aspekt von rituellen Inszenierungen, die soziale Kontaktsituationen konstituieren können (Turner 1995). Ungeklärten Statusfragen können im Rahmen ritualisierter Begegnungen aufgefangen und in den Zusammenhang der Statuspassage überführt werden. Rituelle Inszenierungen ermöglichen eine vorübergehende Festlegung von Rollen, einen formalisierten Umgang und eigene spielerische Verfahrensweisen (Wulf et al. 2001, S. 9f.), die es erlauben, repressive Forderungen nach Assimilation und

Definitionsmacht zurückzustellen. Da in Ritualen komplexe, mehrdeutige Inszenierungen (Wulf & Zirfas 2004) aufgeführt werden, sind sie in besonderer Art und Weise geeignet, nicht nur eine Differenzbearbeitung zu symbolisieren, sondern darüber hinaus in ihrem Ereignischarakter verschiedene auch widersprüchliche Dimensionen von Zuwanderung darzustellen. Deshalb muss die szenische Aufführung die vielschichtige, von inneren Ambiguitäten geprägte Lebenssituation von Neuzuwandernden thematisieren. Es geht nicht darum, dass allgemeingültige Rituale der *Mehrheitsgesellschaft* verbindlich festgelegt werden, sondern dass die Inszenierungen von Neuzuwanderern mitgestaltet und entwickelt sowie im gesellschaftlichen Alltag repräsentiert werden. Die Einbeziehung von rituellen Inszenierungen in Bildungsangeboten für Neuzuwandernde baut auf der zentralen These auf, dass Neuzuwandernde durch die Weiterführung der begonnenen Übergangsrituale sensibel auf die Statuspassage vorbereitet werden können. Zudem stehen Neuzuwandernden Potentiale zur Verfügung, die Statuspassage eigenverantwortlich und aktiv zu durchlaufen. In denen vorgeschlagenen Inszenierungen können der Bleibewunsch von Neuzuwandernden bestätigt und Möglichkeiten der Partizipation an neuen, veränderbaren, gesellschaftlichen Strukturen aufgezeigt werden. Inszenierungen des Willkommenheißens, der Aufnahme und des Ankommens respektieren das Übergangsstadium, in dem sich Neuzuwandernde befinden, und binden einen *Schwellenzauber* ein, wie ihn Walter Benjamin eindrucksvoll im Passagenwerk (1991, Bd. V; 1, S. 617, 618) beschreibt. Die Übergangsrituale ermöglichen es, die Statuspassage räumlich und zeitlich zu strukturieren, ambivalente Erfahrungen zuzulassen und die Beteiligten verbindlich anzusprechen. Neuzuwandernde befinden sich per se in einer Übergangsphase, die mit rituellen Inszenierungen gestützt und weitergeführt werden kann. Dementsprechend ist es nahe liegend, wenn die Etappen der Statuspassage mit rituellen Inszenierungen markiert werden (Wagner 2007, S. 253). Das *Ankommen* kann in den Integrationskursen aufgegriffen werden. Darauf aufbauend kann im Rahmen einer Einbürgerungsfeier die Aufnahme, die die Statuspassage abschließt, inszenatorisch bearbeitet werden.

Ein auf die Einbürgerung hinzielendes Gesamtkonzept

Auch die Evaluation der Integrationskurse durch die Firma *Ramboll Management* empfiehlt den politisch Verantwortlichen im Bundesinnenministerium curriculare Veränderungen der Integrationskurse und eine Umgestaltung des Orientierungskursanteils (Bundesministerium des Inneren 2006). Mein Vorschlag geht vom Ankommensprozess und der Wandererfahrung von Neuzuwandernden aus. Er bettet die Bildungsangebote der Erstförderung in das Gesamtkonzept einer Statuspassage ein, das eine prospektiv angelegte Brücke zur Einbürgerung bietet. Zuwanderercommunities sind eingeladen, an der Gestaltung des Übergangs zum Neubürger und zur Neubürgerin mitwirken. In den Niederlanden sind bereits Erstförderungs- und Einbürgerungsmodelle erprobt worden, in denen Zuwanderungscommunities aktiv beteiligt worden sind (Entzinger 2004). Mit den Vorschlägen zur Einbeziehung von Ressourcen und Potentialen von Neuzuwandernden möchte ich einen Beitrag zur bildungs- und migrationspolitischen Beratung leisten. Es geht dabei darum, staatliche Integrationshilfen, die einen eigenen Diskurs und ein gewachsenes, pädagogisches Praxisfeld bilden, an relevante Theorieentwicklungen anzuschließen und von veralteten Strukturen zu lösen. Die Statuspassage zum Neubürger ist eine praxisnahe, theoriegebundene Konzeption. Das im Zuwanderungsgesetz angeregte bundesweite Integrationsprogramm kann meines Erachtens in Form eines in Etappen aufgeteilten Leitsystems durch die Statuspassage entworfen werden. Es bleibt zu hoffen, dass im bundesweiten Integrationsprogramm und in der nach den ersten Evaluationen möglichen Umgestaltung der Integrationskurse die Theorieverknüpfungen von Migrationssoziologie, Interkultureller Pädagogik und anthropologischer Ritualforschung aufgegriffen werden. Gerade die Anbindung von Bildungsangeboten für Neuzuwandernde an ein prospektiv angelegtes Einbürgerungsangebot ist wünschenswert. Die Aufrechterhaltung einer retrospektiven Ermesseneinbürgerung ist kontraproduktiv. Auch die reine *Beschulung* von Neuzuwandernden in Sprach- und Kulturkursen kann nicht ausreichend sein. Wenn in Integrationskursen weiterhin einseitige Assimilationsforderungen gestellt werden und sie an der kompensatorischen Ausländerpädagogik orientiert bleiben, werden vorhandene Abgrenzungsdynamiken und Exklusionsprozesse verstärkt.

Literatur

Agamben, Giorgio (2002). Homo Sacer. Die Souveränität der Macht und das nackte Leben. Frankfurt a.M.: Suhrkamp.

Albayrak, Yuliya (2004). Deutschland prüft Deutsch. Carl von Ossietzky Universität Oldenburg: (BIS)-Verlag.

Anderson, B. (1983). Die Erfindung der Nation. Zur Karriere eines folgenreichen Konzepts. Berlin/Frankfurt a.M.: Campus.

Auernheimer, Georg (2003). Einführung in die interkulturelle Pädagogik. Darmstadt: Wissenschaftliche Buchgesellschaft.

Beck, U. (1997). Was ist Globalisierung? Frankfurt a.M.: Suhrkamp.

Benjamin, Walter (1991). Das Passagenwerk, in ders: Gesammelte Schriften. Bd. V 1, 2. Frankfurt a.M.: Suhrkamp.

Bourdieu, Pierre (1982). Die feinen Unterschiede. Frankfurt a.M.: Suhrkamp.

Broden, Anne & Mecheril, Paul (Hrsg.) (2007). Re- Präsentationen – Dynamiken der Migrationsgesellschaft. Düsseldorf: IDA – NRW.

Bundesamt für Migration und Flüchtlinge (BAMF) (2005). Konzeption für einen bundesweiten Integrationskurs. Nürnberg.

Bundesministerium des Innern (BMI) (2006). Evaluation der Integrationskurse nach dem Zuwanderungsgesetz. Abschlussbericht und Gutachten über Verbesserungspotenziale bei der Umsetzung der Integrationskurse. Berlin.

Elias, Norbert & Scotson, John L. (1990). Etablierte und Außenseiter. Frankfurt a.M.: Suhrkamp.

Entzinger, Han (2004). Integration and Orientation Courses in a European Perspective. Nürnberg: Bundesamt für Migration und Flüchtlinge.

Gadamer, Hans-Georg (1986). Wahrheit und Methode. Tübingen: Mohr.

Gogolin, Ingrid (1994). Der monolinguale Habitus der multilingualen Schule. Münster/New York/München/Berlin: Waxmann.

Greenblatt, Stephen (1994).Wunderbare Besitztümer – Die Erfindung des Fremden. Berlin: Wagenbach.

Griese, Hartmud M., (Hrsg.) (1984). Der gläserne Fremde. Bilanz und Kritik der Gastarbeiterforschung und der Ausländerpädagogik. Opladen: Leske + Budrich.

Gundara, Jagdish (Hrsg.) (2000). Inclusion and Exclusion in Europe. Ashgate.

Hall, Stuart (2001). Representation: Cultural Representations and Signifying Practices. London: Sage.

Hoffmann, Lutz & Even, Herbert (1984). Soziologie der Ausländerfeindlichkeit. Zwischen nationaler Identität und multikultureller Gesellschaft. Weinheim: Beltz.

Hoffmann-Nowotny, Hans-Joachim (2002). Internationale Ungleichheit und Weltmigration. In: Treichler, Andreas (Hrsg.): Wohlfahrtsstaat. Einwanderung und ethnische Minderheiten. Wiesbaden: Westdeutscher Verlag, S. 27ff.

Honneth, Axel (1992). Kampf um Anerkennung. Frankfurt a.M.: Suhrkamp.

Jungk, Sabine (1999). Angekommen in der multikulturellen Gesellschaft? Interkulturelle Kompetenz als Paradigma der Weiterbildung. In: Lernchancen, H. 10, S. 22-26.

Kristeva, Julia (1990). Fremde sind wir uns selbst. Frankfurt a.M.: Suhrkamp.

Luchtenberg, Sigrid (2004). Ethnic diversity and citizenship education in Germany. In: Banks, James: Diversity and citizenship education. San Francisco: Jossey Bass, S. 245ff.

Mauss, Marcel (1990). Die Gabe. Form und Funktion des Austauschs in archaischen Gesellschaften. Frankfurt a.M.: Suhrkamp.

Mecheril, P. (2004). Einführung in die Migrationspädagogik. Weinheim/Basel: Beltz.

Nohl, Arnd-Michael (2006). Konzepte interkultureller Pädagogik. Bad Heilbrunn: Klinkhardt.

Özdamar, Emine (2002). Die Brücke vom Goldenen Horn. Köln: Kiepenheuer & Witsch.

Prengel, Annedore (1995). Pädagogik der Vielfalt. Opladen: Leske + Budrich.

Puskeppeleit, Jürgen & Thränhardt, Dietrich (1990). Vom betreuten Ausländer zum gleichberechtigten Bürger. Freiburg i.Br.: Lambertus.

Räthzel, Nora (1997). Deutsche Nation und Bilder von Anderen. Frankfurt a.M.: Tectum Verlag.

Schiffauer, Werner (2002). Migration und kulturelle Differenz. Studie für das Büro des Ausländerbeauftragten. Berlin.

Schittenhelm, Karin (2005). Soziale Lagen im Übergang. Wiesbaden: Verlag für Sozialwissenschaften.

Simmel, Georg (1923, Neuauflage 1972). Soziologie, Untersuchung über die Formen der Vergesellschaftung. Bd. II. Frankfurt a.M.: Suhrkamp.

Soeffner, Hans-Georg (1995). Die Ordnung der Rituale. Frankfurt a.M.: Suhrkamp.

Stojanov, K. (2006). Bildung und Anerkennung. Soziale Voraussetzungen von Selbst-Entwicklung und Welt-Erschließung. Wiesbaden: VS Verlag für Sozialwissenschaften.

Supik, Linda (2005). Dezentrierte Positionierung. Stuart Halls Konzept der Identitätspolitiken. Bielefeld: Transcript-Verlag.

Tan, Dursun & Waldhoff, Hans-Peter (Hrsg.) (1999). Globalisierung, Migration und Multikulturalität. Frankfurt a.M.: IKO – Verlag für Interkulturelle Kommunikation.

Taylor, C. (1993). Multikulturalismus und die Politik der Anerkennung. Frankfurt a.M.: Fischer.

Treibel, Annette (1990). Migration in modernen Gesellschaften. Weinheim: Juventa.

Treichler, A. (Hrsg.) (2002). Wohlfahrtsstaat, Einwanderung und ethnische Minderheiten. Wiesbaden: Westdeutscher Verlag.

Turner, Victor (1969). The Ritual Process – Structure and Anti-Structure. Chicago: Gruyter.

Turner, Victor (1995). Vom Ritual zum Theater. Frankfurt a.M.: Fischer.

Van Gennep, Arnold (1999). Les Rites de Passage. Frankfurt a.M.: Campus Fachbuch.

Wagner, Bernd (2007). Die Erstförderung von Neuzuwanderern in der Bundesrepublik Deutschland – Perspektiven von Fremdsein und Statuspassage. Frankfurt a.M.: IKO – Verlag für Interkulturelle Kommunikation.

Wolbert, B. (1995). Der getötete Pass. Rückkehr in die Türkei. Eine ethnologische Migrationsstudie. Berlin: Akademie-Verlag.

Wulf, Christoph (2006). Anthropologie kultureller Vielfalt – Interkulturelle Bildung in Zeiten der Globalisierung. Bielefeld: Transcript-Verlag.

Wulf, Christoph, Althans, Birgit, Audehm, Kathrin, Bausch, Constanze, Göhlich, Michael, Sting, Stephan, Terrvoren, Anja, Wagner-Willi, Monika & Zirfas, Jörg (2001). Das Soziale als Ritual: Zur performativen Bildung von Gemeinschaften. Opladen: Leske + Budrich.

Wulf, Christoph & Zirfas, Jörg (2004). Innovation und Ritual. Wiesbaden: VS Verlag für Sozialwissenschaften.

Angela Pilch Ortega, Annette Sprung

Verschränkung von Wissensformen als transkulturelle (Forschungs-)Praxis. Das Beispiel Diskriminierung

Einleitung

Vor kurzem erreichte uns an der Universität Graz folgende Anfrage: Die Organisatorin eines Ausstellungsprojektes über Arbeitswelten von Frauen plante eine Veranstaltung und wollte dabei die Lebens- und Arbeitssituation von Migrantinnen zum Thema machen. Sie bat uns, ihr bei der Suche nach Frauen behilflich zu sein, die am Podium ‚authentisch' über ihre persönlichen Erlebnisse in Österreich Auskunft geben könnten. Ähnliche Ansinnen werden regelmäßig u.a. auch von Medien an uns (als wissenschaftlich legitimierte ‚Migrationsexpertinnen'?) herangetragen, wenn man auf der Suche nach sogenannten Betroffenen ist. Nun müsste man selbstverständlich in jedem Fall den Kontext und die Motive genauer kennen, um derartige Anliegen näher einschätzen zu können. Dieses kleine Beispiel wirft jedoch die Frage auf, inwieweit hier eine Möglichkeit der Selbstrepräsentation eröffnet wird oder Menschen lediglich dazu aufgefordert werden, sich im Rahmen der ihnen zugewiesenen Zugehörigkeiten, Attribute und Stereotypen zu artikulieren.

Anlässlich der DGfE-Tagung „Spannungsverhältnisse. Interkulturell-pädagogische Forschung. Neo-Assimilationismus und migrationsgesellschaftliche Wirklichkeit" wurde unter anderem das „Wissen der Diskriminierung" diskutiert. Anknüpfend an dem einleitend erwähnten Beispiel ließe sich darüber nachdenken, in welchen Kontexten (und durch wessen Legitimation?) das Wissen über Diskriminierung, über welches viele Menschen mit Migrationshintergrund zweifelsohne verfügen, von diesen zur Sprache gebracht werden kann und welcher Stellenwert diesem Wissen – etwa im Verhältnis zu Erkenntnissen, die in etablierten wissenschaftlichen Strukturen produziert werden – zukommt.

Vor dem Hintergrund der genannten Überlegungen näherte sich ein Forschungsprojekt an der Universität Graz, auf das wir in unserem Beitrag Bezug nehmen, dem Thema Diskriminierung in zweierlei Hinsicht an: Zum einen stand Diskriminierung in Zusammenhang mit der Arbeitswelt als inhaltlicher Schwerpunkt im Zentrum einer Forschungswerkstätte. Zum anderen war der Forschungsprozess, der von Akteur/inn/en mit Migrationshintergrund gestaltet wurde, selbst als Versuch konzipiert, Ausgrenzungsphänomene, Repräsentations- und Machtverhältnisse im wissenschaftlichen Feld zu hinterfragen und alternative Formen der Erkenntnisproduktion zu erproben. Wir schlossen dabei an kritische Diskurse über den Beitrag der Migrationsforschung sowie der pädagogischen Praxis zur Konstruktion von ‚Fremdheit' und zur Herstellung eines ethnisierenden Alltagswissens an (vgl. etwa Mecheril 2004, Yıldız 2004). Darauf aufbauend interessierten wir uns dafür, wie unterschiedliche Wissensformen zur Geltung gebracht werden bzw. ob es gelingen kann, eine Hierarchisierung von Wissensformen (Theorie-, Handlungs-, Erfahrungswissen) aufzubrechen oder zumindest an ihr zu rütteln.

Der vorliegende Beitrag geht zunächst auf einige Entwicklungslinien im Bereich der Interkulturellen Bildungsforschung im deutschsprachigen Raum ein, die in Zusammenhang mit der Frage nach Repräsentationsverhältnissen und dem Umgang mit ‚Migrationsanderen' (Mecheril 2004) stehen. In einem weiteren Schritt nehmen wir Überlegungen zu Selbst- und Fremdrepräsentation in der Forschungspraxis vor, die wir schließlich anhand eines konkreten Beispieles, der bereits erwähnten Forschungswerkstätte, veranschaulichen und zur Diskussion stellen möchten.

Konstruktion von und Umgang mit Fremden/Anderen in der Interkulturellen Bildungsforschung

Die Geschichte der Interkulturellen Pädagogik als erziehungswissenschaftliches Gebiet beginnt mit den 1960er Jahren, der Umgang mit sprachlicher, kultureller und nationaler Heterogenität beschäftigte das Bildungswesen jedoch schon in vergangenen Jahrhunderten, wenn auch in geringerem Umfang. Ingrid Gogolin und Marianne Krüger-Potratz machen darauf aufmerksam, dass etwa im Zuge der Nationalstaatenentwicklung der Schule die Aufgabe zukam, die Herausbildung einer nationalen Identität zu befördern, wobei man sich auf die Vorstellung einer Nation als in sich homogene Einheit gegenüber ‚fremden' Territorien und deren Angehörigen stützte. Im wissenschaftlichen Feld stellte die Opposition von ‚fremd' und ‚eigen' insbesondere für die Vergleichende Erziehungswissenschaft eine zentrale Analyseperspektive dar. Durch die Beschreibung ausländischer Bildungssysteme konnte die nationale Pädagogik klarer konturiert werden, wobei innerer Pluralität keine Beachtung geschenkt wurde (vgl. Gogolin & Krüger-Potratz 2006, S. 69ff.). Das Verhältnis von ‚fremd' und ‚eigen' wurde in diversen Spezialisierungen wie der Kolonialpädagogik oder der Schulpolitik für Angehörige sprachlicher Minderheiten akzentuiert. Wenngleich diese Gebiete wissenschaftlich nur wenige Expert/inn/en beschäftigten, sind die Entwicklungen mit ihren

Argumentationsmustern und Denkfiguren als Vorläufer der Interkulturellen Pädagogik von Relevanz (vgl. ebd., S. 80ff.).

Die Ausländerpädagogik der 1960er Jahre, die mit einem defizitorientierten Zugang die Präsenz von ‚Ausländern' als Sonderproblem betrachtete und kompensatorische Fördermodelle forcierte, war in weiterer Folge Gegenstand zahlreicher kritischer Beiträge. Die Diskussion über die Defizithypothese sowie die Verantwortung der Mehrheitsgesellschaft mündete in die Durchsetzung des Begriffes der ‚Interkulturellen Pädagogik'. Die Reflexion des ‚Anders-Seins', das in der Ausländerpädagogik als Mangel behandelt wurde, war jedoch in den meisten Fällen nicht Anlass für Strategien der Dekonstruktion, sondern die Festlegung des Fremden auf sein Anders-Sein erfuhr lediglich eine positive Umdeutung, etwa in der Formel einer ‚Wertschätzung der Differenz', wobei diese Forderung häufig mit einer Essentialisierung von Kultur einherging. Ein zweiter Strang hob insbesondere die soziale und strukturelle Ungleichheit hervor, der Fokus richtete sich somit auf Mehrheits- und Minderheitenverhältnisse. Dieser Zugang könnte als Kritik an der Betonung kultureller Differenz interpretiert werden. Paul Mecheril (2004, S. 194ff.) unterscheidet in dieser Hinsicht zwischen differenzsensiblen und differenzunempfindlichen Ansätzen. Im Zusammenhang mit den PISA- und IGLU-Studien wurde gerade die Bildungsbenachteiligung von Kindern mit Migrationshintergrund zu einem breit erörterten bildungspolitischen Thema, wobei Ursachen je nach Erklärungsansatz in einem schulischen System sozialer Selektion oder bei vermeintlichen Merkmalen von Migrantenfamilien gesucht werden. Mit der Diskriminierungsdebatte rückten also gesellschaftliche Ein- und Ausschließungsmechanismen, die ungleiche Lebensverhältnisse für Akteurinnen und Akteure erzeugen, stärker ins Bewusstsein. Die Gefahr dieses Ansatzes liegt darin, eine Defizitperspektive zu befördern, welche Menschen mit Migrationshintergrund primär in der Opferrolle thematisiert.

Seit den 1980er Jahren ist die interkulturelle Bildungsforschung durch eine zunehmende Vielfalt an Themenstellungen und Forschungszugängen gekennzeichnet. Kritische Beiträge bezogen sich seither schwerpunktmäßig auf die Kulturalisierung (siehe dazu u.a. Czock 1993, Kiesel 1996, Yıldız 1997, Krüger-Potratz 2005) oder in jüngerer Zeit auf Tendenzen eines ‚Neo-Assimilationismus' in Bezugnahme auf migrationssoziologische Debatten (vgl. Otto & Schrödter 2006).

Annita Kalpaka und Nora Räthzel zählten zu den ersten deutschsprachigen Bildungstheoretikerinnen, die den Blick auf das in vielen Ansätzen interkultureller Pädagogik vernachlässigte Thema des Rassismus lenkten (vgl. Kalpaka & Räthzel 1986, vgl. Mecheril 2004, S. 176ff.). Damit wird eine wirkungsmächtige Unterscheidungspraxis von Menschen sowie deren Verankerung in gesellschaftlichen Strukturen in den Blick genommen, die im angloamerikanischen Diskurs weitaus stärker als wichtiger Ansatzpunkt pädagogischer Konzepte gilt (vgl. Hall 1994, Dominelli 1997).

Kulturalisierungskritik scheint mittlerweile in der Theoriediskussion weitgehend unumstritten zu sein. Betrachtet man jedoch die Entwicklungen in Bildungspolitik und -praxis, stehen nach wie vor Ansätze, die sich an durch ‚Fremdheit' gekennzeichneten Zielgruppen orientieren, im Vordergrund, während die Normalitätskonstruktionen des Bildungswesens weitgehend unreflektiert bleiben. Auch Forschungsarbeiten thematisieren seltener die angesichts von Heterogenität entstehenden Herausforderungen für Bildungsinstitutionen, als dass sie die ‚Besonderheit' der Zielgruppe untersuchen (vgl. Gogolin & Krüger-Potratz 2006, S. 134).

Der forschende Blick auf – nunmehr als Migrant/inn/en bezeichnete – Menschen folgt in der jüngeren Vergangenheit häufig nicht mehr dem Defizitmodell der Ausländerpädagogik, sondern entdeckt die Besagten als handlungsfähige Subjekte, an deren Potenziale und Ressourcen es anzuknüpfen gilt. In Verbindung mit Überlegungen zu diskriminierenden Strukturen und Mechanismen – und in Ablehnung einer Opfersicht – richtet sich der Blick nunmehr auf Handlungsstrategien, die Migrant/inn/en im Umgang mit (permanenten) Zuschreibungen und Ausgrenzungen entwickeln. Wenn Perspektiven *der* ‚Anderen' gegenüber Perspektiven *auf die* ‚Anderen' bedeutsam werden, bestehe nach Ansicht Mecherils aber auch die Gefahr einer „idealistischen Überschätzung des ‚subalternen Subjektes'" (Mecheril 2004, S. 104f.). Dieses Spannungsfeld wird im Folgenden in Bezug auf eine (nicht nur das pädagogische Feld betreffende) Forschungspraxis näher ausgeleuchtet.

Die Stimmen der Subjekte im wissenschaftlichen Kontext. Diskurse der Selbst- und Fremdrepräsentation in der Forschungspraxis

Richtet sich der Blick auf die Stimmen der Subjekte im wissenschaftlichen Kontext, so erscheinen zunächst die Auseinandersetzung mit der Produktion wissenschaftlicher Erkenntnisse sowie ihre Verstrickheit in globale Dominanzstrukturen von besonderer Bedeutung. Zwei wesentliche Aspekte sollen in dieser Hinsicht erörtert werden, zum einen die Einsicht in den Konstruktionscharakter wissenschaftlicher Erkenntnisse und die damit verbundene Unhintergehbarkeit der Perspektive, zum anderen die Frage der Repräsentation, wie sie etwa anhand der kognitiven Aneignung Anderer mittels eines privilegierten Standortes des Sprechens deutlich wird.

Im Zuge des selbstreflexiven Blicks auf die eigene Forschungspraxis hat sich mittlerweile die Annahme etabliert, dass wissenschaftliche Erkenntnisse nicht ein (authentisches) Abbild der Außenwelt darstellen, sondern dass diese ein Resultat kollektiver Deutungstätigkeit sind, die sich anhand bestimmter Relevanzstrukturen vollziehen. Wesentlich erscheint nun in der Legitimation des Anspruchs ‚gültige‘ Aussagen zu tätigen die Einsicht, dass Artikulationen bestimmter Phänomene der sozialen Wirklichkeit nur mittels Typisierungen, die diese nicht annähernd in ihrer Komplexität zu erfassen vermögen, erfolgen. Diese stellen „simplifizierende Verdichtungen erlebter Wirklichkeit" (Reichertz 2003, S. 329) dar, die Reichertz in Bezugnahme auf Schimank als ‚Akteurfiktion‘[1] bezeichnet. Diese wird in Form einer Als-ob-Unterstellung „gewissermaßen augenzwinkernd so benutzt, als ob sie die soziale Wirklichkeit abbildet, obwohl jedem aus Erfahrung klar ist, dass jede soziale Situation einen weit darüber hinausreichenden Überschuss an Kontingenzen bereithält" (Schimank 1988, S. 634).

Die Reduktion der Komplexität von sozialer Wirklichkeit wird dabei von Reichertz nicht nur als wesentliche Notwendigkeit für das Handeln erachtet, sondern innerhalb des wissenschaftlichen Kontextes als „Bedingung der Möglichkeit von Aufklärung" (Reichertz 2003, S. 330) verstanden. Relevant erscheint jedoch, dass jegliche theoretische Einsicht einem permanenten systematischen Zweifel unterzogen werden muss. Die reflexive Wende führte dabei zu einer durch den Verlust eines ‚exklusiven‘ Zugangs zu Erkenntnis ausgelösten Freisetzung, welche zum einen die Möglichkeit der Suche nach ‚neuen‘ methodologischen Wegen eröffnete, zum anderen jedoch auch zu einer (tiefen) Verunsicherung in Bezug auf verbindliche Qualitätskriterien ‚gültiger‘ Aussagen führte (vgl. ebd., S. 333f.).

Ein weiterer Aspekt der Krise der Repräsentation wissenschaftlich hervorgebrachter Erkenntnisse zeigt sich in der „kritische[n] Beschäftigung mit der Einflussnahme des Ortes auf die Konstitution von Gegenstand und Ergebnis" (Broden & Mecheril 2007, S. 16). Die Wissenschaft in ihrer gesellschaftlichen Aufgabe des Zur-Verfügung-Stellens von Deutungswissen ist hierbei in ihrem privilegierten Standort des Sprechens zu fokussieren. Die kritische Reflexion der Frage der kognitiven Aneignung Anderer, wie sie u.a. von Berg und Fuchs (1999) im Kontext der Phänomenologie der Differenz thematisiert wurde, zeigt, wie sich Wissenschaft eines Gegenübers bedient,

---

1   Reichertz bringt in dieser Hinsicht sein Unbehagen in Bezug auf die Begriffe Akteur/in, aufgrund seiner Nähe zur Systemtheorie und Fiktion, da diese das Vorhandensein einer Nicht-Fiktion suggeriere, zum Ausdruck.

um sich global zu verorten. Die Verstrickung wissenschaftlicher Disziplinen
in die globalen Dominanzstrukturen sowie die Durchsetzung wissenschaftlich hervorgebrachter autoritativer Bilder wurde ebenso von Said in seinem
Konzept des Orientalismus eindrucksvoll verdeutlicht, wo er veranschaulicht
„wie der Orient durch die Orientexperten, die vorgaben, den Orient zu kennen, geschaffen wurde" (Castro Varela & Dhawan 2007, S. 36). Die Verschränkung von Wissen und Macht rückt dabei die soziale Situiertheit von
Wissen und dessen Wirksamkeit im sozialen Raum in das Blickfeld.

Besonders im Feld der Migrationsforschung wurde vielfach darauf hingewiesen, wie Wissenschaft an der Entstehung eines ethnisierenden Alltagswissens – innerhalb dessen Menschen nicht nur entpersonalisiert, sondern
beispielsweise über die Zuschreibung Migrant/in als ethnisch ‚Fremde' her-
vorgebracht wurden – beigetragen hat.

Die Konstruktion ‚ethnischen' Wissens vollzieht sich hier von einer bestimmten Position im sozialen Raum aus. Mit dem Anspruch über ein privile-
giertes Wissen über die Lebensrealität anderer zu verfügen, werden dominante Diskurse u.a. über mediale und sozialpolitische Diskurse gesellschaftlich
wirksam. Mecheril spricht in dieser Hinsicht von einem Prozess des „objek-
tivierenden Einschreibens". Die (wissenschaftlichen) Fremdthematisierungen
weisen in Form von Zuschreibungen gesellschaftliche Wirksamkeit auf – das
Subjekt wird über die dominanten Deutungskonzepte domestiziert und unterworfen, die Fremdbetrachtung schreibt sich quasi in die Selbstbetrachtung
(vgl. Mecheril 2003, S. 33) und in Sinnsetzungsprozesse ein. Beispiele hierfür wären die Darstellung von Jugendlichen der zweiten Generation als ‚Zer-
rissene zwischen zwei Kulturen' und die dieser Metapher zugrundeliegende
Vorstellung von Kultur als Container mit seinem proklamierten prägenden
Charakter, aber auch die Thematisierung von ‚nicht-integrationswilligen
Migrant/innengruppen', die als Deutungsmuster von sozialen Akteur/inn/en
aufgenommen und reproduziert werden. Eine entscheidende Funktion kommt
hier dem deutenden ‚Brechen' in der sozialen Interaktion und den zugrunde
gelegten sozialen Praxen zu.

Als ein weiterer Aspekt ist die Idee der Selbst(re)präsentation anzusprechen, die als eine Art ‚Reaktion' auf die vorherrschende Fremdrepräsentation gelesen werden kann, die sich in einer kritischen Auseinandersetzung mit
Repräsentationspraktiken und -formaten herausgebildet hat.

Spivak unterscheidet in Bezug auf den Begriff Repräsentation mit Rekurs auf Marx zwischen zwei Bedeutungsebenen, die der Vertretung und die
der Darstellung. Die Gefahr liegt aus ihrer Sicht darin die Bedeutungsebenen zu vermischen, wie sie etwa in der Annahme des Vorhandenseins eines
‚tatsächlichen' Referenten, einer ‚tatsächlichen' Referentin deutlich wird.

Die Frage, wer denn legitimiert ist stellvertretend für wen zu sprechen, wird hiermit virulent. Spivak plädiert vor diesem Hintergrund für eine ‚persistent critique', die der Konstruktion Anderer als bloße Objekte des Wissens entgegenwirken soll, wobei sie innerhalb des Diskurses der Selbstrepräsentation die Frage der Legitimation des Sprechens für Andere problematisiert. Ein zu enges Verständnis von Repräsentation, das sie der Identitätspolitik entstammend konstatiert, wird anhand der Vorstellung „only a native can know the scene" (Spivak 1996, S. 15) deutlich. Die Annahme des Vorhandenseins einer ‚authentischen Stimme' trage hier dazu bei kulturalisierende Konzepte zu verfestigen und jene Strukturen essentialistisch zu reproduzieren, die zu bekämpfen vorgegeben werde. ‚Kulturelle' Informant/innen werden durch die Brille der proklamierten Differenz dazu aufgerufen authentisches Wissen zur Verfügung zu stellen.

Im Zuge der durch die Krise der Repräsentation in Gang gesetzten Neuorientierung wissenschaftlicher Forschung wurde vor allem die Frage des ‚Wie' einer erkenntnistheoretischen Praxis, die sich differenzierter und der Komplexität der Problematik angemessener gestaltet, aufgeworfen.

Innerhalb rekonstruktiv-interpretativer Forschungsperspektiven wird die Frage der Selbstrepräsentation von Subjekten als Artikulation der Subjekte verstanden, denen ein primäres Interesse eingeräumt wird. Menschen wird hierbei nicht nur ein Eigensinn ihrer Konstruktionsprozesse zugesprochen, sondern diese werden als Expert/inn/en ihrer Lebenswirklichkeit begriffen. Die über die subjektive Binnensicht erschlossenen Konstruktionsprozesse werden zunächst rekonstruiert und in einem weiteren Schritt in Bezug auf ein soziales Phänomen theoretisch herausgearbeitet. Der theoretische Blick auf soziale Prozesse erhebt dabei nicht den Anspruch eines authentischen Abbildes, sondern vielmehr werden Ausschnitte sozialer Wirklichkeit anhand bestimmter und variabler Relevanzstrukturen analytisch beleuchtet. Hier wird eine Forschungspraxis deutlich, innerhalb welcher der Stimme der Subjekte im Rahmen der Datenerhebung und der Generierung theoretischer Einsichten eine zentrale Bedeutung zukommt. Dennoch zeigt sich, dass das Interpretationsprivileg beibehalten wird – die wissenschaftliche Deutung bleibt an die akademische Profession gebunden. „Die Standortgebundenheit des Sprechens wird [jedoch] mit dem Wissen darüber, dass sich wissenschaftliche Repräsentation immer in einem ‚Sprechen-Über' (Mecheril 2003, S. 33) vollzieht, selbstreflexiv in den Blick gerückt" (Pilch Ortega & Sprung 2007, S. 332).

Einen Schritt weiter gehen Ansätze der Aktionsforschung, wie beispielsweise die interpretative oder performative Ethnographie, die sich verstärkt für eine Dialogisierung des Forschungsprozesses ausspricht. Im Zentrum steht dabei das Partizipieren der Subjekte im Forschungsprozess, das Fin-

den einer gemeinsamen Verstehensbasis sowie das Ausloten adäquater Aus-
drucksweisen, wobei der Interaktion eine entscheidende reflexive Funktion
zugesprochen wird. „In einer dialogischen Auseinandersetzung zwischen
dem Selbst des Forschers und der Perspektive der Anderen werden die Grenzen des eigenen Verständnisses zum Thema mit dem Ziel, die eigene Sensibilität für fremde Welten zu steigern" (Saukko 2003, S. 57 zit. n. Winter
2006, S. 41). Die Forschungspraxis einer interaktiven Textualisierung von
Deutungswissen beschränkt sich nicht ‚nur' auf den Prozess der Datenerhebung, sondern schließt den Prozess der analytischen Auseinandersetzung bis
hin zur Darstellung mit ein. Besondere Aufmerksamkeit sollte aus Sicht der
Autorinnen auf die im Interaktionsgefüge enthaltenen Asymmetrien von Wissensformen und Wissensebenen gelegt werden, die im Anschluss thematisiert
werden. Die Forschungswerkstätte PARS kann vor diesem Hintergrund jener
Forschungspraxis zugeordnet werden, die eine verstärkte Dialogisierung des
Erhebungs-, Analyse- und Darstellungsprozesses verfolgt.

Das Projekt PARS

Im Rahmen des EU-Programmes EQUAL wurden am Institut für Erzie-
hungs- und Bildungswissenschaft der Universität Graz zwischen 2002 und
2006 zwei aufeinanderfolgende Projekte durchgeführt, in denen sich Forschende mit und ohne Migrationshintergrund mit dem Rahmenthema Migration und Arbeitswelt beschäftigten. Im Folgenden gehen wir auf das Projekt
PARS ein, das auf den Erfahrungen der ersten Projektrunde (*open_up_sci-
ence*) aufbaute (vgl. Heimgartner et al. 2005). PARS steht für *Partizipation
und antirassistische Handlungspotenziale* und zielte auf die Schaffung eines
Handlungsraumes ab, in dem Menschen mit Migrationserfahrung Erkenntnisse zu für sie relevanten Inhalten generieren, diese als Gruppe bearbeiten
und zu einer Kommunikation differenter Perspektiven beitragen sollten. Ein
Anspruch bestand weiters darin, die Ergebnisse durch die Veranstaltung einer Sommeruniversität einer breiteren Öffentlichkeit sowie der Scientific
Community zugänglich zu machen bzw. mit anderen Akteur/inn/en in einen
Diskussionsprozess zu treten.

Bei der Suche nach Teilnehmenden an dem Projekt wurde keine wissenschaftliche Ausbildung oder eine einschlägige formale Qualifikation vorausgesetzt, im Vordergrund stand das Interesse am Forschen und die Bereitschaft, sich auf einen kontinuierlichen Gruppenprozess und die Rahmenbedingungen (wie z.B. bestimmte Zeitvorgaben oder Deutsch als Arbeitssprache
aufgrund der unterschiedlichsten Muttersprachen) einzulassen. Es zeigte sich

allerdings, dass die meisten Teilnehmenden über einen höheren Bildungsabschluss verfügten. Dreizehn Frauen und drei Männer arbeiteten schließlich von November 2005 bis August 2006 an mehreren Themen, die in einem der nachfolgenden Abschnitte noch genauer beschrieben werden. Nach einem ersten Workshop zum Einstieg trafen sich die Teilnehmenden regelmäßig als gesamte Gruppe und darüber hinaus in selbstorganisierten Gruppensitzungen. Die Themenschwerpunkte reichten von Analysen gesellschaftlicher Rahmenbedingungen bis hin zur Konkretisierung antirassistischer Handlungsstrategien. Eine Bezahlung der Mitarbeit erfolgte aus den Projektmitteln.

Dem Team, das an der Universität für das Projekt verantwortlich zeichnete, kam neben der Konzeption und Vorbereitung die Aufgabe zu, die Forschungswerkstätte zu begleiten. Hierzu zählten diverse Leistungen in organisatorischer Hinsicht sowie Angebote einer fachlichen Unterstützung (wie z.B. Beratung bei der Methodenwahl). Auf die permanente Balance zwischen notwendiger Unterstützung und größtmöglichem Freiraum ohne ‚Einmischung' wird später noch eingegangen. Die Themen, die schließlich in den Forschungsgruppen bearbeitet wurden, waren nicht vorgegeben, sondern erst im Gruppenprozess entwickelt worden, ebenso gab es keine Einschränkungen hinsichtlich der methodischen Umsetzung. So wurde in den vier Kleingruppen auch höchst unterschiedlich gearbeitet, das Spektrum umfasste Literaturanalysen, Interviews, die Erstellung von Collagen, Bildern und Karikaturen, teilnehmende Beobachtung sowie die Produktion von Videofilmen auf Basis von Interviews mit Migrant/inn/en.

Im September 2006 mündete das Projekt in eine Sommeruniversität in Graz, in der die Teilnehmenden der Werkstätte Workshops gestalteten, darüber hinaus trugen weitere Expert/inn/en, schwerpunktmäßig aus migrantischen Selbstorganisationen, durch Vorträge und Arbeitsgruppen zu einem regen Diskussionsprozess rund um die Themen Selbstrepräsentation, Selbstorganisation, Arbeitswelt und Diskriminierung bei. Zwei Podiumsdiskussionen sollten weiters ein Fenster zu Entscheidungsstrukturen in Politik und Verwaltung öffnen.

Die Forschungswerkstätte PARS[2] als Beispiel eines partizipativen und transkulturellen Handlungssettings

Wie bereits angemerkt wurde, konnten im Rahmen des EU-Programmes Equal zwei aufeinanderfolgende Projekte mit dem Schwerpunkt ‚Migration und Arbeitswelt' durchgeführt werden. Das der Forschungspraxis zugrundegelegte Rahmenkonzept wurde dabei zum einen in Auseinandersetzung mit bereits bestehenden Praxen kommunikativer Forschung entwickelt, zum anderen konnte auf den Erfahrungswerten des Projektes *open_up_science* (2005) und der in diesem Kontext durchgeführten Forschungswerkstätte aufgebaut werden. Wichtige Anstöße beim Entwickeln partizipativer Modelle im Forschungsprozess erhielten wir u.a. durch die Forschungsstudie Le Croisement des Savoirs (Groupe de Recherche Quart Monde-Université 1999) zum Thema Armut, innerhalb der Akteurinnen und Akteure aus dem Kontext unmittelbarer Betroffenheit mit prekären Lebensbedingungen, Mitarbeitende von Betreuungsinstitutionen sowie Wissenschaftler/inne/n ein Forschungsteam bildeten. Weitere Anregungen ergaben sich anhand von Erfahrungen bzw. konzeptuellen Ansätzen anderer Forschungswerkstätten[3], die beispielsweise im Kontext des forschenden Lernens[4] angesiedelt sind.

Ein wesentlicher Grundgedanke von Forschungswerkstätten stützt sich dabei auf die Annahme, dass Forschungsprozesse durch Kommunikation gefördert und optimiert werden können. Besonders hervorzuheben ist in dieser Hinsicht ein Handlungssetting, welches verstärkt auf ein gleichberechtigtes Partizipieren abzielt. „Es werden mit der Forschungswerkstätte kommunikative Prozesse in Gang gesetzt, die in der Folge den Forschungsverlauf lenken bzw. den Erkenntniszuwachs fördern. Das horizontale Gruppengefüge stellt dabei ein zusätzliches forschungsrelevantes Merkmal dar, das in der Diskussion um machtsensibles Vorgehen Position bezieht. Auf diese Weise wird Wissen diskursiv bzw. interpretativ in einer Gruppe entwickelt und gleich-

---

2   Die Darlegung des Konzeptes der Forschungswerkstätte wurde bereits im Projektbericht PARS (Heimgartner et al. 2007) veröffentlicht. Im Rahmen des vorliegenden Artikels wurde der Text modifiziert und ergänzt.

3   Forschungswerkstätten finden sich in unterschiedlichsten Bereichen, wie etwa dem studentischen Forschen, als „einen institutionalisierten Ort der erziehungs- und sozialwissenschaftlichen Forschungspraxis, an dem zentrale Aspekte des Forschungshandwerks und der Organisation des Forschungsprozesses unter passiver oder aktiver Beteiligung von wissenschaftlichen Novizen und erfahrenen Wissenschaftler/innen mündlich verhandelt und bearbeitet werden" (Nittel 1999, S. 98), aber auch in Kooperation mit Praktiker/inne/n eines gewählten Feldes (siehe hierzu etwa Heimgartner & Pilch Ortega Hernández 2005).

4   Siehe hierzu u.a. Feindt (2002): In Bezug auf die Qualitätsentwicklung phasenübergreifenden forschenden Lernens in der Lehrer/innenbildung wurden drei Dimensionen als relevant erachtet: Die soziale Architektur des Forschungsteams, die Kommunikation differenter Perspektiven und das forschungslogische Vorgehen.

zeitig findet für die Teilnehmenden ein kollektiv gestützter Bildungsprozess statt" (Heimgartner et al. 2005, S. 87).

Das für die Forschungswerkstätte PARS entwickelte Rahmenkonzept zielte auf ein ‚Dialogisieren des Forschungsprozesses‘ ab, d. h. dass das Partizipieren an der Produktion von Erkenntnissen im Zentrum steht. Vor diesem Hintergrund war es wesentlich einen Handlungsspielraum zu eröffnen, welcher die Kommunikation differenter Perspektiven ermöglicht. Die Entwicklung *partizipativer Methoden* sowie der *Dialog differenter Perspektiven*, mit dem Fokus auf die *Verschränkung von Erfahrungs-, Handlungs- und Theoriewissen*, die *Soziale Architektur des Forschungsteams* und die *Kooperationskultur* wurden in dieser Hinsicht als besonders relevant erachtet.

Die Umsetzung eines partizipativen Handlungssettings meint u.E. die direkte Beteiligung aller an relevanten Entscheidungs- und Gestaltungsprozessen zu ermöglichen. Partizipation wird in dieser Hinsicht nicht als statisches Element verstanden, *„sondern als kollektiver Prozess, der aufgrund der darin enthaltenen Dynamiken nicht vorherbestimmbar bzw. planbar ist"* (Heimgartner & Pilch Ortega Hernández 2005, S. 192).

Vor diesem Hintergrund wurde ein aus organisatorischer Sicht notwendiger Ablaufplan entwickelt, der zum einen den Akteur/inn/en hinreichend Orientierung anbot und zum anderen so flexibel gestaltet war, dass die Vorstellungen und Wünsche der Teilnehmer/innen erfüllt werden konnten. Darüber hinaus wurde der konzeptionelle Rahmen so angelegt, dass vorhandenen Sprachbarrieren, Hierarchien und Wissensasymmetrien entgegengewirkt werden konnte. Für die Planung des Forschungsprozesses wurden im Vorfeld Arbeitsunterlagen entwickelt, welche den Teilnehmenden Hilfestellung bei den einzelnen Arbeitsschritten anboten und sie mittels eines Methodenkoffers mit forschungsspezifischem Know-how vertraut machte. Das forschungslogische Vorgehen war dabei an dem Forschungsstil der Grounded Theory angelehnt, wobei der entdeckenden Forschungshaltung besondere Relevanz zukam. Da grundlegende Kenntnisse in Bezug auf sozialwissenschaftliche Forschung bei den Teilnehmenden nicht vorausgesetzt werden konnten, kam dem Anleiten im Forschungsprozess eine wesentliche Bedeutung zu. Die Herausforderung kann in dieser Hinsicht dahingehend formuliert werden, als zum einen ein möglichst großer Freiraum in Bezug auf Gestaltungs- und Entscheidungsoptionen angestrebt wurde, zum anderen sich jedoch auch zeigte, dass diese Maxime in Verbindung mit der Aufgabe der Moderation des Forschungsprozesse mitunter auch zu widersprüchlichen Situationen führte. Das Spannungsverhältnis des Anleitens des Forschungsprozesses verbunden mit dem Eröffnen eines horizontalen partizipativen Prozesses kann in dieser Hinsicht als ‚Gratwanderung‘ beschrieben werden, bei der es als wesentlich galt, wis-

senschaftliche Standards hinreichend zu berücksichtigen, ohne die Haltungs-
und Handlungspraxen der Teilnehmenden ‚unnötig' zu beschneiden.

Eine Forschungspraxis, welche die Verschränkung unterschiedlicher Wissensformen zum Ausgangspunkt nimmt, muss sich im Besonderen mit der
Frage der Asymmetrien der Wissensformen und -ebenen sowie der ungleichen Verteilung des Wissens über relevante Unterschiede auseinandersetzen.
Theoretisches Wissen stellt in dieser Hinsicht ein bereits formuliertes ob-
jektiviertes Wissen dar. Erfahrungs- und Handlungswissen hingegen ist tendenziell stärker in der Person inkorporiert. Soziale Akteurinnen und Akteure
entwickeln in ihrer Lebenswelt Handlungsstrategien, indem sie auf Wissen
zurückgreifen, welches im Alltag nur zum Teil reflexiv zugänglich ist. Für
den Forschungsprozess war es demnach wesentlich, ausreichend Raum und
Zeit zur Verfügung zu stellen, um vorhandenes Erfahrungs- und Handlungswissen sowie darin enthaltene Deutungsmuster explizit und somit nutzbar zu
machen. Darüber hinaus wurden in der Begegnung differenter Perspektiven
Gemeinsamkeiten und Unterschiede kontrastierend diskutiert und herausgearbeitet.

Die in dem Forschungsprozess angelegte entdeckende Forschungshaltung
zielte ferner darauf ab, „in einem reflexiven Prozess theoretisches Wissen
kritisch zu hinterfragen und neue Ideen und Erkenntnisse hervorzubringen.
Der Nutzung von biographischem Hintergrundwissen und entwickelten
Kompetenzen der Akteur/innen kommt dabei besondere Relevanz zu" (Pilch
Ortega & Sprung 2006, S. 336).

Mit dem Wissen über hierarchische Interaktionsdynamiken bei dem Generieren von Wissen legten wir schon in der konzeptiven Phase besonderes
Augenmerk auf die ‚Soziale Architektur des Forschungsteams.'[5] Im Konkreten wurde dominanten Stellungen im Team entgegengewirkt und darauf
geachtet, an Statusrollen orientierte Zuschreibungen, wie beispielsweise
Deutungs- und Wissenshoheit, zu relativieren. Unter besonderer Berücksichtigung der Interaktionsdynamiken und den darin enthaltenen sozialen Bezie-
hungsgeflechten wurde versucht ein angenehmes Setting zwischen ‚Kuchen
und Kognition'[6] herzustellen. Ein wesentlicher Aspekt stellte dabei die Kooperationskultur dar, die auf gegenseitigem Respekt beruhte. Gemeinsam
erarbeitete und verbindliche Arbeitsziele waren ebenso bedeutsam als eine
‚reflektierte Arbeitshaltung' in Auseinandersetzung unterschiedlicher Positionen und Sichtweisen. Die Einbeziehung von Migrant/inn/en in zu erfor-
schende soziale Phänomene ermöglicht aus wissenschaftlicher Sicht einen
mehrperspektivischen und kontrastiven Blick sowohl auf lebensweltliche

---

5   Siehe hierzu auch Feindt (2002).
6   Siehe ebd.

Rahmenbedingungen als auch auf die von den Akteur/inn/en hervorgebrachten Haltungs- und Handlungskonfigurationen. Der Frage, inwiefern in dieser Hinsicht auch strukturelle Bedingungen der Partizipation an der Produktion von Wissen geschaffen werden, soll in der abschließenden Betrachtung nachgegangen werden.

Ergebnisse

Um die Arbeit von PARS weiter zu veranschaulichen, geben wir einen kurzen Überblick über die Ergebnisse der Gruppenarbeit. Diese lassen sich zum einen als Antworten auf die definierten Forschungsfragen sowie als konkrete Produkte darstellen. Zum anderen standen bei PARS nicht ausschließlich eine Ergebnisorientierung, sondern auch der Prozess und seine Bedeutung für die Beteiligten im Mittelpunkt. Auch dazu möchten wir einige Reflexionen der Mitarbeitenden bzw. der Projektbegleitenden wiedergeben.

Die Vorhaben der 16 Teilnehmer/innen wurden nach einer Phase der Themenfindung und Gruppenbildung in vier Schwerpunkten realisiert (vgl. Entwicklungswerkstätte des Projektes PARS 2007). Ein Team setzte sich mit dem Thema *Migration, Familie und Gesundheit* auseinander. Es bestand aus drei Frauen, die mit unterschiedlichen Methoden arbeiteten. So wurde beispielsweise ein Video produziert, in dem zugewanderte Frauen über Familie und ‚Heimat' sprechen oder ein Konzept zum Stressabbau von Migrantinnen und Migranten entwickelt.

Eine zweite Gruppe beschäftigte sich mit *Selbstorganisation*. Die Mitglieder der Gruppe waren teilweise bereits in selbstorganisierten Frauengruppen engagiert. Selbstorganisation wurde als Handlungsstrategie gegen Diskriminierung und als Möglichkeit der Selbstrepräsentation wahrgenommen, die Gruppe analysierte u.a. Rahmenbedingungen, die für die Arbeit in Selbstorganisationen bedeutsam sind und setzte diese Erkenntnisse zum Teil gleich praktisch um (z.B. durch die Gründung eines Vereines, um öffentliche Gelder beantragen zu können).

Eine weitere Gruppe thematisierte den *Zugang zu Arbeitsmarkt* und nahm insbesondere strukturelle Diskriminierung in den Blick, wie z.B. Bestimmungen des österreichischen Fremdenrechts sowie Zugangsbarrieren im Bildungswesen hinsichtlich der Anerkennung von Qualifikationen oder der Sprachkenntnisse. Eine Teilnehmerin stellte das recherchierte Wissen anschließend einigen Kolleginnen in der Gruppe in beratender Form zur Verfügung. Diskriminierungserfahrungen, die aus einer Zeitungsanalyse herausgefiltert wurden, verarbeitete eine Frau als Karikaturen bzw. als Collagen.

So zeichnete sie beispielsweise ausgrenzende Situationen beim Arzt oder bei Jobbewerbungen, die sich unter anderem auf das Tragen eines Kopftuches bezogen.

Die vierte Gruppe reflektierte unterschiedliche Diskriminierungsphänomene. Ein Teilnehmer erfuhr in Interviews zum Thema Mobbing über die Ohnmacht der Betroffenen, gesundheitliche Folgen von Mobbing, und konnte unterschiedliche Differenzierungsmerkmale wie Sprache, Ausländerstatus oder Hautfarbe als Anknüpfungspunkte für Diskriminierung herausarbeiten. Die Handlungsstrategien der Befragten reichten von Rückzug, Alkoholismus, Kündigung, besonderer Korrektheit, Abwertung anderer Migrant/inn/en bis hin zu aktiver Gegenwehr. Eine Frau führte eine Befragung von Kindern in einer Grundschule durch. Sie konstatierte Zusammenhänge zwischen den Umwelteinflüssen und rassistischen Einstellungen, sowie die Bedeutung von persönlichen Kontakten und Hintergrundwissen für den Abbau von Vorurteilen. Ein Mitarbeiter produzierte einen Videofilm, in dem Interviews mit Migrant/innen ein breites Spektrum an Erfahrungen und Strategien im Umgang mit Diskriminierung in der Arbeitswelt veranschaulichen.

Die Teilnehmenden der Forschungswerkstätte äußerten sich in einem abschließenden Treffen sowie in schriftlichen Reflexionen über den gemeinsamen Arbeitsprozess und persönliche Entwicklungsschritte. Darin wurde betont, dass die Sensibilität für Diskriminierung sowie das Bewusstsein über Rechte von Migrant/inn/en durch die Forschungswerkstätte vertieft worden seien. Die Zusammenarbeit und die inhaltliche Auseinandersetzung wurden als Stärkung und Ermutigung für persönliche Durchsetzungsstrategien, in vielen Fällen aber auch für ein Engagement im Bereich der Migrationsarbeit erlebt. Einige Teilnehmende konnten unmittelbare Erfahrungen im Sinne der Selbstrepräsentation machen, indem sie als Sprecher/innen bei öffentlichen Diskussionen bzw. bundesweiten Vernetzungstreffen auftraten. Eine Mitarbeiterin fühlte sich gestärkt, einen literarischen Text bei einem Literaturwettbewerb einzureichen und diesen öffentlich zu lesen. Die Arbeit der Werkstätte war darauf ausgerichtet, dass ein Transfer in andere Arbeits- und Lernzusammenhänge ermöglicht werden sollte, sich die Beteiligten gesellschaftlich und politisch einbringen würden – ein Anspruch, der durchaus eingelöst werden konnte (vgl. Heimgartner et al. 2007).

Abschließende Bemerkungen

Das Projekt PARS stellte einen Versuch dar, das Themenfeld Migration-Arbeitswelt-Diskriminierung gemeinsam mit Migrant/innen forschend zu erkunden. Es stellt sich rückblickend nun die Frage, inwiefern dabei Bedingungen geschaffen wurden, innerhalb welcher die Stimmen der Subjekte an der Produktion von Wissen über Migration partizipieren können, was nicht zuletzt davon abhängig ist, ob es gelingt, die in solchen Rahmen entstandenen Forschungsergebnisse auch an aktuelle wissenschaftliche Diskussionen anzuschließen und somit rezipierbar zu gestalten. Zu diesem Zweck konzipierten wir beispielsweise die erwähnte Sommeruniversität, bei der wir die Erfahrung machten, dass das Interesse auf Seiten der Selbstorganisationen und der im Praxisfeld Migration tätigen Personen sehr groß war, hingegen wenige Mitglieder der Scientific Community der Einladung zu einem Austausch mit den Akteur/innen der Forschungswerkstätte folgten. Weitere Anlässe der Auseinandersetzung sollen durch einschlägige Publikationen oder Vorträge noch geschaffen werden, wobei hier kritisch anzumerken wäre, dass nach Auslaufen der Projektfinanzierung aus EU-Geldern die Teilnehmenden an der Werkstätte an diesen Prozessen nur mehr unbezahlterweise mitwirken könnten. Mögliche Schwierigkeiten einer Anbindung sehen wir darin, dass dialogisierender Forschung als eher randständige, abseits von Mainstreamforschung verortete Praxen durch akademische ‚Ignoranz' Zugangsmöglichkeiten verwehrt bleiben könnten.

Die Erfahrungen im Projekt PARS zeigten, dass das Ausloten von Handlungsstrategien in Auseinandersetzung mit vorgefundenen lebensweltlichen Rahmenbedingungen nicht nur das Handlungsrepertoire der Teilnehmenden in Bezug auf ihre persönliche Lebensgestaltung erweiterte, sondern dazu beitrug, sich aktiv in bestehende Verhältnisse einzumischen. Dies gilt insbesondere für zivilgesellschaftliches Engagement, das einige der Akteurinnen und Akteure entweder intensiver weiterentwickelten oder das sie überhaupt erst neu aufnahmen. Demgegenüber scheint die ‚Einmischung' in wissenschaftliche Diskurse das schwierigere Unterfangen darzustellen, womit nicht zuletzt auch für uns selbst einiges an Nachdenklichkeit und Reflexionsbedarf bestehen bleibt.

Literatur

Berg, Eberhard & Fuchs, Martin (Hrsg.) (1999). Kultur, soziale Praxis, Text. Die Krise der ethnographischen Repräsentation. Frankfurt a.M.: Suhrkamp.

Broden, Anne & Mecheril, Paul (2007). Migrationsgesellschaftliche Re-Präsentation. Eine Einführung. In: Broden, Anne & Mecheril, Paul (Hrsg.): Re-Präsentation. Dynamiken der Migrationsgesellschaft. Düsseldorf: IDA-NRW, S. 7-28.

Castro Varela, María do Mar & Dhawan, Nikita (2007). Migration und die Politik der Repräsentation. In: Broden, Anne & Mecheril, Paul (Hrsg.): Re-Präsentation. Dynamiken der Migrationsgesellschaft. Düsseldorf: IDA-NRW, S. 29-46.

Czock, Heidrun (1993). Der Fall Ausländerpädagogik. Erziehungswissenschaftliche und bildungspolitische Codierung der Arbeitsmigration. Frankfurt a.M.: Cooperative.

Dominelli, Lena (1997). Antiracist Social Work. Houndmills/Basingstoke/New York: Palgrave.

Entwicklungswerkstätte des Projektes PARS (2007). Migration und Arbeitswelt. Projektbericht. Graz.

Feindt, Andreas (2002). Qualitätsentwicklung phasenübergreifenden forschenden Lernens in der LehrerInnenbildung. In: Dirks, Una & Hansmann, Wilfried (Hrsg.): Forschendes Lernen in der Lehrerbildung. Auf dem Weg zu einer professionellen Unterrichts- und Schulentwicklung. Bad Heilbrunn: Klinkhardt, S. 49-65.

Gogolin, Ingrid & Krüger-Potratz, Marianne (2006). Einführung in die Interkulturelle Pädagogik. Opladen/Farmington Hills: Barbara Budrich.

Groupe de Recherche Quart Monde-Université (1999). Quand le Quart Monde et l'Université pensent ensemble. Le Croisment des Savoirs. Paris.

Hall, Stuart (1994). Rassismus und kulturelle Identität. Ausgewählte Schriften 2. Hamburg: Argument.

Heimgartner, Arno & Pilch Ortega Hernández, Angela (2005). Die Methode der Forschungswerkstätte am Beispiel eines partizipativen und interkulturellen Handlungssetting. In: Stiegler, Hubert & Reicher, Hannelore (Hrsg.): Praxisbuch. Empirische Sozialforschung in den Erziehungs- und Bildungswissenschaften. Innsbruck: Studien Verlag, S. 184-195.

Heimgartner, Arno, Huber, Cécile, Pilch Ortega Hernandez, Angela & Sprung, Annette (2005). Forschungsbericht ‚Open_up_science'. Graz.

Heimgartner, Arno, Huber, Cécile, Mayr, Andrea, Pilch Ortega Hernandez, Angela & Sprung, Annette (2007). Partizipation und Selbstrepräsentation als antirassistische Handlungspotenziale. Forschungsbericht. Graz.

Hormel, Ulrike (2007). Diskriminierung in der Einwanderungsgesellschaft. Begründungsprobleme pädagogischer Strategien und Konzepte. Wiesbaden: Verlag für Sozialwissenschaften.

Kalpaka, Annita & Räthzel, Nora (Hrsg.) (1990). Die Schwierigkeit, nicht rassistisch zu sein. Leer: Mundo.

Kiesel, Doron (1996). Das Dilemma der Differenz. Zur Kritik des Kulturalismus in der Interkulturellen Pädagogik. Frankfurt a.M.: Cooperative.

Krüger-Potratz, Marianne (2005). Interkulturelle Bildung. Eine Einführung. Münster/ New York/München/Berlin: Waxmann.

Mecheril, Paul (2003). Prekäre Verhältnisse. Über natio-ethno-kulturelle (Mehrfach-)Zugehörigkeiten. Münster/New York/München/Berlin: Waxmann.

Mecheril, Paul (2004). Einführung in die Migrationspädagogik. Weinheim/Basel: Beltz.

Nittel, Dieter (1999). Umwege – Schleichwege – Königswege? Forschungsdidaktische Anmerkungen über die Arbeitsweise von Forschungswerkstätten. In: Homfeldt, Hans-Günther & Schulze-Krüdener, Jörgen & Honig, Michael-Sebastian (Hrsg.): Qualitativ-empirische Forschung in der Sozialen Arbeit. Trier: Verlag Weyand, S. 97-133.

Otto, Hans-Uwe & Schrödter, Mark (Hrsg.) (2006). Soziale Arbeit in der Migrationsgesellschaft. Multikulturalismus, Neo-Assimilation, Transnationalität. neue praxis, Sonderheft 8.

Pilch Ortega, Angela & Sprung, Annette (2007). Die Stimmen der Subjekte. MigrantInnen im wissenschaftlichen Feld. Graz: Leykam, S. 329-338.

Reichertz, Jo (2003). Über das Problem der Gültigkeit Qualitativer Sozialforschung. In: Hitzler, Ronald, Reichertz, Jo & Schröer, Norbert (Hrsg.): Hermeneutische Wissenssoziologie. Standpunkte zur Theorie der Interpretation. Konstanz: UVK Verlagsgesellschaft mbH, S. 319-346.

Schimank, Uwe (1988). Gesellschaftliche Teilsysteme als Akteurfiktionen. In: Kölner Zeitschrift für Soziologie und Sozialpsychologie, Heft 4, S. 619-639.

Spivak, Gayatri Chakravorty (1996). The Spivak Reader (edited by Donna Landry and Gerald McLean). New York: Routledge.

Winter, Rainer (2006). Kultur, Reflexivität und das Projekt einer kritischen Pädagogik. In: Mecheril, Paul & Witsch, Monika (Hrsg.). Cultural Studies und Pädagogik. Kritische Artikulationen. Bielefeld: transcript Verlag, S. 21-50.

Yıldız, Erol (1997). Die halbierte Gesellschaft der Postmoderne. Probleme des Minderheitendiskurses unter Berücksichtigung alternativer Ansätze in den Niederlanden. Opladen: Leske + Budrich.

Yıldız, Erol (2004). Konstruktion des Anderen als ethnisch Fremder: Zur Notwendigkeit eines Perspektivenwechsels in der interkulturellen Bildung. In: Karakaşoğlu, Yasemin & Lüddecke, Julian (Hrsg.): Migrationsforschung und Interkulturelle Pädagogik. Aktuelle Entwicklungen in Theorie, Empirie und Praxis. Münster/New York/München/Berlin: Waxmann, S. 145-157.

Autorinnen und Autoren /
Herausgeberinnen und Herausgeber

Dr. Nicole Bellin ist wissenschaftliche Mitarbeiterin am Arbeitsbereich für Empirische Erziehungswissenschaft der Freien Universität Berlin. Ihre Arbeitsschwerpunkte sind Ganztagsorganisation und Heterogenität im Primarbereich.
E-Mail: nbellin@zedat.fu-berlin.de

Dr. İnci Dirim ist Professorin für das Fachgebiet Deutsch als Zweitsprache an der Universität Wien. Ihre weiteren Arbeitsschwerpunkte sind Interkulturelle Kommunikation und Bildung sowie Didaktik der Mehrsprachigkeit.
E-Mail: inci.dirim@univie.ac.at

Dr. Sara Fürstenau ist Professorin für Erziehungswissenschaft mit dem Schwerpunkt Interkulturelle Pädagogik an der Westfälischen Wilhelms-Universität Münster. Ihre Arbeitsschwerpunkte sind Migration und Bildung, Mehrsprachigkeit, Schul- und Unterrichtsentwicklung im Kontext sprachlich-kultureller Heterogenität.
E-Mail: fuerstenau@uni-muenster.de

Dr. Thomas Geisen ist Wissenschaftlicher Mitarbeiter an der Hochschule für Soziale Arbeit der Fachhochschule Nordwestschweiz. Arbeitsschwerpunkte: Migration, Arbeit und Gewalt.
E-Mail: thomas.geisen@fhnw.ch

Dr. Mechtild Gomolla ist Professorin für interkulturelle und vergleichende Bildungsforschung an der Helmut-Schmidt-Universität – Universität der Bundeswehr in Hamburg. Arbeitsschwerpunkte: Bildungsprozesse unter Bedingungen von Migration, Bildungs(miss)erfolg von Kindern und Jugendlichen mit Migrationshintergrund, Unterrichts- und Schulentwicklung im heterogenen Umfeld, Bildung und Demokratie, Schule als öffentlicher Bildungs- und Erziehungsraum.
E-Mail: gomolla@hsu-hh.de

Dr. Sabine Hornberg ist Professorin für Allgemeine Pädagogik an der Universität Bayreuth und war zuvor Projektleiterin der Internationalen Grundschul-Lese-Untersuchung (IGLU) 2006 und von PIRLS 2006 Luxemburg. Zu ihren Arbeitsschwerpunkten gehören die Vergleichende und Internationale

Erziehungswissenschaft, Transnationale Bildungsräume, Interkulturelle Pädagogik, Europäische Bildungsentwicklungen, empirische Bildungsforschung und internationale Schulmodelle wie die weltweit angesiedelten Internationalen Schulen.
E-Mail: Sabine.Hornberg@uni-bayreuth.de

Dr. Paul Mecheril ist Professor für Interkulturelles Lernen und sozialer Wandel und Leiter des Instituts für Erziehungswissenschaft der Universität Innsbruck. Seine Arbeitsschwerpunkte sind Cultural Studies, Interkulturelle Bildung, Migrations- und Rassismusforschung.
E-Mail: paul.mecheril@uibk.ac.at

Dr. Angela Pilch Ortega Hernández ist Wissenschaftliche Mitarbeiterin im Arbeitsbereich Angewandte Lernweltforschung am Institut für Erziehungs- und Bildungswissenschaft der Karl-Franzens-Universität Graz. Arbeitsschwerpunkte: biografieorientierte Lernwelt- und Bildungsforschung mit Fokus auf informelle Lernprozesse; interkulturell und international vergleichende Lernweltforschung und qualitativ-interpretative Sozialforschung.
E-Mail: angela.pilch-ortega@uni-graz.at

Max von Redecker ist angehender Lehrer für Philosophie und Geschichte an einem Hamburger Gymnasium. Während des Studiums war er Mitarbeiter im Forschungsprojekt „Schulqualität im Kontext sprachlich kultureller Heterogenität" an der Universität Hamburg und fokussierte sich hierbei auf die schulische Integration von Kindern aus Roma-Familien. Später arbeitete er in der Beratungsstelle Interkulturelle Erziehung am Landesinstitut für Lehrerbildung und Schulentwicklung Hamburg sowie bei FörMig zur Durchgängigen Sprachförderung.
E-Mail: maxvonredecker@gmail.com

Dr. Sven Sauter ist Privatdozent an der FernUniversität in Hagen und Sekundarstufenlehrer am Montessori Campus Friedberg.
E-Mail: sven.sauter@arcor.de

Dr. Annette Sprung ist Wissenschaftliche Mitarbeiterin im Arbeitsbereich Weiterbildung am Institut für Erziehungs- und Bildungswissenschaft der Karl-Franzens-Universität Graz. Arbeitsschwerpunkte: Migrationssensible/ interkulturelle/rassismuskritische Weiterbildung, Migration, Integrationspolitiken, Gender.
E-Mail: annette.sprung@uni-graz.at

Dr. Krassimir Stojanov ist Professor für Bildungstheorie und Bildungsphilosophie an der Universität der Bundeswehr München. Studium der Philosophie, Soziologie und Pädagogik an den Universitäten Sofia und Hannover. Forschungs- und Lehrtätigkeiten unter anderem an der New School for Social Research New York, Universität Sofia, Goethe Universität Frankfurt, Universität Oulu. Zentrale Forschungsthemen: Anerkennungstheorie, Bildungsgerechtigkeit, bildungspolitische Ideologien.
E-Mail: krassimir.stojanov@unibw.de

Dr. Bernd Wagner arbeitet in der Lehrerbildung an der Leuphana Universität Lüneburg. Seine Arbeits- und Forschungsschwerpunkte sind Interkulturelle Pädagogik, Pädagogische Ritualforschung und Narrativität. Momentan forscht er im Kontext von Citizenship Education und ist Mitglied des europäischen Netzwerkes CiCe Children's Identity and Citizenship in Europe.
E-Mail: bwagner@uni-lueneburg.de

Dr. Erol Yıldız ist Professor für Interkulturelle Bildung an der Alpen-Adria-Universität Klagenfurt; Mitherausgeber der Reihe „Interkulturelle Studien"; Arbeitsschwerpunkte: Interkulturelle Bildung, Migrationsforschung, Urbanität und Migration und Globalisierung/Transnationalisierung.
E-Mail: Erol.Yildiz@uni-klu.ac.at

Waxmann

MÜNSTER · NEW YORK · MÜNCHEN · BERLIN

İnci Dirim,
Paul Mecheril (Hrsg.)

Migration und Bildung

Soziologische und
erziehungswissenschaftliche
Schlaglichter

2009, 292 Seiten, br., 29,90 €, ISBN 978-3-8309-2109-7

Dieser Band möchte den interdisziplinären Austausch zwischen Soziologie und Erziehungswissenschaft stärken und enthält verschiedene Streitfragen des aktuellen theoretischen Diskurses, z.B. die Frage
des Umgangs mit sprachlicher Differenz, sowie neuere Forschungsergebnisse aus den involvierten empirischen Feldern. Die Beiträge
ermöglichen insgesamt einen Einblick in aktuelle Fragestellungen
und Kontroversen in den thematischen Felder „Sprache und Sprachförderung", „Gesellschaftliche Teilhabe und Diskriminierung", „Identitäten, Zugehörigkeiten, Selbst- und Fremdverständnisse" sowie
„Schule und andere Bildungsinstitutionen".

Mit Beiträgen von Dietmar Bolscho, Banu Citlak, İnci Dirim, Ayfer
Dost, Olga Frik, Marek Fuchs, Sara Fürstenau, Hartmut M. Griese,
Robin Harwood, Katrin Hauenschild, Solvejg Jobst, Birgit Leyende-
cker, Birgit Lütje-Klose, Paul Mecheril, Arnd-Michael Nohl, Laura
Paul, Karin Schittenhelm, Hans-Joachim Schubert, Erika Schulze, Mi-
chaela Sixt, Jan Skrobanek, Monika Willenbring, Bilge Yağmurlu, Erol
Yıldız, Almut Zwengel.

Sabine Hornberg,
İnci Dirim,
Gregor Lang-Wojtasik,
Paul Mecheril (Hrsg.)

Beschreiben –
Verstehen –
Interpretieren

Stand und Perspektiven International und Interkulturell
Vergleichender Erziehungswissenschaft in Deutschland

2009, 202 Seiten, br., 24,90 €, ISBN 978-3-8309-2128-8

Angesichts von fortschreitenden Prozessen der Internationalisierung
und Globalisierung, aber auch von drängenden Fragen im Zusammenhang mit multikulturellen Erziehungs- und Bildungskontexten
sieht sich die International und Interkulturell Vergleichende Erziehungswissenschaft mit vielfältigen An- und Herausforderungen konfrontiert.

Die in diesem Band versammelten Beiträge knüpfen hier an: Sie wer-
fen Schlaglichter auf Stand und Perspektiven dieser Teildisziplin heute und erörtern Entwicklungslinien und zentrale Fragestellungen der
Vergleichenden Erziehungswissenschaft in Deutschland seit 1966.

Mit Beiträgen von Christel Adick, Barbara Asbrand, Ulrich Baumann,
İnci Dirim, Sabine Hornberg, Gregor Lang-Wojtasik, Paul Mecheril,
Wolfgang Mitter, Arnd-Michael Nohl, Volker Schubert, Gita Steiner-
Khamsi, Peter J. Weber.

MÜNSTER · NEW YORK · MÜNCHEN · BERLIN